친애하고 사랑하는 구원자 주 예수 그리스도께,

나의 소중한 어머니와 아버지, 가족과 친척들에게,

그리고 박해를 받고 있는 신실한 교회들에게

이 책을 바칩니다.

# Face to Face with Jesus

by Samaa Habib

Copyright ⓒ 2014 by Samaa Habib

Originally published in English under the title
Face to Face with Jesus by Chosen Books

11400 Hampshire Avenue South Bloomington, Minnesota 55438

Korean translation Copyright ⓒ 2015 by Pure Nard
2F 774-31, Yeoksam 2dong, Gangnam-gu, Seoul, Korea

The Korean edition is published by arrangement with Chosen Books
All rights reserved.

본 제작물의 한국어판 저작권은 Chosen Books와의 독점 계약으로 한국어 판권은 '순전한 나드'가 소유합니다.
저작권자의 허락 없이 이 책의 일부 또는 전체를 무단 복제, 전재, 발췌하면 저작권법에 의해 처벌을 받습니다.

초판발행| 2015년 6월 25일

지 은 이| 사마 하비브 & 보디 타이니
옮 긴 이| 박철수

펴 낸 이| 허철
편  집| 김혜진
디 자 인| 이보다나
인 쇄 소| 예원프린팅

펴 낸 곳| 도서출판 순전한 나드
등록번호| 제2010-000128
주   소| 서울 강남구 역삼2동 774-31 2층
도서문의| 02) 574-6702 / 010-6214-9129
편 집 실| 02) 574-9702
팩   스| 02) 574-9704
홈페이지| www.purenard.co.kr

Printed in Korea

ISBN 978-89-6237-178-9 03230

무슬림 소녀,
# 예수님을 만나다

사마 하비브 & 보디 타이니 지음 | 박철수 옮김

감사의 글

　지금까지의 나의 삶과 이 책이 완성되기까지 인도하신 하늘 아버지의 변함없는 사랑과 우리 주 예수님의 놀라운 은혜와 성령님의 교제와 인도하심에 깊은 감사를 드립니다.
　이 책을 쓰도록 영감을 주고 초고를 작성하는 데 큰 도움을 준 제미마 라이트에게 진심으로 감사드립니다. 당신은 탁월한 주의 종입니다.
　아주 겸손한 주의 종 보디와 브로 타이니, 하나님께서 우리가 함께 하도록 하셨습니다. 이 책이 아름답게 완성될 수 있었던 것은 두 분의 뛰어난 실력과 창조력 덕분입니다. 두 분이 아니었다면 이 책은 나올 수 없었을 것입니다. 정말 감사합니다. 두 분은 저에게 축복입니다.
　라모나 터커, 당신의 능숙한 솜씨와 전문성이 원고 곳곳에 담겨져 있습니다. 고맙습니다.
　여호와를 경외하는 아름다운 자매 제인 캠벨, 책의 제목을 정하고 디자인과 마케팅을 도와준 카라 카, 그리고 초우즌출판사의 멋진 팀원들. 이 프로젝트를 믿어주고 저에게 용기를 준 여러분 모두에게 깊은 감사를 드립니다.

주노 홀, 화평케 하는 당신은 지혜가 넘치는 분입니다. 고맙습니다.

중동 지역의 첫 목회자들과 폴 에슐먼, 마크 앤더슨, 존 도우슨, 그리고 국제적 중보 및 선교운동에 힘쓰는 모든 사람들을 포함해서 지금까지 수년 동안 하나님의 사랑으로 저를 인도해준 모든 목자들, 선교사들, 믿음의 장군들에게 감사를 드립니다. 저는 여러분의 든든한 후원으로 살고 있습니다.

저술의 전 과정에 함께하며 후원해준 모든 사랑하는 중보자 친구들에게 감사를 드립니다.

목차

4 _ 감사의 글

9 _ CHAPTER 1 폭발
26 _ CHAPTER 2 기적의 아이
33 _ CHAPTER 3 무슬림으로 성장하다
47 _ CHAPTER 4 내전
57 _ CHAPTER 5 기근
77 _ CHAPTER 6 거룩한 책
84 _ CHAPTER 7 엄청난 계시들
92 _ CHAPTER 8 사랑의 예수님을 만나다
105 _ CHAPTER 9 예수님과의 동행
114 _ CHAPTER 10 초자연적인 힘
129 _ CHAPTER 11 예수님을 따르기 위한 대가
138 _ CHAPTER 12 초자연적인 보호
148 _ CHAPTER 13 씨앗은 자란다

168 _ CHAPTER 14 옛것이 새것이 되다
185 _ CHAPTER 15 담대한 믿음
195 _ CHAPTER 16 가족의 구원
206 _ CHAPTER 17 천국
218 _ CHAPTER 18 사투
225 _ CHAPTER 19 치유의 기적
247 _ CHAPTER 20 용서
256 _ CHAPTER 21 기적적인 변화들
264 _ CHAPTER 22 하늘의 공급
269 _ CHAPTER 23 믿음의 행동
287 _ CHAPTER 24 땅 끝까지 가라
291 _ CHAPTER 25 미국으로 가다

314 _ 에필로그

# Face to Face with Jesus

# Chapter 1

# 폭발

> 또 우리 형제들이 어린 양의 피와 자기들이 증언하는 말씀으로써 그를 이겼으니 그들은 죽기까지 자기들의 생명을 아끼지 아니하였도다 (계 12:11)

따사로운 아침 햇살에 깨어난 나에게 죽음은 생각조차 할 수 없는 일이었다. 내가 사는 세상을 산산조각 낸 테러리스트와 폭탄은 동이 서에서 먼 것처럼 내 생각 밖의 일이었다.

내 나이 열아홉. 나는 내전 뒤 되찾은 평범한 삶에 대한 감사와 기쁨과 소망으로 부풀어 있었다.

침실 창살을 통해 들어오는 빛줄기가 내 눈을 살며시 파고들었다. 나는 눈을 뜬 채 집안의 분위기를 살피며 조용히 귀기울였다. 창밖의 새들은 즐거이 노래했다. 내가 가장 좋아하는 주일이라 더 행복한 아침이었다. 부엌에서 아빠의 따뜻한 웃음소리가 들렸다. 엄마는 할머니 댁에 가셔서 안 계셨기 때문에 언니들이 아침 식사를 준비하고 있었다.

"사마!" 언니가 나를 불렀다. "일어났니?"

"응, 거의." 나는 일어나 침대 끝자락에 걸터앉았다. "좋은 아침이에요, 주님." 나는 조용히 속삭였다. "아름다운 가을을 주셔서 감사해요. 오늘도 저의 삶을 주님께 드려요."

그 순간, 예수님과의 달콤한 대화를 방해하려는 듯 마을의 열성적인 무슬림들에게 기도 시간을 알리는 방송이 지역의 모스크(이슬람교 사원 – 역주) 철탑에 설치된 커다란 스피커를 통해 흘러나왔다.

아빠는 변호사이자 대학에서 존경받는 철학 교수였고, 종교지도자 겸 교사인 물라(이슬람교 율법학자 – 역주)였다. 일어나 옷을 입는 동안 나는 아빠가 방에 들어가 알라에게 기도하시는 소리를 들었다. 나는 아빠가 이슬람교를 떠나 기독교로 개종한 몇몇 가족들로 인한 수치심을 극복하기 위해 애쓰고 계시다는 사실을 잘 알고 있었다.

아빠는 내가 교회에 다니는 것을 아셨다. 엄마와 더불어 열 명의 자녀 중 여섯 명이 그리스도를 영접했다. 고등교육을 받아 3개 국어를 구사하시는 엄마는 아빠와 결혼하기 위해 모든 것을 포기하기 전까지 언어학 교수였다. 나는 열 명의 자녀를 둔 존경받는 엄마의 막내딸이었다. 우리가 기독교로 개종한 것은 아빠에게 심각한 고민거리였다.

무슬림들의 기도 소리가 문을 뚫고 들어올 때, 나는 조용히 아빠를 위해 기도했다. "주님, 사랑하는 아빠의 눈을 멀게 하는 베일을 벗겨주세요. 그래서 아빠도 하나님의 아들 예수님을 통한 구원의 기쁨을 알게 해주세요. 아빠에게 예수님이 단지 선지자일 뿐만 아니라 살아계신 하나님의 아들이심을 계시해주세요."

나는 친구에게 선물로 받은 하이힐을 신고 발목까지 오는 새 드레스를 입었다. 그리고 주님께 최고의 모습을 보여드리기 위해 긴 갈색 머리를 빗었다. 지각하고 싶지 않았던 나는 서둘러 움직였다.

밖으로 나가 오빠들과 언니들을 안고 입맞추며 아침 인사를 나눴다. "난 오늘 교회에 일찍 가야 해."

"아침 꼭 먹고 가." 언니가 단호하게 말하며 나에게 차 한 잔을 건넸다.

나는 급하게 차를 마신 후 대접에 담긴 석류 하나를 집었다. "시간이 없어. 성가대도 서야 하고, 찬양 연습 전에 아딜라 언니를 만나고 싶어."

그때 아빠가 부엌으로 들어오셨다. "아딜라 언니에게 안부 전해주고 집으로 데리고 오너라. 엄마아빠가 있는 집이 있는데 왜 교회에서 지내는지 모르겠구나?"

"그렇게 전할게요, 아빠. 하지만 아시다시피 학교 수업의 일환이잖아요."

아딜라는 나보다 한 살 많은 언니다. 큰 키에 외모가 빼어난 언니는 유럽의 신학교에서 돌아와 목회 실습 과정을 밟기 위해 교회에서 지내고 있는 중이었다.

"내가 사랑한다고 말해주렴. 그리고 내 사랑하는 딸, 너도 많이 사랑한단다." 아빠가 나에게 말했다.

나는 아빠에게 입맞춘 후 문 밖으로 달려갔다.

"조심하거라. 내 소중한 딸아!" 뒤에서 외치는 아빠의 소리가 들렸다. 아빠는 그 순간 앞으로 닥칠 시련의 전조를 느끼신 걸까?

불과 이틀 전 미 대사관은 외국인들을 노린 테러 위협 정보로 인해 전 직원들을 대피시켰다. 이슬람 극단주의자들은 일부 외국인 거주자들에게 위협을 가하겠다고 협박했지만, 우리 교회의 선한 목자들은 대범하게 그들의 양들과 함께 머물기로 선택했다.

나는 개인적으로는 테러의 위협을 느끼지 못했다. 반면 우리 교회는 정부 관료들로부터 괴롭힘을 당하는 대상이 되어왔었다. 우리가 수도에서 전도집회를 연 일로 종교국 위원회는 교회 설립 인가를 취소하겠다고 협박했다. 작년만 해도 예배 중 세 차례나 경찰들이 급습했고, 인쇄물들을 압수했을 뿐만 아니라 사람들을 체포해 '불법 선교활동죄'를 선고했다.

하지만 우리는 전혀 두려워하지 않았다. 우리의 생각을 뛰어넘는 예수님의 기쁨과 평강이 우리의 마음과 생각에 충만했다. 우리는 결코 우리를 떠나거나 버리지 않으신다는 예수님의 약속을 굳게 잡았다. 부모님은 우리를 걱정하셨지만, 나는 전혀 두렵지 않았다. 하나님이 우리 편이신데 누가 우리를 대적할 수 있겠는가?

급히 아파트 현관문을 나온 나는 따스한 햇살을 향해 얼굴을 들었다. "주님, 사랑하는 아빠에게 주님께서 아빠와 우리 형제들을 얼마나 사랑하시는지 보여주세요. 우리가 누리고 있는 이 놀라운 구원의 기쁨을 아빠도 경험하게 해주세요."

딸깍거리는 구두 소리를 들을 때마다 나는 예수님께서 내 곁에서 함께 걷고 계신다고 느꼈다. 아침 식사를 준비할 때 나는 아로마 향과 낙엽에서 뿜어져 나오는 사향 냄새가 대기를 가득 메웠다.


## 소 망 의   섬

긴 구역을 지나 기숙사와 사무실이 있는 3층짜리 건물에 도착했다. 이 건물은 나의 영적인 집이자 어둠의 바다 한가운데 있는 소망의 섬이었다.

나의 조국은 무슬림이 98퍼센트를 차지한다. 비록 민주주의를 열망했지만, 종교의 자유는 이상일 뿐 현실은 그렇지 못했다. 우리는 최근 아주 잔혹한 내전에서 살아남았다. 결국 그 전쟁은 두 개의 주요 이슬람 분파(무하마드의 사망 이후 차기 지도자 선출 문제로 분열된 수니파와 시아파) 간의 종교 전쟁으로 끝나고 말았다.

아랍어 수니(Sunni)의 기원은 '그 선지자의 전통을 따르는 사람'에서 유래한다. 무슬림 인구의 다수를 차지하는 수니파는 직무를 감당할 능력이 있는 사람을 지도자로 뽑아야 한다고 믿었다. 따라서 선지자 무하마드의 고문인 아부 바크르가 이슬람 국가의 첫 칼리프(정치와 종교의 권력을 아울러 갖는 이슬람 교단의 지배자를 이르는 말, 아랍어로 '상속자'를 뜻한다 – 역주)

가 되었다.

아랍어 시아(Shia)는 '사람의 그룹 혹은 지지하는 분파'라는 뜻이다. 이슬람 근본주의의 주류를 이루는 시아파는 지도력이 무하마드의 사촌이자 사위인 알리(달리 말하자면, 무하마드의 가족)에게 직접 승계되어야 한다고 믿었다. 그 결과 두 그룹은 수년간 서로를 살해했고, 10만 명 이상의 사망자와 수많은 부상자가 나왔다.

내전은 자유를 얻기 위한 전쟁이 되어야 마땅했다. 하지만 시아파와 수니파 무슬림들을 결집시킨 한 가지는 바로 기독교인과 유대인들에 대한 증오심이었다. 기독교인으로 태어나는 것은 그래도 참아줄 수 있었다. 하지만 급진적인 무슬림들은 기독교로 개종한 뒤 코란 대신 성경을 믿는 무슬림들을 끔찍하게 죽여도 되는 반역자로 간주했다.

거룩한 땅에 들어서자 나는 안도의 숨을 내쉬었다. 그곳에서 나는 주님의 임재로 인해 언제나 안전함을 느꼈다.

건물 안에 있는 언니의 기숙사 방으로 서둘러 갔을 때, 여전히 침대에 누워 있는 언니를 보고 놀랐다. 그녀의 짙은 눈은 열로 가득 했다.

"아딜라 언니, 괜찮아?" 나는 언니 곁에 앉아 이마에 손을 대어보았다. 열이 펄펄 끓었다.

언니는 눈을 깜빡이며 힘없이 말했다. "끔찍한 밤이었어."

"무슨 일이야?" 언니의 아름다운 얼굴은 매우 창백해져 있었다. 나는 언니의 이마에 손을 얹고 치유를 위해 기도했다. 그리고 집에서 가져온 석류를 건넸다.

"언니, 좀 더 자. 난 성가대 연습하러 가야 돼. 예배 마치고 마실 차를 챙겨 올게. 그리고 계속 기도할게. 성가대원들에게도 기도를 부탁할게."

언니는 고개를 끄덕이다가 베개에 기대며 눈을 감았다. "고마워. 그래, 계속 기도해줘."

나는 미풍에 소용돌이치는 낙엽들을 헤치며 뜰을 지나 옆 건물로 급히 뛰어갔다. 서둘러 지하 연습실로 달려 내려가 선반에 놓인 성가대 가운을 꺼내 입었다.

"사마, 제 시간에 왔네!" '충성된 자'라는 뜻의 이름을 가진 내 친구 와파가 나를 불렀다. 나와 비슷한 연배의 활기찬 소년인 와파는 아딜라 언니와 같은 신학교에 다니는 좋은 친구였다. 외동아들인 그 친구는 우리 가족 같았다.

나보다 늦은 이만 언니는 연습 도중에 들어왔다. 언니는 적절한 시간에 딱 맞게 왔다. 나는 성가대원들에게 아딜라 언니의 회복을 위해 기도를 부탁했다. 주님은 그분의 이름으로 두세 사람이 모인 곳에 함께하시고, 우리가 합심하여 드리는 기도에 응답하신다.

우리는 지하실에서 나와 좁은 계단을 따라 3층 본당으로 올라갔다. 500여 석의 회중석 앞쪽에 성가대석이 있고, 그 위 벽에는 커다란 나무 십자가가 걸려 있었다.


### 황홀한 말씀

그날은 담임목사님의 부재로 부목사님이 설교하기로 되어 있었다. '하나님은 자비로우신 분'이란 뜻의 이름을 가진 나의 좋은 친구 자니 선교사의 인도로 예배가 시작되었다(성경 시대처럼 우리 문화에서 이름의 의미는 매우 중요하다. 그래서 나는 이 책 전반에 걸쳐 등장인물들의 이름의 의미를 기록할 것이다).

우리는 '할렐루야', '좋으신 하나님', '주님을 찬양하라'를 부르며 주님의 사랑과 영광과 위엄을 찬양했다. 나의 영은 기쁨으로 날아올랐고, 강렬한 즐거움으로 전율했다. 함께 모인 사람들의 얼굴에는 행복이 가득했다. 이어서 우리는 '주님의 기쁨이 나의 힘'을 불렀다. 나는 그것이 진리라는 것을 알았다.

자니 선교사는 찬양 중간중간에 세계 곳곳에 있는 믿는 자들에게 부어지는 하나님의 신실함과 축복에 관한 감동적인 이야기들을 나누었다. 하지만 그의 얼굴에 드리운 그림자를 보며 나는 그에게 무언가 문제가 있다는 것을 깨달았다.

그는 다시 입을 열어 중국에 있는 어느 선교사에 대한 이야기를 했다. 그 사람은 믿음 때문에 핍박을 받았고, 물리적인 공격도 받았다. 그는 결국 휠체어에 실린 채 집으로 돌아왔으며, 그의 코도 잘리고 말았다. 그 말에 내 옆에 있던 이만 언니는 너무 놀라 숨이 멎는 듯했다.

자니 선교사는 이어서 말했다. "듣기 좋은 말씀은 아니지만, 주님께서 저에게 핍박이 오고 있다고 말씀하셨습니다. 우리는 그것을 맞이할 준비를 해야 합니다. 예수님도 핍박을 받으셨지요. 그분이 고난을 받으셨으니 우리도 받게 될 것입니다. 주님을 위해 박해를 받을 준비가 되셨습니까? 그분을 위해 죽을 준비가 되셨습니까?"

긴박함과 고뇌에 찬 목소리 때문에 나는 그가 어떤 악몽이나 환상을 보고 이런 진지한 질문을 하는 것은 아닌지 궁금했다. 그는 그곳에 있던 모든 사람들의 관심을 완전히 사로잡고 있었다. 모두가 쥐죽은 듯 조용했다. 심지어 나는 성전 좌우편 유리창 틈을 통해 들려오는 새소리까지 들을 수 있었다.

자니 선교사가 앉자 부목사님이 강단에 들어섰다. 그는 마태복음 16장을 읽은 후 말씀을 전하기 시작했다.

> 예수께서 빌립보 가이사랴 지방에 이르러 제자들에게 물어 이르시되 사람들이 인자를 누구라 하느냐 이르되 더러는 세례 요한, 더러는 엘리야, 어떤 이는 예레미야나 선지자 중의 하나라 하나이다 이르시되 너희는 나를 누구라 하느냐 시몬 베드로가 대답하여 이르되 주는 그리스도시요 살아 계신 하나님의 아들이시니이다 예수께서 대답하여 이르시되 바요나 시몬아 네가 복이 있도다 이를 네게 알게 한 이는 혈육이 아니요 하늘에 계신 내 아버지시니라 또 내가 네게 이르노니 너는 베드로라 내가 이 반석 위에 내 교회를 세우리니 음부의 권세가 이기지 못하리라 내가 천국 열쇠를 네게 주리니 네가 땅에서 무엇이든지 매면 하늘에서도 매일 것이요 네가 땅에서 무엇이든지 풀면 하늘에서도 풀리리라 (마 16:13-19)

설교자는 잠시 말씀을 멈추고 이렇게 물었다. "누군가 여러분에게 '당신이 말하는 예수님은 누구신가요?'라고 묻는다면, 여러분이 핍박을 받게 된다 할지라도 베드로처럼 '주는 그리스도시요, 살아계신 하나님의 아들입니다'라고 담대히 말하시겠습니까?"

나는 우리를 대적하는 핍박 속에서 지옥도 우리를 이길 수 없다는 말씀을 곰곰이 생각해보았다. 그리고 죽음도 이기시는 그리스도의 승리를 다시금 마음에 소중히 새겼다. 그러자 아침에 시작된 기쁨과 만족감이 다시 느껴졌다.

설교 후 우리는 헌금을 했다. 뒤쪽에 있는 벽시계를 힐끗 보니 정오가 되기 몇 분 전이었다. 이만 언니는 새신자를 환영할 때 주는 꽃을 가지러 갔다.

지휘자의 신호를 따라 일어난 성가대원들은 '마귀들과 싸울지라'(The Battle hymn of the Republic)를 부르기 시작했다. 내가 좋아하는 그 찬송을 우리는 소리 높여 불렀다. "영광, 영광, 할렐루야!" 이 가사가 온 교회에 울려 퍼졌다. 행진곡 비트와 역동적인 화음과 영광이 가득한 가사 속엔 힘과 확신이 있었다.

나의 영혼은 다시 한 번 예수님을 예배하는 기쁨에 사로잡혔다. 그런데 갑자기 섬광과 함께 귀청이 터질 듯한 굉음이 들렸다.

마치 지진이 일어난 듯 건물 전체가 흔들렸다. 나는 넘어지지 않으려고 의자를 꽉 잡았다. 수천 개의 나팔을 동시에 부는 듯한 압도적인 소리에 고막이 터질 것 같았다.


대 혼 란

갑자기 강당 전체가 검은 연기로 뒤덮여버렸다. 강당 한가운데가 유독 혼란스러웠는데, 나는 원인도 결과도 알 수 없었다. 마치 내가 물속에 있거나 솜으로 귀를 막고 있는 듯한 느낌이 들었다. 또한 유독 가스의 악취로 인해 콜록거렸고 눈도 매웠다.

주변에 있는 사람들이 아우성치는 소리가 들렸다. "무슨 일이야?" "누가 다쳤니?" "어떻게 하면 좋아?"

나는 뿌연 연기 속에서 잔해더미 사이를 보기 위해 애쓰며 이만 언니에게 소리쳤다. "괜찮아, 언니?" 그때 언니가 더 이상 가까이 있지 않다는 사실이 떠올랐다. 다른 사람들처럼 나도 계속 물었다. "도대체 이게 뭐야?"

"나도 몰라." 우리는 각기 대답했다.

순간 이런 생각이 들었다. '이것이 바로 예수님의 재림인가? 과연 그럴까? 이런 아우성이 주님의 재림일까?' 나는 비정상적인 어둠 속을 뚫어지게 쳐다보며 얼얼한 귀를 당겨보았다. 그때 요한계시록의 말씀이 기도처럼 내 입술에서 흘러나왔다. "성령과 신부가 가라사대, 오라"(계 22:17). 그리고 생각할 겨를도 없이 찬송을 부르기 시작했다. 주변을 살펴보니 다른 성가대원들 역시 손을 들고 나와 함께 찬양하고 있었다. 우리는 이렇게 말했다. "아멘, 주 예수여 오시옵소서!"

"그게 가능할까? 예수님께서 지금 우리를 본향으로 부르고 계신 걸까?"

나는 어떤 두려움이나 위험을 느끼지 못했다. 다만 혼란스러웠을 뿐이었다. 특별히 영적인 의미를 부여하지 않는다면, 아마도 이것은 사고일 것이다.

시간이 지나니 조금씩 공기가 맑아졌다. 창문은 산산조각 나 있었다. 사람들이 외치는 소리가 들렸지만, 무슨 말인지 이해할 수는 없었다.

내전이 발발한 이래로 우리나라는 전기를 비롯하여 수많은 공공시설의 문제를 겪었다. 어쩌면 지금 벌어진 일은 단순한 전기 문제였을 수도 있다.

하지만 그런 생각은 금방 사라져버렸다. 군인인 한 성도가 앞으로 달려나와 두 팔을 흔들며 외쳤다. "나가요, 나가. 지금 당장! 폭탄이 터졌어요! 더 많이 있을지도 몰라요. 서둘러요!"

대혼란이었다. 놀란 사람들은 비명을 질렀다. 강당 뒤편에 있는 유일한 출구는 순식간에 나가려고 애쓰는 사람들로 꽉 막히고 말았다. 500여 명의 사람들이 한 번에 두 사람만 지나갈 수 있는 단 하나의 문을 통해 빠져나가려 했기 때문이다.

혼란에 휩싸인 나는 반대편으로 가고 싶은 마음이 들었다. 뒤로 가야 함에도 불구하고 그렇게 할 수는 없었다. 언니들은 그곳에 없었다. 아딜라 언니는 아파서 방에 있었지만, 이만 언니는 어디에 있을까? 꽃을 가지러 갔지만, 어디에도 보이지 않았다!

강당 중앙에 이르렀을 때, 나는 숨이 멎는 듯했다. 바닥에 약 90센티미터 폭의 구멍이 나 있었다! 의자들은 폭발로 박살났고, 그 위에 사체들이 놓여 있었다. 폭발이 일어난 곳 주변의 모든 것은 완전히 파괴되었고, 지붕에는 구멍이 생겼다.

연기가 조금씩 사라지면서 나는 잔해 속에 다친 사람들과 피를 흘리고 있는 사람들을 보았다. 고통스런 신음과 절박하게 도움을 구하는 사람들의 소리가 그곳을 빠져나가려고 애쓰는 공황상태의 예배자들의 시끄러운 소리와 뒤섞였다. 또 다른 이들은 부상자들을 돕기 위해 필사적으로 애썼다.

댄스팀에서 함께 춤을 추는 내 친구 아이샤는 두 손으로 배를 움켜쥐고 있었다. 그녀는 걷고 싶어 했지만, 배를 움켜쥔 손가락 사이로 연신 피가 새어나오고 있었다. 친구는 말은 하지 못했지만 눈짓으로 나에게 이 끔찍한 상황을 말해주었다.

나는 아이샤의 어깨를 감싸 안고 계단 쪽으로 갈 수 있도록 도왔다. 하지만 그 일은 아주 무거운 가방을 끄는 것같이 힘들었다. 다리를 움직일 수 없었던 친구는 마치 다시 쓰러질 것처럼 휘청거렸.

순간 친구들이 모두 곁에서 죽어가는 듯했다. 그리고 내가 할 수 있는 일은 아무것도 없었다!

나는 두 동강이 나 뒤틀린 각도로 서 있는 나무 벤치를 향해 휘청거리며 걸어갔다. 곳곳에 진홍색 페인트 같은 피가 묻어 있었다. 나는 친구를 도와 밖으로 데리고 나가야 했지만, 출구는 가까워지지 않았다. 우리가 전혀 움직이지 않은 걸까? 순간 건물 밖으로 나가지 못할 것 같은 생각이 들었다.

'하나님, 도와주세요.' 나는 속삭였다. 응답으로 초자연적 평강을 느꼈지만, 내 몸은 처참한 장면과 소리로 인한 충격 때문에 여전히 떨고 있었다.

산산조각 난 집기들과 창문의 유리 파편 위로 기름진 검은 먼지들이 덮였다. 숨이 막히고 기침이 났다. 나는 한 손으로는 입을 막고, 다른 한 손으로는 친구를 부축해주었다. 몰려드는 악몽 같은 이미지들, 그리고 피와 끔찍한 상처들에 대한 생각을 떨쳐낼 수가 없었다.

신선한 공기가 필요했다. 친구를 벤치에 기대어 편하게 앉힌 뒤 나는 부서진 창턱을 향해 움직였다. 그때 허리를 굽혀 건물 아래 인도를 보라는 목소리가 들렸다.

"뛰어내려!" 그 목소리가 속삭였다. "그게 최선이야. 만일 여기 더 머물면 넌 죽을 거야. 타서 죽든지, 건물이 무너져 압사당할지도 몰라. 그러니까 어서 뛰어내려!"

나는 마귀가 자살하도록 유혹하고 있다는 것을 알았다. 그 건물은 아주 높아서 3층에서 떨어지면 즉사할 것이다. 하지만 하나님께서 나에게 생명을 주셨기 때문에 그분만이 나의 생명을 취하실 권리가 있다. 그래서 나는 자살의 영을 향해 선포했다. "사탄아, 내가 너를 꾸짖노라. 예수의 이름으로 사라질지어다!"

바로 그 순간 자니 선교사의 아내가 창문에 올라가려고 하는 모습이 보였다. 그을음과 피로 뒤덮인 그녀는 두려움에 사로잡혀 있었다. 이미 한 발을 창문 끝자락에 둔 그녀는 뛰어내리기 직전이었다.

나는 정확한 때에 그녀를 발견했다. "하지 마세요." 나는 부드럽게 말했다. "우리는 괜찮을 거예요. 지금 바로 계단으로 내려갈 수 있어요."

몸을 돌려 내가 있는 쪽으로 뛰어내린 그녀는 울며 고개를 끄덕였다. 이미 두 사람이 배를 다친 아이샤를 돕고 있었기 때문에 나는 자니의 아내를 도와 계단으로 갔다. 우리는 2층으로 내려가는 길에 널려 있는 주인을 잃은 신발과 지갑과 가방을 헤치며 출구에 다다랐다.

자니의 아내는 감사의 의미로 고개를 끄덕였다. 나는 안정을 되찾은 그녀를 다른 사람에게 맡겼다. 그때 누군가가 내 이름을 불렀다. "사마! 우리 좀 도와줘요!" 한 여인이 어두운 복도로 연결된 문 사이로 나를 향해 손짓했다. "여기 사람들이 많이 있어요. 우리 옷이 폭발로 다 타버렸어요."

우리 문화에서 여자들이 옷을 벗는 것은 수치다. 여자들은 그런 모습을 보여선 안 된다. 심지어 목숨을 잃는다 할지라도 말이다.

"사마, 제발 우리를 구해줘요! 우리 몸을 덮을 것 좀 갖다주세요." 한 여자가 다른 사람들을 대표해서 간청했다.

나는 성가대 가운을 벗어 가장 가까운 사람에게 던졌다. "더 가지고 돌아올게요."

그렇게 말하고 돌아서는데 옆 건물에 있는 아딜라 언니의 방이 생각났다. 그곳에서 더 많은 옷을 빌릴 수 있을 것이다. 또한 언니의 상태도 확인하고 싶었다.

바깥으로 나가자마자 나를 향해 달려오는 아딜라 언니를 만났다. "하나님 감사합니다. 괜찮구나!" 언니는 큰 소리로 말하며 나를 아주 꼭 껴안았다.

"괜찮아, 언니." 내가 대답했다. "하지만 서둘러야 해. 시간이 없어." 나는 상황을 간단히 설명한 뒤 언니와 함께 방으로 올라가 급히 옷을 한 움큼 챙겼다. 나는 더 빨리 달릴 수 있도록 하이힐을 벗고 편한 신발로 갈아 신었다. "도움이 필요한 사람들이 많아." 내가 언니에게 말했다.

"담요와 이불과 수건도 챙기자." 아딜라 언니가 재촉했다.

옷과 담요와 이불과 수건을 한 보따리 챙겨 든 우리는 재빨리 폭탄이 터진 건물로 돌아갔다. 그 사이 다치고, 피 흘리고, 부상당한 사람들이 건물 밖에 나란히 줄지어 눕혀져 있었다. 그때 이만 언니를 봤다! 언니는 무사했고, 다친 사람들을 돕고 있었다. 우리는 잠시 서로 안아주었다.

"난 여기서 다친 사람들을 돌볼게." 아딜라 언니가 말했다.

"그럼 난 옷을 가져다주고 올게." 내가 언니에게 대답했다.

그때 건물로 들어가는 나를 본 이만 언니도 따라가고 싶었다고 한다. 하지만 성령께서 언니에게 들어가지 말라는 감동을 주셨다. 처음에 언니는 그 감동을 무시했지만, 성령께서 한 번 더 경고하시는 것을 느꼈다. 결국 언니는 순종했고, 바깥에 머물며 아딜라 언니와 함께 다친 사람들을 도왔다.

나는 건물 위로 올라가려고 애썼다. 부상자들을 대피시키는 일을 하고 있던 내 친구 와파도 마찬가지였다. 너무 많은 사람들이 건물 밖으로 대피하려고 아우성이었기 때문에 2층으로 올라가는 것은 불가능해 보였다. 우리는 1층과 2층 사이의 계단에 갇혀 몰려 내려오는 사람들이 빠져나가길 기다리고 있었다.

나는 들고 있던 담요와 이불과 수건 꾸러미가 무거워 벽에 비치된 소화기함에 기대었다. 숨을 고르며 시계를 힐끗 보니 폭발이 일어난 지 30분이 지났다. 그때 또 다른 친구 사비가 나에게 걸어왔다. 셔츠가 온통 피범벅이 된 그는 부상자들을 바깥으로 옮기는 일을 돕고 있었다.

"괜찮니?" 나는 그의 어깨에 손을 대며 물었다.

바로 그 순간 소화기함 안쪽에 설치된 폭탄이 터졌다.

나는 공중으로 3미터 정도 날아가 반대쪽 벽에 처박히고 말았다. 숨을 쉴 수 없었다. 고막이 터진 듯했고, 앞은 보이지 않았다. 동시에 온몸이 불붙는 것 같았다. 그것은 마치 전기충격기로 몸 안팎을 강하게 지지는 듯한 느낌이었다.

고통은 이루 말할 수 없었다. 마치 죽음의 천사가 내 목을 조르고 있는 듯했다. 나는 숨을 쉬려고 애썼다.

로마서 10장 13절은 누구든지 주의 이름을 부르는 자는 구원을 얻을 것이라고 말한다. 나는 말은 할 수 없었지만, 마음으로 부르짖었다. '예수님! 예수님! 도와주세요! 예수님, 구해주세요!' 나는 숨을 헐떡였다. 그리고 마지막 숨을 내쉬었다.

그리고 나의 영은 몸을 떠났고, 모든 것은 깜깜했다.

# 기적의 아이

내가 태어난 1980년대의 우리나라는 여전히 공산주의자들의 통제 아래 있었다.

엄마와 아빠는 공산주의 국가에서 성장하셨지만, 무슬림 문화를 따르셨다. 우리나라에서 대가족은 알라의 위대한 축복의 상징이었다. 두 분이 결혼하기 전 양가의 가족들이 서로 친구관계여서 부모님은 자랄 때부터 서로 알고 지내셨다.

나의 이모는 아빠의 삼촌과 결혼했다. 그들 부부는 이브라힘(아브라함의 무슬림식 이름 - 역주)과 '공주'라는 뜻을 가진 사라가 완벽한 커플이라고 제안하며 엄마와 아빠의 만남을 주선했다. 나의 외할아버지도 이 의견에 동의하셨다. 당시 아빠는 철학박사 과정 중이셨고, 엄마 역시 매우 활발하게 활동하실 때였다. 외할아버지는 지혜로운 딸과 잘 어울릴 파트너를 원했다.

1960년대 결혼 당시 엄마는 20살이었고 아빠는 서른이셨다. 엄마의 아름다움과 지성이 최고의 찬사를 받고 있었기 때문에 아빠는 자신의 보화를 발견했다고 느끼셨다. 엄마는 학교에서 영어를 가르치셨지만, 아빠와 결혼하면서 그만두셨다. 엄마는 '많은 무리들의 아비'라는 뜻을 가진 이브라힘과 결혼하여 많은 자녀를 갖기를 소망하면서 자신의 삶을 남편을 위해 바쳤다.

부모님은 자녀가 알라의 축복이라고 생각하셨기 때문에 가능하면 많은 자녀를 갖고 싶어 하셨다. 두 분은 3년간 자녀를 갖기 위해 노력했지만 실패했다. 주위 사람들은 그들이 저주를 받았다고 수군거리기 시작했다. 무슬림 문화에서 자녀를 갖지 못하는 것은 저주다.

3년 후 엄마는 아들을 출산했고 큰 잔치를 열었다. 아빠는 첫 아이의 이름을 '하나님은 심판자'라는 뜻의 다니얄(다니엘의 무슬림식 이름 - 역주)이라고 지었다. 하지만 그 기쁨도 잠시, 바로 비극이 찾아왔다. 건강하지 못했던 다니얄 오빠는 3살 때 위 수술을 받은 후 죽고 말았다. 이것은 엄마와 아빠를 비참하게 만들었다. 다시 그들이 진짜 저주를 받았다는 말이 나돌았다. 엄마는 크나큰 상실감에 모든 소망을 잃었다.

하지만 그 이듬해 '평화'라는 뜻의 슐레이만 오빠가 태어남으로 마음의 고통은 끝났다. 그 후 무사(물에서 건진, 구원자), 무바락(복된 자), 다우드(사랑받는 자), 무콰다스(거룩, 성별된), 이만(믿음), 말리카(여왕), 아딜라(의로운, 공의) 그리고 내가 연이어 태어났다.

나는 태중에서부터 생존 전쟁을 치러야 했다. 엄마는 나와 연년생인 아딜라 언니를 순산했지만, 나의 이야기는 달랐다.


## 엄마의 싸움

엄마는 나를 임신하셨을 때 팔과 다리가 심하게 부어 있었고, 거의 늘 통증을 느꼈다고 하셨다.

그 당시 우리 도시에 있는 정부 병원은 잘 훈련된 의사들과 의료진으로 구성되었지만, 초음파 검사는 제공되지 않았다. 부모님은 내가 딸인지 아들인지 전혀 알 길이 없었다. 그런데 주변 사람들이 엄마의 배 모양을 보며 딸일 거라고 추측했다. 당시 부모님에게는 이미 다섯 명의 딸이 있었고, 생존한 아들은 셋이었다. 이슬람교에서 딸은 아들만큼 가치 있는 존재로 여겨지지 않는다.

몸이 불편함에도 불구하고 엄마는 나를 끝까지 품으셨다. 어느 이른 주일 아침 산통이 시작되었고, 그 통증은 급격히 증가되었다. 아빠는 한 살짜리 아딜라 언니에게 스프를 먹이며 약속했다. "널 위해 새로운 동생을 데리고 돌아올게. 알라의 뜻을 따라."

아딜라 언니가 그 말을 이해하기엔 너무 어렸지만, 다른 오빠들과 언니들은 모두 아빠가 사내아이를 원한다는 것을 알았다.

13살의 슐레이만 오빠가 이렇게 말했다. "엄마, 꼭 남동생을 데리고 오세요. 저는 형제가 더 많아졌으면 좋겠어요."

"알았어. 최선을 다해볼게." 엄마가 웃으며 말했다.

부모님은 그들을 안아주며 작별 인사를 했다. 이제 남은 가족은 슐레이만 오빠가 책임을 지게 되었다. 아빠는 엄마를 부축해 아파트 2층에서 계단을 따라 내려와 북적거리는 길가로 나갔다. 택시를 타고 병원으로 향하는 동안 엄마의 진통은 더 심해졌다.

병원에 도착했을 때 아빠는 웃고 있었다. 불임의 저주가 완전히 끊어졌기 때문이다!

엄마는 산부인과 병동에서 검사를 받은 뒤 곧 바로 분만실로 옮겨졌다. 아빠는 분만실에 들어가지 못했다. 출산할 때 남자들이 동석하는 것이 허락되지 않았기 때문에 아빠는 밖에서 인내심을 갖고 기다려야 했다. 그날은 매우 따뜻하고 화창했다. 아빠는 이미 아홉 명의 자녀가 큰 문제없이 태어났기 때문에 이번에도 순산하리라 믿었다. 아빠는 분만실 창문을 계속 응시하며 간호사가 갓 태어난 아기를 안고 나오기를 기다렸다.

분만실에서 공산주의자 산파는 엄마를 검사한 후 아기의 머리를 찾으려고 노력했다. 그런데 산파는 근심스러운 얼굴로 간호사에게 모국어 대신 국가 공용어로 말했다. "우리는 이걸 제거해야 돼. 내 생각엔 종양이야. 아기가 아니야."

산파는 자신이 간호사들과 주고받은 끔찍한 말을 엄마가 알아듣지 못할 것이라고 생각했다. 그런데 엄마가 고개를 들고 그들과 같은 언어로 말했다. "내 아기를 만질 수 없나요?"

엄마의 반응에 깜짝 놀란 산파는 이렇게 말했다. "아기인지 아닌지 정확히는 모르겠지만 낙태하는 것이 좋겠어요."

순간 엄마는 혼란스러웠다. 그러나 아홉 명의 자식을 나아본 경험이 있었기 때문에 엄마는 조금의 의심도 없이 태중의 아기가 건강하다는 것을 확신했다. 그래서 산파에게 이렇게 말했다. "내 아기는 아무런 문제가 없어요. 그러니 아이를 함부로 낙태할 생각은 하지 마세요!"

"부인, 저는 매일 아기들을 받아요. 이것은 아기가 아니라 종양 덩어리에요."

엄마의 이마에 구슬땀이 흘러내렸다. 산통으로 견디기 힘들었지만, 포기하거나 산파에게 양보하지 않았다. 이제는 힘이 거의 다 빠졌고, 남편조차 곁에 없었다. 이것은 자신과의 치열한 싸움이었다.

"만일 이것이 아기라면 분명히 자리를 잘못 잡은 거예요." 산파가 말했다. "태가 뒤집어졌어요. 아기는 살지 못할 겁니다. 만일 당장 처리하지 않으면 당신은 죽을 거예요."

"다른 사람 좀 불러주세요." 엄마는 숨을 헐떡였다. "다른 의사가 필요해요. 당신은 내 아이를 죽일 수 없어요!"

몹시 화가 난 두 간호사는 우리나라에서 실력으로 명성이 자자한 유대인 산파를 데리러 나갔다. 그들은 엄마가 죽을 경우 그 책임 소지에 대해 걱정했다. 아빠가 변호사이자 도시에서 영향력 있는 분이셨기 때문이다.

몇 분 후 유대인 의사가 분만실에 들어와 급히 살펴본 뒤 문제를 찾았다. 나는 산도(産道) 안에서 얼굴을 아래로 향하는 바른 위치 대신 정반대인 위를 향하고 있었다. 설상가상으로 산도에 갇혀 내려오지 못했다. 따라서 엄마가 이제껏 한 번도 경험하지 못한 극심한 산통을 겪은 것은 당연한 일이었다.

유대인 의사는 위험성을 즉시 깨달았다. "아기와 엄마를 구하려면 반드시 제왕 절개를 해야 합니다."

엄마는 여전히 저항했지만 몇 분 만에 마취 상태에 들어갔고, 나는 주일 오후 3시 정각에 엄마의 태에서 나왔다.

나는 즉시 울음을 터뜨렸다. 나는 완벽한 인간이었다. 그 누구도 나의 생명을 앗아갈 수 없었다. 나는 그 순간 하나님께서 어떤 목적을 위해 나를 구원하셨다고 믿는다. 나는 무슬림이 운영하는 공산주의자 병원에서 유대인 의사의 의료 기술 덕에 무사히 태어났다.

엄마가 수술을 마치고 마취에서 깨어나자 아빠를 불렀다. 엄마가 깨자마자 한 첫 마디는 이것이었다. "이브라힘! 아기는 어때요? 아기는 어디에 있어요?"

나는 엄마 품에 있었다. 살아 있는 나를 보고 엄마는 우셨다. "내 기적의 아이." 엄마는 이렇게 속삭였다.

우리나라에서는 아들이 태어나면 병원에서 크게 축하해준다. 의사들과 간호사들은 산모를 찾아가 축하해주고, 친척들은 돈과 음식을 선물한다. 하지만 딸인 나는 그렇지 못했다. 오직 엄마와 아빠만 기뻐했다. 불쌍한 부모님. 결국 그들은 딸부자가 되었다. 비록 내가 딸이었지만, 엄마와 아빠는 따스한 눈길로 나를 내려다보셨다. 내 얼굴을 바라보는 엄마의 눈시울이 뜨거워졌다. 엄마는 그때 나를 거의 잃을 뻔했다고 나중에 말해주셨다.

내가 태어났을 때, 엄마는 37세였다. 잊을 수 없는 큰 충격을 준 출산의 고통으로부터 회복하기 위해 엄마는 병원에 8일간 머물렀다. 언니들은 여동생이 엄마와 함께 집으로 돌아온다는 소식을 듣고 무척 기뻐했다.

큰 언니 무바락은 당시 9살이었다. 언니는 내가 온다는 소식에 너무 기쁜 나머지 온 동네 사람들에게 달려가 춤을 추며 외쳤다. "엄마가 아주 예쁜 딸을 낳았어요! 지금 집으로 오고 있어요!"

무바락 언니는 슐레이만과 무사 오빠가 공을 차고 있는 곳으로 갔다. 두 오빠들은 관심이 없는 척했다. "또 딸이야." 그들은 실망한 목소리로 중얼거렸다.

오빠들과 언니들은 나를 무척 사랑해주었다. 나는 그들과 그들의 친구들에게 작은 인형 같았다. 어쩌면 그런 어려운 출발 때문에 내가 더욱 귀한 대접을 받았는지도 모르겠다. 내가 참로 사랑받았다는 것은 나의 이름을 아빠가 지어주셨다는 것에서 알 수 있다. 모든 가족들 가운데 아빠가 이름을 지어준 사람은 단 두 명, 큰 오빠 다니얄과 막내 딸인 나였다.

아빠는 나를 마리암이라고 불렀다. 그 뜻은 '사랑'이다.

엄마에게 나는 언제나 '기적의 아이'였다.

# Chapter 3

# 무슬림으로 성장하다

나는 중동과 서구 문화가 섞인 곳에서 자랐다. 나의 조국은 근대 산업과 문화의 영향을 받아 서구화되었다. 정통 기독교인들과 유대인들이 한 동네에 살기는 했지만, 압도적인 대다수는 무슬림으로 태어난다. 그들은 평생 이슬람의 신앙과 코란을 지킬 것을 요구한다. 코란은 무슬림이 이슬람교를 떠나 다른 종교로 개종하면, 그 대가는 죽음이라고 기록한다. 나는 어릴 때부터 무슬림으로 태어났기 때문에 당연히 무슬림으로 죽을 것이라고 생각했다.

수니파와 시아파의 여성들은 모두 베일을 쓰지만 얼굴을 가릴 필요는 없다. 시골에 사는 여성들은 대부분 전통적으로 파란색, 검은색, 혹은 흰색 베일을 쓴다. 그리고 마을과 도시에 사는 여성들은 손목과 발목까지 오는 형형색색의 전통 드레스를 입는 것이 보다 일반적이다.

우리 가족은 중동의 전통에 충실했다. 식사할 때, 우리는 바닥에 놓인 긴 방석에 앉아 인사할 때 쓰는 오른손으로 음식을 먹었다. 왼손은 몸을 씻을 때 사용하기 때문에 그것은 부정한 것으로 여겼다. 따라서 절대로 먹거나 인사할 때 왼손을 사용하지 않는다.

산더미처럼 쌓인 양고기 케밥(고기와 야채를 곁들인 음식 - 역주), 피타(중동의 둥글고 납작한 빵 - 역주), 그릴에 구운 야채, 타블레(레바논식 샐러드 - 역주), 스프, 차와 건과류, 디저트용 바클라바(견과류와 꿀 등을 넣어 파이같이 만든 중동 음식 - 역주) 등 음식은 항상 풍족했다. 우리는 지극히 가족 중심적이었고, 온 가족이 함께 즐겁게 대화하며 식사했다. 우리의 대화는 몇 시간씩 지속되었고, 그 내용은 정치부터 교육과 스포츠에 이르기까지 광범위했다.

나는 가족들의 풍성한 사랑을 받고 다소 버릇없이 자란 아이였다. 오빠들과 언니들은 나를 보물처럼 소중하게 대했다.

어릴 때 나는 평강과 안정을 누렸다. 다섯 명의 언니들이 학교를 가고 나면 언니들이 보고 싶었다. 하지만 대신 아파트에 사는 또래 여자아이들과 놀 수 있었다. 기독교인, 유대인, 그리고 무슬림이 섞인 우리는 아주 잘 어울려 놀았다. 어른들을 갈라놓은 종교와 정치적 분열에 대해서는 전혀 몰랐다.

나의 최고의 친구는 아딜라 언니였다. 언니가 학교에 가고 나면 '아름다운 자'란 뜻의 이름을 가진 곱슬머리 소녀 가밀라가 나의 가장 좋은 소꿉친구가 되었다. 그녀는 우리 집 근처 아파트에 사는 수니파 무슬림이었다.

몇 달간 이어지는 길고 추운 겨울 산에서 매서운 바람이 불어오면, 우리는 눈 속에서 뛰어놀거나 서로의 집을 오가며 몇 시간씩 놀았다. 낮에는 문을 잠그지 않았기 때문에 우리는 웃고 재잘거리며 두 집 사이를 뛰어다니곤 했다.

가밀라의 엄마는 우리 엄마의 친구였다. 통통하고 마음씨 좋은 그녀는 전통 음악을 크게 틀어 놓고 요리하는 것을 좋아했다. 그리고 가족을 위해 음식을 장만할 때마다 가밀라와 나에게 심부름을 시켰기 때문에 각종 음식 만드는 법을 배울 수 있었다.

결혼하기 전까지 대학에서 가르쳤던 엄마는 우리에게 알파벳을 비롯하여 기초적인 영어를 가르쳐주셨다.

## 학 교 에   가 다

처음으로 유치원에 가게 되었을 때, 내가 그만큼 컸다는 사실이 너무 좋았다. 나는 언니들이 입던 낡은 유럽스타일의 교복을 입어 보았다. 엄마는 그런 내 모습을 보고 이렇게 말했다. "넌 막내딸이야. 이제 언니들의 옷을 물려 입는 것은 그만해도 되겠어. 이리와, 마리암. 쇼핑하러 가자."

그날 엄마는 새 교복을 사주기 위해 나를 데리고 쇼핑에 나섰다. 우리는 함께 버스를 탔고, 엄마는 나를 창가에 앉히셨다. 하지만 나는 창밖을 보는 대신 고개를 돌려 엄마의 얼굴을 올려다보았다. 엄마는 참 예뻤다. 굵고 검은 머릿결이 갸름한 얼굴을 덮었고, 정교하게 수놓은 밝은 색 스카프가 엄마에게 무척 잘 어울렸다. 내 손을 잡은 엄마의 눈은 기쁨으로 빛났다.

북적거리는 버스가 평화로운 거리를 덜커덩거리며 지날 때, 모든 것이 좋아보였다. 마치 내가 엄마의 외동딸이 된 기분이었다. 우리가 버스에서 내렸을 때, 엄마는 나를 내려다보며 미소 지었다. "우리 딸, 정말 많이 컸구나! 첫 교복이라니. 어떻게 생각하니 마리암? 넌 커서 뭐가 되고 싶니?"

나는 엄마의 손을 꽉 잡으며 말했다. "엄마처럼 되고 싶어요. 뭐든 배울래요. 영어도 잘하고 싶어요. 그래서 엄마처럼 가르치고 싶어요."

엄마는 웃으며 나에게 영어로 답했다. "땡큐."

"유어 웰컴." 나 역시 영어로 답했다.

엄마는 다시 환하게 웃었다. 나는 내가 엄마를 기쁘게 했다는 것을 알았다. 내가 하는 모든 일을 통해 엄마와 아빠 그리고 할머니를 기쁘게 하는 것이 내 인생의 목적이었다.

엄마는 영국이나 미국 같은 영어를 사용하는 나라들을 여행하고 싶어 하셨다. 나는 엄마에게 이렇게 말했다. "멋져요, 엄마! 저도 데려가주세요. 그러면 우리가 함께 그곳에서 영어를 연습할 수 있잖아요." 나는 아빠에게는 아빠 같은 변호사가 되고 싶다고 말했다. 할머니는 내가 의사가 되기를 바라셨다. 많은 친척들이 의사나 변호사였고 혹은 그 과정을 밟고 있었다. 그들을 보며 나는 교육을 통해 내 꿈을 이룰 수 있다는 것을 알게 되었다.

처음 학교에 가는 날, 엄마는 내 머리를 정성스럽게 땋아주셨다. 큰언니 무바락이 엄마를 도왔다. 다섯 명의 언니들의 검사를 받기 위해 나는 계단 끝에 서 있었다.

"너무 예쁘다!" 엄마는 경이로움에 고개를 흔들었다.

아빠는 팔짱을 낀 채 이렇게 말씀하셨다. "딸 여섯, 여자 축구팀을 하기엔 안성맞춤이군." 아빠는 그 큰 손을 우리의 머리에 얹고 축복하셨다. "마리암, 넌 공격수가 될 거야. 무슨 말인지 알지?"

"알 것 같아요. 항상 빨리 뛰어야죠?"

나는 늘 에너지가 넘쳤다. 달리는 것을 좋아하는 나는 어딜 가든 뛰어다녔다. 아침에 식사가 끝나면 나는 문을 박차고 달렸다. 그러면 늘 "뛰지 마, 마리암. 뛰지 마!"라고 외치는 엄마의 목소리가 들렸다.

아빠는 아딜라 언니에게 말했다. "아딜라가 설명 좀 해줄래?"

언니는 나와 한 살 차이밖에 나지 않지만 지혜롭게 생각하는 것을 좋아했다. "공격수는 골을 넣어야 해요. 아빠의 말씀은 무엇을 하든지 법대로 해야 상을 탄다는 뜻이죠. 팀원들 모두의 영광을 위해 골을 넣어야 해요."

"바로 그거야." 아빠가 고개를 끄덕였다. "최선을 다하거라."

"네, 아빠." 나는 씩씩하게 대답했다. "노력할게요."

아빠는 나에게 신뢰와 용기와 영감을 불어넣어 주기 위해 언제나 나를 공주님이라고 불렀다. 아빠와 엄마는 내가 무슨 꿈을 꾸든지 그것을 성취할 수 있다고 가르치셨다.

서로 포옹하고 키스한 후 우리는 한 무리의 거위 떼처럼 학교로 출발했다. 학교는 집에서 걸어서 몇 분도 안 되는 거리에 있었다. 학교로 가는 도중에 '밝게 빛난다'라는 뜻의 이름을 가진 내 친구 뮤니라와 가밀라가 합류했다. 학교로 향하는 우리는 다 자란 듯한 느낌이었고, 새 학급과 친구들에 대한 자신감도 있었다.

수업 첫날부터 나는 항상 앞서 나가라는 아빠의 조언을 따랐다. 당시 부모님을 공경하고 기쁘게 하는 것이 내 삶의 모든 동기였다. 나는 학교와 공부를 좋아했고, 남녀 학생들로 구성된 교실에서 계속 1등을 했다. 학교 수업에서 남자와 여자의 차이는 오직 이슬람교의 종교적 가르침에만 있었다.

스포츠에도 탁월했던 나는 팀의 주장이 되었다. 나는 특히 야구와 배구와 체조를 좋아했고, 발레를 비롯하여 전통무용까지 배웠다. 기본적으로 굉장히 활동적이었던 나는 어디를 가든 거의 뛰어다녔다. 그러다가 여러 차례 걸려 넘어져 꿰맨 적은 있지만, 뼈가 부러진 적은 한 번도 없었다. 나는 타고난 리더였다. 그래서 어떤 운동이나 게임을 하든지 친구들이 나를 쉽게 끼워줬다.

나는 학교생활을 잘 했고 친구들 사이에서 항상 인기가 있었다. 하지만, 언제부턴가 마음 깊숙한 곳에서 어떤 갈망이 일어났다. 부모님을 기쁘게 할 뿐만 아니라 하나님(무슬림들의 하나님, 다시 말해 '알라'를 의미한다 – 역주)도 알고 그분을 기쁘게 해드리고 싶었다. 알라의 음성 듣기를 간절히 바랐지만, 그는 나에게 한 번도 대답하지 않았다.

활 동 적 인   아 이

유년시절 나라가 평화로웠을 때, 나는 마음껏 돌아다녔고 에너지가 넘쳤다. 늘 열정적으로 놀았던 나는 분수대 옆에서 연속으로 공중제비를 돌기도 했다. 너무 에너지가 넘친 나머지 하루는 정신없이 뛰어다니다가 균형을 잃고 넘어져 턱에 금이 가고 말았다. 피투성이가 되어 급히 병원에 가서 수술을 받았는데, 엄마는 그 충격으로 거의 심장이 마비될 뻔하셨다. 그 일로 지금까지도 얼굴에 옅은 상처 자국이 남아 있다.

한번은 유치원에서 너무 빨리 달리다가 문 앞에서 멈출 수가 없어서 머리로 문을 들이받고 말았다. 얼굴이 크게 찢어져 피범벅이 된 나는 거의 기절할 뻔했다. 병원에 가서 찢어진 곳을 꿰맨 상처가 아물 때즈음, 나는 유치원에 있는 옷장으로 돌진했다. 그런데 옷장이 나를 덮쳐 이마의 멀쩡한 부분까지 다치고 말았다.

나는 정기적으로 병원에 갔다. 툭 하면 넘어지고 여기저기 멍이 들었지만, 감사하게도 뼈가 부러진 적은 없었다. 반면 나의 오빠와 언니들은 겨울철 빙판길에 한두 번만 넘어져도 뼈가 부러지곤 했다.

그러다가 대략 7살 때쯤 물속으로 뛰어들었다가 날카로운 것을 밟고 말았다.

"아!" 나는 비명을 지르며 바닥에 쓰러졌다.

너무 아팠기 때문에 나는 누구도 내 발을 건들지 못하게 했다. 후에 의사가 진찰하러 집으로 왔지만, 의사도 만지지 못하게 했다. 그가 욱신거리는 발 근처만 와도 나는 비명을 질렀다. 결국 의사는 아무런 도움도 주지 못한 채 돌아갔다.

그 뒤 나는 3개월 동안 발레리나처럼 뒤꿈치가 땅에 닿지 않도록 들고 걸었다. 엄마는 그런 나에게 몹시 화를 내셨지만, 나는 완강하게 도움을 거절했다.

나는 여름마다 다른 도시에 살고 있는 할머니나 고모 혹은 삼촌 댁에 가서 시간을 보내곤 했다. 그 해 여름에는 이모님 댁에서 지냈다. 그곳에서 지내는 동안 이상하게 걷는 내 모습을 본 이모와 이모부가 깜짝 놀랐다. 내가 아무리 괜찮다고 설명해도 그들은 내 말을 무시했다. 간호사였던 이모는 한 번 발을 보자고 했다.

"여기 뭔가 있어." 이모는 박혀 있는 것을 뽑아내기 위해 환부에 약을 발라주며 말했다.

며칠 시간이 걸리긴 했지만, 이모는 결국 의료용 족집게로 내 발에 박혀 있던 길고 날카로운 유리 파편을 뽑아내었다. 나는 통증 때문에 비명을 질렀지만, 내 몸에서 나온 것을 보고 깜짝 놀랐다. 감염되지 않은 것만으로도 기적이었다. 이모는 이 정도면 평생 발에 문제가 생겼을 수도 있었다고 하셨다. 다행히 상처는 빨리 나았고, 마음도 편해졌다. 이제 더 이상 어디를 가든 뛰어다니지 않게 되었다.

## 정교회 방문

크리스마스 기간에 나는 기독교 학교에 다니는 친구들로부터 정교회에서 여는 축제에 초대를 받았다. 놀랍게도 엄마와 아빠는 다녀와도 된다고 허락하셨다.

"배울 게 있을 거예요." 엄마가 아빠에게 말했다.

아빠는 고개를 끄덕였다. "그래요. 마리암이 다른 사람들의 삶의 방식을 무시하지 않는 것도 중요해요."

내 친구 뮤니라의 부모님도 우리가 함께 가도록 허락했다.

교회에 가기 전, 아빠는 나에게 이렇게 훈계했다. "그들의 길은 우리의 길과 다르단다. 기독교는 아주 달라. 너도 보게 될 거야. 그 사실을 꼭 기억하렴. 어딜 가든 공손하거라. 하지만 네가 누구인지는 반드시 기억하거라."

그 훈계를 마음에 새기며 아주 깜깜한 겨울 밤 뮤니라와 나는 따뜻한 드레스를 입고 기독교 친구들과 정교회에 갔다. 우리는 손을 잡고 안으로 들어갔다. 기독교 친구들은 손가락을 물에 약간 적신 뒤 십자가를 그리며 "성부와 성자와 성령"이라고 말했다. 뮤니라와 나는 불편한 시선을 서로 나누었다.

나는 차마 말하지는 못했지만, 속으로 이렇게 생각했다. '알라 외에는 다른 신이 없잖아.'

교회에 들어서니 전에 보지 못했던 촛불들이 오래된 건물 내부를 비추고 있었고, 자극적인 향과 따뜻한 빛을 아지랑이처럼 퍼뜨렸다. 아치형태의 천장에 그려진 별들은 안개처럼 빛났다. 나의 시선이 닿는 곳마다 그림과 조각상들이 있었다.

나는 제단 가까이에 있는 실물 크기의 말구유 안에 누운 아기 예수상(像)을 주목했다. 거기에는 마리아와 요셉과 목자들이 흠모하는 아기 예수가 구유 속에 누워 있었다. 그들은 모두 놀란 모습으로 그 아기를 넋을 잃고 내려다보고 있었다. 예수는 나에게 새로운 것은 아니었다. 이슬람교에서 예수는 선지자로 간주된다. 그리고 마리아가 그 선지자의 어머니라는 사실도 알고 있었다. 하지만 궁금했다. "저 조각상들은 진짜일까? 이게 진짜 아기 예수일까?" 그 형상들은 움직이지 않았다.

나는 뮤니라에게 바짝 기대며 물었다. 그녀는 고개를 갸우뚱하며 내 귀에 속삭였다. "이콘(성상[聖像])들."

순간 내 눈이 커졌다. 이슬람교는 새겨진 형상을 엄격하게 금하고 있기 때문에 그 모습을 본 나는 매우 놀랐다.

오르간이 연주되자 회중이 노래하였다. 긴 수염에 검은 옷을 입은 한 신부가 의식을 진행했다. 그는 청중들에게 성수를 뿌렸고, 물방울이 떨어질 때 사람들은 십자가 모양을 그렸다. 한 방울의 물이 내 얼굴에 떨어지자마자 다급히 닦아버렸다. 사람들은 더욱 열심히 절하였다. 그러나 뮤니라와 나는 조용히 의자에 앉아 있었다. 사람들은 내가 모르는 기도문을 반복해서 읊었다.

아빠가 옳았다. 이것은 모스크와 아주 달랐다. 나는 이슬람과 기독교 사이에 그렇게 엄청난 차이가 있다는 것을 미처 몰랐다.

뮤니라가 나에게 속삭였다. "이교도들이야."

나도 동의했다. 왜냐하면 이슬람교에서 무슬림이 아닌 사람은 누구나 '이교도'(신앙심이 없는 자, 진정한 종교라고 여기는 것을 믿지 않는 사람을 모욕적으로 가리키는 말 – 역주)로 간주하기 때문이다.

뮤니라가 조용히 말했다. "쇼 구경하듯 즐겨. 끝나면 음식이 나와. 나머진 무시해. 이건 우리에게 아무것도 아니잖아."

긴 미사 후에 회중들은 앞으로 나가서 예수의 몸과 피인 성찬의 빵과 포도주를 받았다. 그 모습을 보고 나는 질겁했다.

나의 기독교 친구가 겁에 질린 내 모습을 보고는 이렇게 중얼거렸다. "그냥 빵과 포도주일 뿐이야. 걱정 마."

그러자 뮤니라가 눈살을 찌푸리며 말했다. "우리도 알아."

뮤니라가 정말 알고 있었는지는 모르지만, 그 말에 어느 정도 안심이 되었다.

"너희는 여기에 있어." 기독교 친구가 가족과 함께 우리를 지나 줄지어 나가며 말했다. "금방 돌아올게."

정교회의 크리스천들이 이슬람교의 선지자인 예수의 피와 살인 빵과 포도주를 받으러 앞으로 나갈 때 무슬림인 우리는 장의자에 머물러 있었다. 그것은 매우 이상한 의식이었다.

미사는 끝났고, 우리는 긴 식탁에 양고기 케밥, 그릴에 구운 닭고기, 계란과 샤와르마(빵 속에 고기와 치즈 등을 넣은 일종의 샌드위치 - 역주) 등 어마어마한 음식들이 준비된 홀로 자리를 옮겼다. 거기에는 다양한 종류의 빵과 치즈와 채소들이 준비되어 있었다.

뮤니라와 나는 곧 바로 디저트 테이블로 향했다. 골든 페이스트리와 꿀이 가득한 바클라바는 집에서 먹는 것과 같았다. 씹는 맛과 손가락 사이로 흐르는 꿀을 빨아 먹는 즐거움이 컸다. 그래서 나는 이렇게 생각했다. '크리스마스란 촛불과 노래와 음식에 관한 것이군. 이슬람교

의 한 선지자의 생일파티.'

입안 가득 케이크를 넣은 뮤니라는 웃으며 말했다. "생일 축하해요, 예수님."

집에 돌아오자 아빠가 나를 불렀다. "어땠니?"

"크리스천들은 아주 달라요." 나는 이렇게 보고했다. "미사 후 파티는 아주 좋았어요."

아빠는 센스 있는 나의 대답에 만족하는 듯했다.

우리는 부활절 같은 다른 절기에도 정교회 예배에 참여했다. 대부분의 경우 나는 부모님께 말씀드리지 않고 갔다. 미사 후의 축제는 그럴만한 가치가 있었다.

### 열성적인 무슬림

나는 무슬림으로 태어났기 때문에 어릴 때부터 그것에 충실하기로 결심했다. 그래서 알라에게 하는 무슬림들의 기도문을 아랍어로 외워 매일 다섯 번씩 기도하는 것에 관심을 갖게 되었다. 열정이 넘쳤던 나는 종종 기도 매트에 무릎 꿇고 다섯 번 이상 기도하기도 했다.

나는 목소리를 높여 할 수 있는 한 크게 첫 단어를 외쳤다. "알라 아크바!" 이것은 '알라신은 위대하다'는 뜻이다. 이것은 기도의 부르심이다. 그런데 그것이 또한 우리나라를 찢거나 우리의 평화로운 삶을 깨뜨리는 것에 대한 전쟁의 부르심이라는 것을 나중에야 알게 되었다.

나는 매주 금요일 저녁마다 물라(이슬람교의 율법교사를 지칭하는 말 – 역주)의 집에서 하는 이슬람교 수업에 참여했다. 그 물라에게는 여러 명의 아들과 두 명의 딸이 있었는데, 한 명은 나보다 한 살 많고 다른 한 명은 나보다 한 살 어렸다. 해가 지면 약 8명 정도의 소녀들과 그의 딸들이 함께 거실에서 한 시간 정도 수업을 받았다. 누구도 물라의 집에 가도록 강요하지 않았지만, 매일 다섯 번의 기도와 매주 금요일 모스크를 방문하는 아빠의 헌신을 보면서, 나도 아빠를 닮고 싶었다. 아빠는 나의 영웅이었고, 엄격하게 이슬람법을 지키는 아빠의 모습은 매우 감동적이었다.

나는 하나님을 갈망했다. 알라를 기쁘게 하는 것이 삶의 동기였고, 반드시 천국에 가고 싶었다. 나는 내가 죄인이라는 사실을 알았기 때문에, 죽어서 다른 무슬림들처럼 지옥에 갈까 봐 두려웠다.

물라는 우리에게 이슬람교의 정경인 코란과 무하마드의 언행과 이야기를 담은 하디스뿐만 아니라 아랍어도 가르쳐주었다. 나는 이슬람교에 관한 모든 것을 열심히 배웠다. 또한 이슬람의 5대 기둥인 샤하다(신앙고백), 샬라트(하루 5회 기도), 자카(가난한 자를 돕는 자선), 라마단 기간의 금식과 일평생 최소 한 번은 해야 하는 하즈(메카 성지 순례)에 대해 배웠다. 물라는 기도하기 전에 씻는 것의 중요성을 알려줬다. 그런데 이미 엄마가 어떻게 정결의식을 갖는지 가르쳐주셨다.

이슬람 문화에서는 사내아이가 12살이 되면 모스크에 간다. 그때부터 그들은 어린아이의 일을 버리고 성인이 되어 기도와 금식과 종교적인 삶을 살게 된다. 반면 여자아이들은 모스크에 들어가지 못하고, 대신 물라의 수업에 들어갈 수 있다. 여자와 남자는 항상 분리되었다. 여자아이는 9살, 남자아이는 12살이 되면 죄가 있어 부정하게 된다고 생각한다.

코란은 부모님 침실의 가장 높은 선반 위에 천으로 덮어 보관했다. 그것을 선반에서 내리면 아빠는 먼저 책 표지에 입을 맞춘다. 그런 후 코란을 오른쪽 눈에 대고 다시 표지에 키스하고 왼쪽 눈에 대고 또 표지에 입을 맞춘다. 그리고 마지막으로 이마에 댄 뒤 표지에 키스한다. 이것은 그 책에 대한 엄청난 경외심을 표현하는 것이다. 우리 집에는 각기 다른 언어로 번역된 세 권의 코란이 있었다.

아빠는 가끔 저녁에 코란을 읽어주셨다. 그리고 시간이 날 때면 자연스럽게 코란의 이야기들을 들려주셨다. 나는 아빠 곁에 바짝 붙어 모든 것을 열정적으로 흡수했다. 아빠는 나의 열정 때문에 종종 웃으셨다. 나에게는 아빠에게 있던 것과 동일한 종교적 갈망이 있었다. 아빠도 그것을 인정하셨다.

나는 나의 종교를 받아들였고, 7살 때부터 자발적으로 나의 긴 머리를 덮기 위해 베일을 사용했다. 나에게는 나의 믿음과 내가 자란 방식에 대해 어떤 의구심도 없었다. 그렇게 할 이유가 전혀 없었다. 나는 언젠가 알라가 나의 기도를 들어주기를 기대하면서 계속 기도문을 암송했다.

하지만 그것은 일방적인 말이었지 상호 간의 대화가 아니었다. 거기에는 어떤 교제도 없었다. 하나님과 교제할 수 있다는 생각은 나에게 상상 밖의 일이었다.

# 내전

우리 도시에 처음으로 갈등의 불씨가 나타난 것은 내가 10살 때였다.

나는 누가 그리고 왜 그렇게 많은 군중들이 거리로 나와 깃발들을 들고 행진하는지 몰랐다. 어느 화창한 봄날, 우리가 저녁 식사를 할 때쯤 수도에서 일어난 반정부 운동을 위해 모인 군중들의 함성이 우리가 살고 있는 아파트의 창문을 통해 메아리쳐 울렸다.

"사람들이 왜 이렇게 화가 나 있어요, 아빠?" 내가 아빠에게 물었다.

"어떤 사람들은 우리 정부를 좋아하지 않아. 그들은 반드시 그들의 주장대로 되어야 한다고 생각하지."

엄마가 덧붙였다. "우리가 샤리아법(이슬람법 – 역주)의 통치를 받아야 한다고 말하는 사람들이 있단다. 그들은 헌법을 폐기하고 성직자들이 그것을 맡아야 한다고 생각해."

"그러면 좋은 일 아닌가요?" 아딜라 언니가 물었다. "이슬람법이 우리의 삶을 다스린다면?"

아빠가 눈을 크게 떴다. 아빠와 엄마는 더 이상 이 주제에 대해 말하는 것이 안전하지 못하다는 신호를 주고받았다. 아빠가 대답했다. "인쉬 알라(Insh allah). 알라의 뜻이라면 그렇게 되겠지. 모든 것이 다 잘될 거야."

엄마가 밝은 목소리로 말했다. "순조롭게 잘될 거야."

그렇게 내전이 시작됐고, 수도 바깥은 점점 갈등과 살육이 심해졌다. 정부의 권위가 무너지자 많은 권력자들이 앞다퉈 무장한 민병대를 모아 권력을 쟁취하기 위해 싸웠다. 군대, 경찰, 수니파 민병대, 시아파 민병대 그리고 마피아 곧 군사와 반군으로 가장한 범죄인들로 구성된 그룹까지 모두 다섯 개의 그룹이 무장하여 그들의 정적들을 증오했다. 그들은 혼란스러운 상황을 틈타 겁에 질려 있는 사람들로부터 훔치고, 위협하고, 납치하고, 돈을 갈취했다.

갈등은 도시에까지 미치지는 않았다. 하지만 여름부터 상황이 달라졌다. 우리의 안락하고 평범한 삶은 끝났다. 전기는 산발적으로 들어와 하루 중 한두 시간 들어온 뒤 다음날까지 끊겼다.

여행도 달라졌다. 무차별적 공격에 대한 두려움 때문에 버스가 운행을 중단했다. 구급차 역시 제 기능을 하지 못했다.

그 해 가을부터는 학교도 갈 수 없었다. 우리는 TV에서 총에 맞아 구멍이 숭숭 뚫린 버스가 연기를 내며 불타는 장면을 봤다.

학교가 폐쇄된다는 소문이 급속히 퍼졌다. "수니파와 시아파와 유대인과 크리스천 모두 사이좋게 지내는 날이 올 것입니다." 뉴스를 전하는 기자가 말했다. "그때까지 우리는 모두 평화와 자유를 소망합니다."

나는 학교가 닫혔는지 확인하러 갔다. 그곳에는 내 친구 가밀라를 제외하곤 아무도 없었다.

우리는 망연자실한 얼굴로 조용히 바닥에 앉았다. 나는 가밀라를 보며 물었다. "이제 우린 뭘 하지?"

"집에 가야지." 가밀라가 답했다. "우리 부모님들은 뭘 해야 할지 아실거야."

탕! 탕! 탕! 가을 하늘에 메아리처럼 울리는 총소리를 들으며 나는 서둘러 집으로 돌아왔다.

문을 박차고 들어서자 가족들이 모두 모여 있었다. 엄마가 놀란 얼굴로 나에게 달려왔다. "오, 마리암! 정말 걱정했단다."

나는 아빠에게 말했다. "학교는 폐쇄됐어요."

아빠가 대답했다. "너와 언니들은 한동안 집에서 공부할 거야."

나는 그 사실을 믿을 수 없었다. 종교적 차이가 개인의 삶을 찢어놓고 나라를 분열시키고 파멸시킬 수 있다는 현실에 눈떴을 때, 나의 모든 삶은 갑자기 엉망이 되고 말았다.

## 옆 집 에  일 어 난  일

가을 내내 공군 폭격기와 헬기가 폭탄을 투하했고, 기관총을 탑재한 트럭은 민병대를 이송했다. 공중 폭격은 반군과 무고한 주민들을 구분하지 않았다. 그래서 우리는 자동차로 움직이는 것을 두려워했다. 길가에는 버려진 차량이 즐비했다.

이슬람교의 형제들인 수니파와 시아파 무슬림들은 잔혹한 전쟁을 치렀다. 대부분의 전투는 고향 마을 남쪽에서 진행되었다. 무장한 군인들의 소규모 전투보다 더 나쁜 것은 개별적 살인, 방화, 종족별 집단 학살 등 민간인들에게 자행되는 잔혹행위였다.

어느 춥고 흐린 날, 총을 든 남자들이 우리 마을에 왔다. 우리 집 바로 옆 건물 앞에 한 대의 트럭이 섰다. 나는 이 사람들이 정부군이 아니라 반군이나 민병대라는 것을 알았다. 그것은 더욱 위험한 일이었다. 언니들과 내가 할 수 있는 일이라곤 조용히 숨죽이며 그들이 우리에게 오지 않기를 바라는 것뿐이었다. 아딜라 언니와 나는 들키지 않도록 몸을 숙였다. 창문으로 보다가 들키면 총에 맞을 수 있었기 때문이다.

밖에서 날카로운 비명소리와 목숨을 애걸하는 이웃의 목소리가 들렸다. 나는 어찌할 바를 몰랐다. 아딜라 언니가 내 팔을 잡아당기면서 몸을 낮추라고 하는 사이 나는 창틀 귀퉁이 주변을 응시했다.

민병대 그룹이 옆집 가족을 포위해 강제로 길가로 내몰았다. "반역자를 숨긴 곳을 말해!" 우리는 반군의 우두머리가 하는 말을 들었다. "말해. 그렇지 않으면 죽일 거야."

민병대는 모두 마스크를 착용했다. 그들은 옆집 가족들에게 소리치며 총의 개머리판으로 그들을 계속 때렸다.

반군 중 한 사람은 막내 아이의 머리채를 잡고 빙빙 돌렸다. 아이의 아버지가 막으려 하자 다른 사람이 그를 무자비하게 차버렸다.

갑자기 그 무리 중 한 사람이 아이의 아버지의 손과 발에 총을 쐈다. 잔인함의 극치였다. 민병대는 땅바닥에 쓰러져 고통 가운데 자비를 구하는 그를 비웃었다.

눈앞에서 벌어지는 처참한 상황에 놀란 나는 비명소리를 막기 위해 손으로 입을 막았다. 언니와 나는 서로 꽉 붙잡았다. 눈물이 뺨에 줄줄 흘러내렸다. 심장이 무섭게 요동쳐 나는 그 소리 때문에 우리가 들킬까 봐 두려웠다. 온몸이 떨렸다. 옆집 가족은 모두 트럭 짐칸에 실렸다. 그리고 두 명의 반군이 운전석에 올라탔다. 나머지 사람들이 볼모로 잡은 사람들과 같이 짐칸에 오르자 트럭은 먼지를 일으키며 떠났다.

그 후로 우리는 그들을 다시 볼 수 없었다. 그들이 남긴 것이라곤 아스팔트 위의 핏자국과 수년간 나를 괴롭힌 악몽뿐이었다. 나는 그날 누구든 총을 가진 사람이 힘이 있다는 것을 깨달았다. 나라는 무법천지였다. 우리가 불러도 올 수 있는 경찰이 없었다. 간섭해줄 사람도 없었다. 시아파는 수니파 무슬림들을 죽였고, 수니파 무슬림도 마찬가지였다. 나라는 통제불능 상태였고, 누구도 안전하지 않았다. 우리나라의 대다수는 우리 가족처럼 수니파 무슬림이었다.

우리 가족은 선지자 무하마드를 여러 세대 동안 추종했고, 아빠는 이슬람교의 지도자였다. 나는 이슬람교에서 평화를 찾으려 했지만,

그 안에 평화가 없다는 것을 내 눈으로 직접 보았다. 이슬람교는 전쟁의 종교다. 그들은 불신자들이나 이교도들을 대적하는 전쟁 혹은 싸움을 뜻하는 '지하드'라는 이름으로 살인을 정당화한다. 그래서 무슬림이 무슬림을 죽이고 있었다. 우리나라에서 일어난 지하드는 폭발적인 인종청소를 단행했고, 많은 유대인과 기독교인들을 죽였다.

나라를 떠날 수 있는 사람은 이미 떠났다. 하지만 우리 가족은 떠날 수 없었다. 우리는 갇힌 채 우리의 운명을 기다려야 했다. 나는 우리가 얼마나 오래 생존할지 몰랐다. 사람들이 모이는 것이 위험해지자 우리 지역의 모스크는 문을 닫았다. 우리 가족은 알라가 전쟁을 멈추기를 바라면서 계속해서 매일 다섯 번씩 기도했다.

### 아버지의 부재

몇 달 후 우리의 친척 한 사람이 죽었다. 우리 문화에서 죽은 사람과 유가족에 대한 예의를 갖추는 것은 아주 중요하다. 특히 죽은 사람이 '위로자'란 뜻의 이름을 가진 아빠의 삼촌 자비르였기에 더욱 중요했다. 자비르는 제2차 세계대전에 참전하신 나의 할아버지가 전사하시자 할머니와 아빠의 막내 남동생뿐만 아니라 당시 5살이었던 아빠도 돌봐주었다. 그래서 안전에 대한 엄마의 염려에도 불구하고 장례식에 참여하겠다는 아빠의 의지는 단호했다.

아빠는 가족 중 누구도 같이 가는 것을 허락하지 않았다. 그것이 너무 위험한 일이었기 때문이다. 아빠는 이렇게 말했다. "우리 주변에서 일어나는 일 때문에 옳은 일을 하지 못해서는 안 돼요." 나는 아빠가 엄마에게 하는 말을 우연히 들었다. "우리는 반드시 교양 있게 살아야 해요. 나머지 세상은 그렇지 않다 할지라도."

당시 다른 도시로 이동하는 것은 쉽지 않은 일이었다. 버스도 다니지 않았고, 자동차로 운전해서 가는 것은 매우 위험했다. 하지만 걸어서는 거의 한 달이 걸리는 거리였기 때문에 아버지와 몇몇 사촌들은 차로 운전해서 가기로 했다.

엄마는 아빠가 떠난 후 3일 동안 매우 불안해했다. 그러나 우리 앞에서는 불안한 마음을 숨기려고 노력했다. 그렇지만 나는 엄마가 걱정하고 있다는 것을 알 수 있었다. 며칠이 더 지났지만 아빠는 돌아오지 않았고, 어떤 소식도 없었다. 엄마의 평화로웠던 얼굴에 무거운 중압감이 서려 있었다. 나는 엄마가 눈살을 찌푸리며 두려움 가득한 눈으로 창밖을 응시하는 것을 여러 차례 보았다.

나 역시 걱정스러웠다. 우리 옆집에 일어난 일이 아빠에게 일어날까 봐 두려웠다. 그러나 결코 그런 생각을 표현할 수는 없었다.

그러던 어느 날 해가 떨어진 저녁, 우리는 앞문에서 딸그락하는 소리를 들었다. 군인들이 통행금지령을 내렸기 때문에 누구든지 해가 진 후 밖에 나가면 총에 맞을 수 있었다. 엄마는 우리에게 침실로 가라고 손짓하며 말했다. "가서 문을 잠그렴."

그때 우리는 아빠가 부르는 소리를 들었다. "괜찮아, 나야."

한 달 만에 아빠가 돌아온 것이다. 아딜라 언니와 나는 아빠를 꼭 껴안았다. 아빠는 굉장히 떨고 있었다. 아빠는 우리에게 죽음의 현장에서 가까스로 빠져나왔다고 말해줬다.

여행을 떠난 지 3일째 되는 날, 아빠와 사촌들은 총알이 빗발치는 가운데 피할 곳을 찾아 달려야 했다. 그 다음에는 군인들에게 잡혀 스파이로 몰려 총살당할 위기에 처했다.

모든 사촌들은 개별적으로 심문을 받았고, 오랜 시간 손발이 묶인 채 서로 격리되었다. 아빠 일행을 잡은 사람들은 하룻밤을 보낸 후 모두가 동일하게 장례식에 가는 길이라고 진술하자 믿고 풀어줬다. 그들은 장례식에 참석한 뒤 집으로 돌아오는 긴 여정을 시작했다.

아빠는 그 일로 인해 많이 놀라셨다. 우리에게 이야기를 할 때, 아빠는 백지장처럼 하얗게 질린 얼굴로 떨고 있었다. 아빠는 많은 사람이 죽고 도시가 파괴되었다는 것 외에 자신이 본 끔찍한 상황에 대해 구체적으로 말해주지 않았다.

## 위험한 외출

전쟁은 여전히 곳곳에서 발발했지만, 우리 동네에서의 싸움은 줄어들었다. 나는 오랫동안 갇혀 지내는 것에 질렸고, 하루 빨리 예전의 일상으로 돌아가기를 간절히 원했다.

어느 날 아침, 나는 누구와도 상의하지 않고 친구 가밀라를 찾아가기로 결심했다. 얼마든지 스스로 앞가림할 나이가 되었다고 생각했기 때문에 그렇게 하기로 결정한 것이다. 그날 엄마와 아빠는 매우 바빴다.

가밀라가 다른 동네에 살고 있었기 때문에 나는 최대한 빨리 그리고 조심히 다녀와야 했다. 나는 훤히 트인 공간에서는 가로질러 달렸고, 그늘진 곳에서는 좀 더 머물렀다. 다소 긴장되긴 했지만, 바깥에 나왔다는 달콤한 자유를 만끽했다. 나는 속으로 이렇게 생각했다. '이봐, 아무것도 없잖아!' 어쩌면 우리는 전혀 위험하지 않는데 숨어 지내는 것인지도 모른다.

나는 어렵지 않게 가밀라의 집에 도착했다. 가밀라는 나를 보고 깜짝 놀랐지만, 따뜻하게 맞아주었다.

우리는 아파트 3층 바닥에 앉아 마치 전쟁이 없는 듯 여유롭게 재잘거렸다. 우리는 친구들에 관한 이야기와 좋아하는 책과 음악에 대해 이야기했다. 그렇게 약 한 시간쯤 지났을 때, 갑자기 총소리가 들렸다. 이어서 '끼익' 하는 타이어 소리와 거친 엔진 소리가 뒤따랐다.

우리는 총알을 피하기 위해 본능적으로 바닥에 납작 엎드렸다. 그리고 창가로 기어가 거리를 몰래 엿봤다.

그곳에는 두 대의 차량이 고속으로 돌진해서 방향을 바꾸더니 서로를 향해 총을 쏘고 있었다.

추격해온 차량이 망가져 멈춰선 자동차 옆에 끼익 하고 섰다. 그리고는 네 명이 재빠르게 뛰쳐나와 목표물의 창문 안으로 총을 쏘기 시작했다.

총을 든 사람들이 누군지 알 길이 없었지만, 본능적으로 그들이 정부군이 아니라 반군이라는 것을 알 수 있었다.

순식간에 첫 번째 차 안에 있던 사람들이 모두 사살되었다. 공격자들은 고장 난 차에서 시신들을 끌어내어 길거리에 쌓아둔 사체 더미 위에 던져버렸다.

저 사체들은 언제까지 저곳에 방치될까? 누가 저걸 치울까? 저들의 가족들은 어떻게 그들을 찾을까? 나는 같은 민족끼리 서로 살육하는 일로 인해 마음이 많이 상했다.

죽음은 아주 실제적이었고, 또한 매우 가까이 있었다. 나라 전역에 죽음이 만연했다. 우리 가족도 얼마든지 희생양이 될 수 있었다.

나는 매우 궁금했다. '우리는 피해자가 되지 않은 채 얼마나 오래 생존할 수 있을까?'

# 기근

전쟁이 지속되면서 두 진영 사이의 싸움이 빈번해졌고 점점 더 과격해졌다. 그와 함께 우리가 당연하게 여기던 것들이 희귀하게 되었다. 가스와 전기가 자주 끊겨 우리는 땔감으로 쓸 나무와 덤불을 찾아다녔다. 상황이 절박해지자 마른 쇠똥을 태웠다.

대도시에 살고 있는 사람들이 모두 난방문제로 씨름했기 때문에 연료는 곧 바닥이 나고 말았다. 우리는 집에 있는 나무로 된 가구들, 예를 들면 우리 집안의 가보인 담요와 서랍장을 포함해 의자와 침대를 땔감으로 썼다. 전쟁의 냉엄함이 일상적이던 모든 것을 조금씩 산산조각 내었다. 도로와 인도는 더 이상 치우지 않았다. 산더미같이 쌓인 더러운 눈은 얼어버린 사체를 덮고 있었다.

상황이 악화되면서 아빠와 오빠들은 우리 가족을 먹이기 위해 최선을 다했다. 그들은 감자와 콩, 때로는 사과도 구해왔다.

밤에는 허기지고 사나운 들개 떼가 거리를 배회했다. 때때로 그 개들이 고깃덩어리가 되어 우리의 국통에 들어간 적도 있는 것 같았다. 아빠나 오빠가 집에 고깃덩이를 가져오면 우리는 그것을 어디서 구했는지 묻지 않았다. 내가 지금 무엇을 먹고 있는지 혹은 저녁 식사를 어떤 재료로 만들었는지 생각하고 싶지 않았다. 말의 궁둥이? 염소 혹은 들개? 그것이 무엇이든 상관이 없었다. 우리는 그저 음식이 있다는 것만으로 행복했다.

우리 아파트에는 벽난로가 없었기 때문에 아빠는 밖에서 나무를 태운 후 숯불을 2층으로 날랐다. 남은 숯불은 보통 쇠그릇에 담아 요리용으로 사용했다. 그런 다음 쇠그릇을 거실의 낮은 탁자 아래 두었다. 아빠는 그 탁자 위에 커다란 담요를 덮어 온기를 유지했다. 밤이 되면 우리는 동상에 걸리지 않기 위해 탁자 주위에 모여 이불을 덮고 잤다.

## 우 리 의   절 박 한   임 무

집에 있던 모든 가구들이 거의 소진되어 가던 1월의 눈 내리는 오후였다. 아빠는 식구들을 모두 불러모아 절박한 마음으로 추위에 대한 대책을 세웠다.

"얘들아, 우리에게는 난방용 연료가 절실하게 필요하단다." 아빠는 구석에 세워져 있던 부서진 의자를 가리켰다. "집에 더 이상 태울 것이 없어서 오늘은 반드시 연료를 찾아야 해. 그렇지 않으면 우리는 추위에 떨어야 해. 해가 지기까지 시간이 얼마 안 남았어. 시내에는 싸움이 벌어지고 있지만, 우리 동네는 다행히 조용하구나. 우리는 이제 둘씩 짝을 지어 땔감을 구하러 갈 거야. 부러진 나뭇가지, 널빤지, 뭐든 태울 수 있는 것은 집으로 가지고 오거라."

엄마가 말을 더했다. "해가 떨어지기 전에 꼭 돌아와야 한다. 들개 떼의 먹잇감이 되기 전에 반드시 집으로 와야 해."

"군인이 오면 어떻게 해요?" 아딜라 언니가 물었다.

아빠는 그의 큰 손을 우리 어깨에 얹었다. "만일 너희들이 총소리나 헬기 혹은 탱크 소리를 들으면 바로 집으로 오거라. 모험은 금물! 위험이 감지되면 즉시 집으로 돌아와야 한다."

우리는 저격수들이 도처에 매복해 있다는 사실을 알고 있었다. 그 누구도 안전을 보장할 수 없기에 우리는 그들이 어린이들을 조준하거나 저격 연습용으로 사용하지 않기를 바랄 뿐이었다.

근심 가득한 엄마의 얼굴은 매우 창백했다. 우리는 최대한 옷을 따뜻하게 입고 서로 부둥켜안고 울었다. 누가 안전하게 돌아올지는 아무도 몰랐다.

아딜라 언니와 나는 마지막으로 떠났다. 우리는 마치 놀러가듯 썰매를 끌고 땔감을 찾기 위해 눈 덮인 거리로 향했다. 가장 막내들인 우리는 아파트의 창문들을 놓치지 말고 계속 응시하라는 지시를 받았다.

"나무를 어디서 찾지?" 나는 거리를 유심히 살피며 아파트의 창문을 올려보았다. 이 일은 거의 절망적인 것처럼 보였다.

언니는 얼어붙은 흙더미를 보며 눈살을 찌푸렸다. "아빠가 뭐든 도움이 될 만한 것이라고 했지? 여기 봐." 언니는 눈 밑을 가리켰다. "이게 그것이 아닐까?"

더러운 눈더미에서 삐져나온 것은 나뭇조각의 끝부분이었다. 그것을 빼내기 위해 우리는 얼어붙은 눈더미를 손으로 파기 시작했다.

그때 뒤쪽에서 친구 가밀라의 소리가 들렸다. "마리암! 아딜라!" 가밀라가 우리 쪽으로 달려오면서 외쳤다.

오랜만에 만난 가밀라는 그 사이 많이 말랐고, 추위로 볼이 다 터 있었다.

"창문에서 봤어." 가밀라가 숨을 헐떡이며 우리 옆에 섰다.

"우리는 땔감을 찾고 있어." 아딜라 언니가 설명했다.

"우리는 의자를 부쉈어." 가밀라가 말했다. "하지만 이젠 조금밖에 남지 않았어. 아빠는 우리가 얼어 죽을 거래." 그녀는 잠시 말을 멈췄다. "난 아빠가 엄마에게 샤리크 선생님에 관해 이야기하는 걸 들었어. 너도 그 소식 들었니?"

'동정심 많은'이란 뜻의 샤리크 선생님은 시아파 무슬림으로 학교에서 내가 좋아하는 수학을 가르쳤다. 수학 때문에 씨름하는 학생들에게 동정심과 인내심 많고 친절한 그는 교장 선생님의 비서이자 교감 선생님이었다.

우리는 수니파 무슬림이었다. 비록 수니파와 시아파 무슬림 사이에 엄청난 갈등이 있었지만, 우리 가족은 모든 신앙인들과 화평을 유지했다.

나는 자세를 바로 하고 가밀라의 얼굴을 살폈다. "학교가 폐쇄된 이후로는 선생님을 본 적이 없어. 아빠가 그분은 시아파라고 말씀하셨어. 그러니까 우리 동네에 그분이 계시는 것은 안전하지 않아."

가밀라는 슬픈 표정으로 고개를 끄덕였다. "돌아가셨어."

이야기를 듣던 아딜라 언니가 깜짝 놀라 물었다. "죽었다고? 샤리크 선생님은 안 돼!"

나도 큰 소리로 외쳤다. "죽어선 안 돼. 절대로!" 나는 친절했던 수학 선생님을 떠올렸다.

바로 그 순간 공중을 가르는 헬기 소리가 들렸다. 우리는 급히 건물 안으로 들어갔다.

"무슨 일이 일어났는지 우리에게 말해줘! 그분이 돌아가셨다는 것이 확실하니, 가밀라?"

가밀라는 자세한 내용을 쏟아내었다. "그들이 선생님에게 왔어. 민병대 말이야. 그들이 수니파인지 시아파인지 난 몰라. 그게 뭐 그리 중요해? 그들은 모두 짐승이야. 그들이 사모님과 자녀들 앞에서 선생님을 마구 때렸어. 그리고 질질 끌고 밖으로 나갔어. 며칠 동안 소식이 없었는데 누군가 강둑에 선생님의 시신이 밀려 올라왔다고 얘기했어." 가밀라는 마지막 내용을 간신히 말했다. "선생님은 맨발이셨어."

아딜라 언니는 울기 시작했다.

"오, 안 돼!" 나도 흐느껴 울었다.

가밀라는 입술을 깨물었다. "아무도 몰랐어. 그들은 모두 서로를 죽이고 있잖아. 심지어 왜 혹은 무엇을 위해 이 전쟁을 하는지 누구도 기억하지 못해. 하지만 그들이 선생님을 고문해서 죽인 건 사실이야."

우리 셋은 울면서 아파트 계단을 올라갔다. 나는 더 이상 배고프지 않았다. 춥지도 않았다. 나는 감각을 잃었다. 내게 다정한 삼촌 같던 샤리크 선생님 때문에 매우 슬펐다. 그는 훌륭한 선생님이었고 내가 수학을 좋아할 수 있도록 도와주신 고마운 분이었다.

샤리크 선생님 소식을 들은 후, 그 일을 생각하면 속이 울렁거렸다. 생명력 없이 물 위로 떠다니는 그의 몸, 빛을 잃은 눈, 몸에서 빠져나온 피가 생생하게 떠올랐다. 밤에 잠을 청할 때면 악몽에 시달렸다. 하지만 잘 때마다 들리는 폭탄과 총소리로 인해 깊이 잘 수 없었다. 그리고 종종 근처에서 터지는 폭발음 때문에 자다가 깨곤 했다.

언니와 집으로 돌아와 한껏 운 나는 엄마에게 샤리크 선생님의 이야기를 전했다. 선생님의 아내와 자녀들은 어떻게 되었을까? 하지만 우리는 그들에게 아무런 도움을 줄 수 없었다. 내전 상황에서 그들은 시아파이고 우리는 수니파였다. 갑자기 우리 사이에 죽음의 골짜기가 놓여 있는 듯한 느낌이 들었다.

오빠들과 언니들이 하나둘 땔감을 손에 가득 들고 돌아왔다. 가족들이 모두 돌아오자 우리는 안도의 눈물을 흘렸다. 엄마는 집에 돌아온 아빠에게 샤리크 선생님에 관한 이야기를 전하면서, 더 이상 딸들이 거리에 나가지 않았으면 좋겠다고 말했다.

아빠는 내 어깨에 손을 대셨다. "네가 많이 슬퍼하는 것을 안다. 마리암, 살다 보면 일어나지 말아야 할 일이 일어날 때가 있단다. 절대로 일어나지 말아야 할 일, 무분별하고 잔인한 폭력 말이야."

그리고 아빠는 자세를 바로잡으며 우리에게 한 가지 지침을 말했다. "이제부터 우리 모두 가장 허름한 옷을 입자. 여자들은 완전히 몸을 가리도록 해라. 아무도 안전하지 않아."

엄마는 고개를 끄덕였다. "좋아요. 나도 동의해요. 지금부터 집에서 나갈 때, 눈에 띄는 색깔의 옷을 입거나 우아한 장식을 옷에 달지 않기로 해요."

그날 밤 아빠는 숯을 가져와 쇠그릇에 담았다. 우리는 식탁을 덮은 담요를 덮고 따뜻한 쪽을 향해 머리를 대고 누웠다.

아빠는 엄마에게 속삭였다. "이런 미친 듯한 상황에서 딸들을 어떻게 안전하게 지켜야 될지 모르겠어요. 이 나라는 지금 무법천지야. 오직 굶주림과 추위와 복수뿐이라고."

샤리크 선생님의 피살은 내가 처음으로 접한 죽음이었다. 그 후 나는 그보다 더욱 심각한 상황들을 보고 들어야 했다. 나의 순수한 유년기는 다시는 돌아올 수 없었다. 이제 삶은 생존의 문제였다. 그리고 우리는 그것을 위해 싸워야 했다.

### 식 량 에 대 한 소 문

식량은 점점 고갈되었다. 나는 알라에게 음식과 난방 문제를 해결해 달라고 거듭 기도했다.

그러나 알라는 내 기도에 응답하지 않았다. 시아파 무슬림들은 계속 수니파를 죽였고, 수니파도 마찬가지였다. 급진주의자들은 민주주의의 죽음과 샤리아법의 복귀를 외쳤다. 나는 지속적으로 알라에게 도움을 요청했지만, 아무런 응답이 없었다.

우리가 식량이 있다는 소문을 들었을 때, 다른 사람들도 그 소식을 들었다. 저격수들의 공격 가능성에도 불구하고 사람들은 줄을 서서 배급을 기다렸다. 도시에서 빵을 굽는 곳은 한 군데뿐이었고, 정부가 그것을 배급했다. 공식적 배급량은 개인당 빵 하나였다. 추운 날씨에 수천 명의 무리들이 배급을 받기 위해 몇 시간 동안 줄을 서서 기다렸다.

당시 엄마와 두 언니가 아팠기 때문에 빵을 가져오는 것은 나머지 식구에게 달려 있었다.

해가 뜨기 전, 살벌한 추위에도 불구하고 우리는 눈물의 작별을 하고 아빠와 함께 터벅터벅 빵공장까지 걸어갔다. 걸을 때마다 눈이 밟히는 소리가 총소리처럼 들렸다.

아딜라 언니가 내뿜는 숨결은 차가운 공기 속에 연기처럼 올라갔다. "너무 추워, 마리암!" 수천의 굶주린 시민들이 구불구불 서 있는 줄에서 언니가 이를 떨고 있었다.

"언니가 따뜻한 곳에 있다고 상상해봐." 나는 언니에게 바짝 붙었다. "우리가 뜨거운 햇살이 비치는 열대지방의 따뜻한 섬에 있다고 생각해." 내가 웃으며 말했다. 우리는 얼지 않기 위해 계속 발을 동동 굴렸다.

서서히 동이 트자 줄이 조금씩 앞으로 움직였다. 우리 주변에는 기관총을 가진 군인들이 질서 유지를 위해 순찰을 돌고 있었다. 지친 우리는 서로 기대었다. 아침 중반쯤 되자 우리는 간밤을 넘기지 못해 얼어 죽은 노부부 옆을 지나 조금씩 움직였다.

"그들은 앉아서 쉬었어." 우리가 그들을 바라보자 어떤 젊은 여자가 뒤에서 말했다. "앉으면 안 돼. 자도 안 돼. 그러면 이렇게 되는 거야."

아빠가 한 군인을 불렀다. "이 시신을 치워야죠."

그 군인은 아빠의 말을 무시했다. "시신은 아무도 해치지 않아요."

어쩔 수 없이 아빠는 우리와 사체 사이에 섰다. 아빠는 계속 우리에게 할머니의 농장에서 따뜻한 여름을 보내던 생각을 떠올려 보라고 하였다. "여름에 제일 좋은 게 뭐니?" 아빠가 우리에게 물었다.

나는 조심스럽게 대답을 생각했다. "호수에서 따스한 햇살을 쬐는 걸까요? 승마? 닭장에서 계란 꺼내오기?"

그때 아딜라 언니가 불쑥 내뱉었다. "아침, 점심, 그리고 저녁이요."

우리는 한바탕 웃었다. 하지만 우리의 의식을 갉아먹는 배고픔은 음식을 모든 행복한 기억의 중심으로 만들고 말았다.

그러던 중 갑자기 우리 앞쪽에서 아기를 안고 있던 젊은 엄마가 통곡하기 시작했다. "내 아기! 내 아기! 누가 좀 도와주세요! 오, 제발! 제발!"

비명소리가 더욱 커지자 사람들이 모여들었다. 그때 한 경관이 군중을 밀치며 앞으로 갔다. 잠시 후 우리는 이런 말을 들었다. "아기는 죽었어요."

"얼어 죽었어요."

"원래 병들었어요."

무장한 사람들이 울고 있는 아기 엄마를 데리고 갔다.

"왜 이 추위에 아기를 데리고 왔을까?"

"불쌍한 아기 엄마. 그런데 왜 병든 아기를 여기까지 데리고 왔을까?"

아딜라 언니와 나는 눈빛을 교환했다. 우리는 그 이유를 알았다. 그것은 얼어 죽느냐, 아니면 굶어 죽느냐의 선택이었다.

동은 텄지만 하늘은 점점 더 어두워졌다. 산에서 매서운 바람이 불더니 이내 눈보라가 우리의 뺨을 따갑게 내리쳤다. 우리는 과연 공장 문 앞까지 갈 수 있을까? 기다림이 길어지자 유약한 사람들은 눈더미 위에 털퍼덕 주저앉았다. 어떤 사람들은 바로 그 자리에서 죽었다.

아딜라 언니가 쉰 목소리로 말했다. "배급을 받아 집으로 돌아갈 때까지 앉거나 자면 안 돼."

나는 고개를 끄덕였다. 그리고 추위를 이기기 위해 눈을 감았다.

식량이 부족하다는 소문이 돌자 군중들이 들썩였다.

"왜 이렇게 시간이 오래 걸리는 거야?" 몇몇 사람들이 큰 소리로 불평했다. "저 사람들은 우리가 얼어 죽어가는 걸 못 보나?"

"빵이 다 떨어졌대요." 누군가가 울부짖었다.

"우리에게 줄 빵이 없대요!" 한 남자가 외쳤다.

더 많은 사람들이 소동에 가담했다. 갑자기 빵을 요구하는 목소리가 커졌다. 굶주린 무리들이 문을 밀고 들어가자 폭력이 발생했다.

군중을 제압하기 위해 군인들이 하늘을 향해 발포했지만, 이성을 잃은 무리들은 더 몰려들었다.

압박이 강해지자 아빠는 우리를 보호하려고 애썼다. "바짝 붙어라!"

총알들이 머리 위로 획획 날아갔다. 아딜라 언니가 말했다. "내 손 꼭 잡아. 절대 놓치지 마."

그때 내 옆에 있던 사람이 총에 맞았다. 순식간에 혈흔이 눈밭에 번졌다. 빗나간 총알들이 사람들에게 날아가자 두 사람이 더 쓰러졌다.

시간이 지나자 겁에 질린 비명소리가 점점 커져갔다.

그때 아딜라 언니가 갑자기 내 손을 놓았다. "마리암, 아빠랑 있어. 나는 간다." 요란한 소리 가운데 언니가 외쳤다.

"어디를 간단 말이야?"

"우리 빵 받으러 갈 거야!"

"안 돼. 그들이 언니를 죽일 거야!"

"내가 가지 않으면 우린 여기서 죽을 거야. 사랑해!"

"아딜라 언니, 제발 가지마."

"돌아올게."

주변의 험악한 상황은 언니와 나를 더 멀리 떨어뜨려 놓았다.

아빠는 내가 압사당하지 않도록 보호하기 위해 버티고 있었다. "아딜라는 어디에 있니?"

"언니는 빵 가지러 간다고 했어요!"

아빠가 언니를 불렀지만, 이미 늦었다. 우리는 총알이 관통하는 가운데 군중 속에 갇히고 말았다.

내 옆에 있던 여자는 발포된 총에 맞아 죽었다. 놀란 나는 그 여자 옆쪽에 쓰러졌다. 아빠는 있는 힘을 다해 내가 밟히거나 압사당하지 않도록 지켰다.

결국 폭동은 멈췄다. 그러나 너무도 많은 사람들이 죽었다. 군인들은 우리가 해산하지 않으면 발포할 것이라고 명령했다. 우리는 20시간 이상 기다렸지만, 아무것도 얻지 못했다.

아빠는 군중 속을 빠져나오면서 나를 단단히 붙잡았다.

"마리암, 우리는 꼭 언니를 찾아야 해."

겁에 질린 나는 울었다. "아딜라 언니, 어디에 있어? 아딜라!"

아빠와 나는 어둠 속에서 숨가쁘게 언니를 불렀다.

그때 한 군인이 총의 개머리판으로 아빠를 거칠게 밀었다. "여기서 나가! 누구든 당장 가란 말이야."

"하지만 제 딸을 꼭 찾아야 합니다."

바로 그 순간 아딜라 언니가 나타났다. "여기 있어요, 아빠."

언니는 눈을 크게 뜨며 말했다. "가요. 서둘러요. 가야 돼요!"

아빠는 안도의 눈물을 훔쳤다. "어디 갔었니? 무슨 일이라도 벌어졌으면 엄마가 날 용서하지 않았을 거야. 아딜라, 어디 갔었니?"

언니는 대답하지 않았다. 대신 우리를 군중에게서 좀 떨어진 한적한 곳으로 데리고 갔다.

언니는 외투 속에서 빵 한 봉지를 꺼내 흔들며 조용히 말했다. "아직 따뜻해요."

"뭐라고?" 아빠가 놀라서 물었다.

"네, 아직 따뜻해요. 서둘러요, 아빠. 충분할 거예요."

우리는 어두운 거리를 지나 집으로 돌아왔다. 마대 봉투에 가득 담긴 36개의 빵은 금 한 부대보다 더 가치 있었다.

우리는 빵으로 인해 일어난 폭동과 그날 밤 죽은 사람들에 관해 수근거리는 무리들을 급히 지나쳐 온 후에야 겨우 숨을 쉴 수 있었다.

집에 도착해 바닥에 털썩 주저앉을 때까지 우리는 아무 말도 하지 못했다. 언니의 용기 덕분에 우리는 이웃과 나눠 먹을 정도의 충분한 빵을 얻어 거의 한 주간 먹을 수 있었다.

## 아딜라 언니의 용기

우리가 집에 도착하자 아딜라 언니는 어떻게 빵을 구했는지 이야기하였다.

언니는 거침없이 공장을 둘러싼 높은 울타리를 향해 달려가 철조망 꼭대기로 올라갔다. 총알이 뒤쫓아오는 듯했지만 언니는 두 번째 울타리를 향해 달렸다. 조금의 주저함도 없이 두 번째 울타리를 기어서 가시철조망 꼭대기까지 올라갔다. 언니는 총에 맞을지도 모른다고 생각했지만, 오히려 빵 굽는 냄새가 그녀를 끌어당겼다. 경비원들과 군인들이 굶주린 폭도들을 저지하기 위해 떼 지어 나갈 때 총탄의 불빛이 주위를 환하게 비추었다. 보통은 내부를 지키던 군인들이 그때는 하나도 없었다. 모두 문을 사수하러 간 것이다.

아딜라 언니는 조심스럽게 건물 가까이 접근했다. 신선한 빵 냄새가 언니를 창가로 이끌었다. 그곳에 약 3센티미터 정도의 틈이 있었고, 언니는 그것을 용케도 더 넓게 벌렸다.

순간 언니는 빵공장 안에 있었다! 따뜻한 오븐이 공기를 데웠고, 신선한 빵이 무더기로 선반에 쌓여 있었다. 언니는 빵을 운반할 것이 있는지 둘러보았다. 순간 구겨진 마대 자루 하나가 눈에 들어왔다.

아딜라 언니는 그것을 열어 빵을 12개씩 세 번 부대에 담았다. 언니는 기도하면서 바닥을 살펴보았지만, 다른 마대 자루는 없었다.

그 순간 군인들과 빵을 만드는 사람들의 거친 목소리가 건물 앞에서 들렸다. 그들이 돌아오고 있었다.

아딜라 언니는 몸을 낮춘 채 빵 자루를 끌고 창 쪽으로 이동하여 창문을 열었다. 언니는 필사적으로 땅바닥에 빵 자루를 내던진 후 재빨리 움직였다. 그리고 창문을 닫은 후 빵 자루를 집어 들고 우리에게 돌아온 것이다.

그것은 시작에 불과했다. 전쟁이 지속될수록 언니는 더욱 대범해졌다. 언니는 이제 어떻게 그리고 어디에서 빵을 구할 수 있는지 잘 알았다. 나 외엔 누구에게도 말하지 않았지만, 언니는 우리 모두를 위해 목숨을 걸었다.

2주 후 한 분대의 군인들에 둘러싸인 탱크 한 대가 우리 집 창문 아래에서 '그르륵' 소리를 내며 지나갔다.

아딜라 언니는 탱크가 지나가는 것을 유심히 지켜보았다. 탱크가 길모퉁이로 돌아가는 것을 보자마자 언니가 말했다. "난 지금 갈 거야."

"잠깐만! 나도 갈 거야." 또래보다 작은 키에 영양 부족으로 몸이 유약했던 내가 언니에게 말했다.

아딜라 언니는 고개를 저었다. "절대로 안 돼. 너랑 가면 늦어질 뿐이야." 언니는 두 손으로 내 손을 잡고 몸을 굽혀 내 눈을 응시했다. 우리는 언니가 감당해야 할 위험 부담을 잘 알았다. 만일 그들에게 잡힌다면, 강간당한 후 죽게 될 것이다.

언니는 공장 뒤쪽으로 접근하기 위해 좁은 거리를 달려간 후 누구든 보이면 숨고 울타리를 넘어 안으로 들어가야 했다.

나는 창문에서 언니가 건물 밖으로 나가 버려진 차 옆에 재빨리 숨는 모습을 지켜봤다. 그리고 언니는 쏜살같이 거리를 가로질러 골목으로 사라졌다.

아딜라 언니가 떠난 지 한 시간이 지났지만, 며칠이 지난 듯했다. 나는 걱정이 되었다. '얼마나 걸릴까? 언니는 아주 빨리 달리는 사람인데 왜 이리 늦을까?'

잠시 후 언니가 빵을 가득 담은 큰 가방을 들고 골목에 나타났다. 나는 안전한 골목에서 빠져나오기 전 조심스레 주위를 살피는 언니의 모습을 창문을 통해 보았다. 비록 나를 볼 수는 없었지만, 언니는 창문 쪽을 향해 고개를 끄덕이며 의기양양하게 빵 봉투를 치켜 올렸다. "내가 가져온 걸 보라고!" 언니는 몸짓으로 이렇게 말했다.

언니는 우리 건물 맞은 편 벽돌로 지은 건물 모퉁이 골목 초입에 있었다.

그때 한 발의 총알이 언니의 머리 바로 위로 날아왔고, 검붉은 벽돌 가루가 언니의 머리 위로 떨어졌다. 이어서 저격수의 두 번째 총성이 들렸다. 하지만 언니는 이미 거리를 가로질러 달리고 있었다.

우리 건물 벽에서 탕하는 두 번째 총성이 났을 때, 언니는 이미 문

안에 들어와 안전했다.

나는 집으로 들어온 언니를 안아주었다. 언니가 거의 죽을 뻔한 것을 목격했기 때문에 나는 놀라서 울고 말았다. 언니의 스웨터는 철조망을 오르고 좁은 통로로 몰래 들어가느라 군데군데 찢어졌다.

"다시는 그렇게 하지 마!" 내가 언니에게 충고했다.

그러나 언니는 나의 말을 무시했다. "우리는 먹고 살아야 해."

우리는 전쟁이 끝날 때까지 더 큰 용기와 재치가 필요하다는 사실을 잘 알고 있었다.

그 기간 동안 우리는 무릎으로 사는 법을 배웠다. 집에서 서 있는 것은 더 이상 안전하지 않았다. 우리는 저격수의 타깃이 되어 총에 맞지 않기 위해 방과 방 사이를 다닐 때마다 창문 보다 낮게 기어갔다.

어느 오후, 우리 아파트 밖에서 총성이 터졌다.

아딜라 언니가 가족들에게 경고했다. "길 건너편 건물에 저격수들이 있어!"

저격수가 적외선 레이저로 엄마의 심장을 조준했을 때, 엄마는 두려움에 몸이 얼어붙고 말았다.

"엄마, 움직이세요!" 내가 엄마에게 소리쳤다.

그 즉시 엄마가 무릎을 꿇었고, 저격수는 방아쇠를 당겼다. 총알이 '피융' 하는 소리를 내며 엄마의 머리 오른편으로 지나갔다. 언니들과 나는 바닥에 누워 있는 엄마에게 기어갔다. 나는 엄마가 서 있던 자리에 박힌 총알 자국을 분명하게 볼 수 있었다. 단 1초만 늦었어도 엄마는 죽었을지도 모른다.

나는 울며 엄마를 꼭 껴안고 이 악몽이 끝나기를 기도했다.

그러나 싸움은 점점 더 악화되기만 했다. 끝나지 않은 공포영화처럼 우리는 악몽 속에 사는 듯했다.

헬기의 프로펠러 소리와 비행기의 윙윙 대는 소리가 나거나 폭탄이 떨어질 때마다 우리는 재빨리 지하실로 내려갔다.

왜 무슬림끼리 서로 죽이는 걸까? 우리가 기도할 때 도대체 알라는 어디에 있는 것일까?

## 위 험 을  감 수 할  가 치 ?

다시 겨울이 다가왔다. 우리는 내전 두 번째 해에 확실히 갇히고 말았다. 그러던 어느 날, 아딜라 언니와 나는 신선한 빵이 제공될지도 모른다는 소식을 들었다.

"우리는 가야 해." 아딜라 언니가 단호하게 말했다. "배급품을 받도록 노력해보자."

그날 오후 우리는 그것이 위험을 감수할 만한 가치가 있는 일이라고 결정했다. 언니와 나는 외투와 모자를 챙긴 후 매서운 추위 속에 황량한 거리를 따라 서둘러 갔다. 수백 명의 사람들이 공장이 열리기를 기다리며 모여 있었다.

거리는 눈으로 덮여 있었다. 줄을 서서 기다리는 동안 우리는 추위를 극복하기 위해 발을 동동 굴렀다.

어둠이 내렸다. 하지만 우리는 줄에서 벗어날 수 없었다. 그래서 우리는 눈 위에 쪼그려 앉아 서로 얼굴을 가까이 파묻고 아침이 오기를 기도했다.

그 긴 밤사이 할아버지 한 명과 두 명의 할머니가 동사했다. 아딜라 언니와 나는 추위로 인해 얼굴이 매우 창백했다. 건물들 위로 동이 틀 때, 손과 발의 감각이 느껴지지 않았다.

부드러운 아침 햇살에 바닥에 쌓인 눈이 반짝였다. 새로 도착한 군중들이 거리로 몰려나오자 아침 공기는 그들의 소리로 들끓었다.

그들은 우리처럼 밤새 기다리지 않았다. 너무 늦게 나와서 빵을 얻을 수 없다는 사실도 알고 있었다. 절박한 군중들은 빵공장 쪽으로 급격히 몰려들었다. 평정심을 잃은 군중들은 밤새 눈밭 위에서 기다린 사람들 위로 기어올랐다. 어느새 누군가의 부츠가 내 머리를 짓밟고 있었.

충격에 빠진 나는 비명을 질렀다. "도와주세요!" 나는 서둘러 빠져나오려고 노력했다. 그러다가 아딜라 언니와 떨어지게 되었고, 나는 두 개의 큰 무리 사이에 갇히고 말았다. 나의 얼굴은 다른 사람의 등에 눌려 숨을 쉬기가 어려웠다.

나의 의식은 점점 희미해졌다. 바로 그 순간 경찰들이 군중을 해산시키기 위해 공중에 총을 쏘았다. 그러자 나를 짓누르던 사람들이 흩어지면서 숨을 쉴 수 있었고, 위기를 모면했다.

나는 더 이상 압사당할 걱정은 하지 않아도 됐지만, 대신 경찰들이 사람들을 향해 총을 쏘기 시작했다. 밤새 빵을 얻기 위해 기다렸던 사람들이 죽거나 밟히고 또 심하게 다쳤다. 나는 완전히 겁에 질렸다! 총알들이 내 주변을 날아다녔다.

겁에 질린 나는 아랍어 기도문으로 알라와 무하마드에게 부르짖었다. 하지만, 아무런 응답도 없었다. 모든 소망을 잃은 나는 나의 모국어로 아브라함과 이삭과 야곱의 하나님을 간절히 부르짖었다. 나는 그분이 기독교인들의 하나님이자 유대인의 하나님이라는 것을 알고 있었다. 과연 그분이 나를 도와줄 수 있을지 궁금했다.

"창조주 하나님, 만일 당신이 존재한다면, 만일 당신이 실재한다면, 제발 나를 좀 도와주세요!" 나는 간절히 부르짖었다. 그 상황에서 내가 생존한다면, 그것은 기적일 것이다.

그러자 마치 천사가 나를 혼동 속에서 빼내준 것처럼, 갑자기 마음에 초자연적인 평강이 임했다.

순식간에 아딜라 언니가 내 앞에 나타났다. 언니의 두 팔에는 빵이 가득했다. "서둘러! 어서 여기를 빠져나가자!" 언니가 나를 불렀다. 그리고 바로 달리기 시작했다.

나는 있는 힘을 다해 언니를 따라 달렸다.

우리는 집에 도착할 때까지 속도를 줄이지 않았다. 집에 도착했을 때, 우리는 당장이라도 숨이 멎을 것같이 헐떡였다. 아빠 역시 빵을 구하러 갔다가 막 돌아왔다.

우리는 우리가 겪은 일들을 아빠에게 말했다.

"내 딸들! 내가 그곳에서 너희들을 보호했어야 했는데!"

아빠는 눈물을 흘리며 우리를 꼭 껴안았다. 우리가 죽을 뻔했다는 것을 알게 된 아빠는 심하게 흐느꼈다.

그날 밤 잠을 청하면서, 무슨 일이 있었는지 곰곰이 생각해보았다. 아브라함과 이삭과 야곱의 하나님이 내 기도에 응답하셨다. 그분이 과연 살아계시단 말인가?

Chapter
6

# 거룩한 책

내전의 격변과 테러를 겪는 동안 많은 젊은 여자들이 강간을 당하고 살해되었다. 때때로 그들의 사체는 사람들에게 경고하기 위해 방치되거나 강에 버려졌다.

한번은 군인들이 13살짜리의 나와 가까운 학교 친구를 납치했다. 그녀는 공격을 받은 후 죽도록 방치되었지만, 안간힘을 써서 겨우 집에 돌아왔다. 그러나 사람들로부터 짐승 취급을 받았고, 그 충격의 여파는 매우 컸다.

범죄에는 정의가 있을 수 없다는 것을 우리는 잘 알고 있었다. 이것은 전쟁이었다. 나라는 정글보다 더한 무법천지가 되었다.

나의 가족들은 그들이 우리 자매들을 늘 지켜줄 수 없다는 사실을 깨달았다. 언니들과 내가 음식을 구하러 나가면 공격받기가 너무 쉬웠다.

아빠와 엄마는 특히 나를 염려하셨다. 매우 유약했던 나는 어떤 공격에도 맞서 싸울 힘이 없었다.

어느 날 무사 오빠가 해답을 가지고 왔다. 오빠는 아빠와 상의한 후 나에게 그 계획을 알려주었다. "내 친구가 가라데 수업을 하는데, 네가 배우는 것이 좋겠어."

그 말을 듣는 순간 눈이 뻔쩍 띄었다! 나는 스포츠를 아주 좋아했다. 그리고 가라데 레슨은 이 두렵고 단조로운 삶에서 활력소가 될 것이다. 어릴 때부터 작은 체구에 감기와 두통에 자주 시달렸지만, 나는 타고난 선수였다.

나는 전쟁 전에 쿵푸 수업을 받았는데 아주 잘했다. 심지어 코치가 전문적인 훈련을 받도록 나를 아시아에 데리고 가고 싶다고 말했지만, 부모님이 허락해주지 않았다. 또한 학교에서 배구와 농구를 했고, 체조 선수로서 훈련도 받았다. 서커스단을 운영하는 친구의 아빠에게 한동안 훈련을 받기도 했는데, 그 훈련을 통해 나의 몸은 아주 탄탄하고 유연해졌다.

내가 무술을 시작하는 데 한 가지 문제가 있었다. 돈이 없었던 것이다. 내전이 시작되면서 나라의 경제가 무너졌고, 화폐는 가치를 상실했다. 그 결과 아빠는 파산했고, 하루 만에 모든 돈을 잃었다. 아빠는 원래 거부였었다. 한때는 16채의 집을 살 수 있을 정도의 재력이 있었지만, 이제는 모두 사라져버렸다.

그 충격으로 아빠의 심장에 문제가 생겼고, 의사는 심하면 심장마비가 올 수도 있다고 하였다. 감사하게도 그런 일은 없었지만, 재정의 쇠락은 아빠에게 큰 충격을 주었다. 그 일로 아빠는 오랫동안 우울해했다. 자녀들에게 주려고 평생 모은 재산이 일순간 사라지고 말았기 때문이다. 아빠만 파산한 것이 아니었다. 아빠의 친구들과 가족들 역시 모든 것을 잃었다.

우리 문화에서는 자녀가 결혼할 때 딸에게는 결혼 지참금을 주는 반면, 아들에게는 집을 사준다. 모든 것을 잃기 전, 아빠는 우리에게 줄 재물을 모으는 일에 집착했다. 그러나 전쟁이 터지자 아빠는 더 이상 변호사와 철학 교수로 일할 수 없게 되었다. 수입이 끊긴 아빠는 다른 일을 찾기 위해 노력했다. 그러다가 언제부턴가 아빠는 가족과 더 많은 시간을 보내려고 하였다. 우리가 아빠의 진정한 재산이라는 것을 깨달았기 때문이다.

돈이 없었던 아빠는 나를 가라데 수업에 보낼 수 없었다. 대신 무사 오빠가 수업료를 지불했다. 오빠도 하던 사업을 접은 상황이었지만, 군대에서 월급을 받고 있었다.


### 예 수 님 께   이 끌 리 다

가라데 수업은 1주일에 세 번 학교 체육관에서 진행되었다. 수업에는 약 50명의 남자와 여자 그리고 어린이들이 모였고, 나는 물 만난 고기처럼 신나게 레슨을 받았다.

친구들과 함께 모여 훈련을 받는 것은 그 어려운 시기에 즐거운 일과이자 전쟁으로 인한 스트레스와 긴장의 배출구였다. 수업에 참여하는 사람은 대부분 무슬림이었다. 수업이 마치면 우리는 종종 알라에 관한 이야기를 나누었는데, 사람들 사이에 더 알고자 하는 갈망이 있었다. 그래서 우리는 보다 나은 무슬림이 되기 위해 하디스(무하마드의 언행록 - 역주)에 관해 토론하기 시작했다.

우리의 영적인 열정 때문이었는지 어느 날 레슨을 마친 후 사범님이 자신에게 어린이 성경이 있다고 말했다. "여기 있어. 이건 코란과 비슷해." 그는 그렇게 말하면서 나에게 아름다운 그림이 있는 성경을 건네주었다. 책장을 넘기자마자 나는 즉시 그림에 끌렸다. 그것은 그림이 전혀 없는 코란과는 아주 달랐다.

사범님은 무슬림 태생이었지만, 이슬람을 따르지 않고 있었다. 그는 자신이 영적인 것을 추구하고 있다는 것을 감추지 않았다. 하지만 그가 수업 시간에 공공연히 성경에 관해 말할 때마다 나는 사뭇 놀랬다. 성경이 기독교인들의 거룩한 책이라는 것을 알았지만, 그들은 이교도였다. 우리가 사용하는 용어인 '카피르'는 보통 '불신자', '비신앙인' 혹은 '이교도'를 의미한다. 그러나 나는 성경에 아브라함과 이삭과 야곱의 하나님에 관한 이야기가 담겨 있다는 것도 알았고, 그분에 관해 더 알고 싶었다.

나와 함께 가라데 수업을 듣는 '올바른 안내'라는 뜻의 이름을 가진 내 친구이자 이웃인 라쉬다는 나만큼이나 성경에 호기심을 갖고 있었다. 그녀의 집에도 아주 낡고 닳은 한 권의 그림 신약성경이 있었는데 라쉬다가 집에서 몰래 그것을 가지고 와서 함께 보았다.

"아무도 보여주면 안 돼." 라쉬다가 나에게 경고했다. "만일 가족들이 알면 힘들어져."

예수님의 치유와 심지어 죽은 자를 살리신 이야기를 보고 나는 깜짝 놀랐다. 나는 그분의 기적에 큰 감명을 받았다. 무하마드는 어떤 기적도 일으키지 않았다.

그날 이후 나에겐 나만의 성경을 갖고 싶다는 꿈이 생겼다.

어린이 성경을 읽은 후, 어느 날 예수님이 꿈에 나타나 그분이 바로 내가 따라야 할 유일한 길(요 14:6)임을 보여주셨다. 그분은 중동 사람처럼 하얀 옷을 입고 계셨고, 몸에서 아주 밝은 광채가 났다. 그분이 나에게 어떤 말씀을 하셨는지는 기억할 수 없지만, 꿈에서 깨면 언제나 깊은 평강을 느꼈다.

내 마음은 자연스럽게 예수님께 이끌렸다. 집에 전기가 들어오면 나는 TV채널을 재빨리 돌려 우리말로 번역된 '수퍼북, 살아 있는 책'(Super book, Living book)이라는 미국 만화를 틀었다. 그 프로그램은 예수님과 그분의 기적에 관한 이야기였는데, 언제부턴가 내가 제일 좋아하는 프로그램이 되었다. 나는 TV 앞에 딱 달라붙어서 만화로 된 복음 이야기를 시청했다. 나는 예수님의 표적과 이적을 믿을 수 없었다.

만화 프로그램과 사범님이 주신 성경의 영향력 외에도 내 삶에 예수님에 대한 인식을 심어준 것이 또 하나 있었다. 내가 13살 때, 예수

영화(Jesus Film)가 우리 동네에서 상영되었다. 우리는 거리에서 영화가 상영된다는 광고를 들었다. 여전히 전쟁 중이었지만, 사람들은 3년간 지속된 두려움과 압박감에 지친 나머지 영화를 보기 위해 기꺼이 위험을 감수하기로 하였다.

전쟁 중이라 극장에 갈 수 없었기 때문에 영화 상영은 우리 마을의 큰 관심거리였다. 거의 200명의 사람들이 어두워지기 전 초저녁에 거리에 방석과 의자를 들고 나와 자리를 잡고 앉았다. 그것은 큰 이벤트이자 축제였다. 마을 사람들 모두가 넋을 잃고 나사렛 예수에 관한 이야기를 시청했다. 우리는 목수인 그가 제자들과 함께 많은 기적을 행하는 모습을 즐겁게 보았다.

마지막으로 예수님이 십자가에 달리신 모습을 볼 때, 나는 울음을 멈출 수 없었다. 가족들과 친구들 역시 울고 있었다. 우리 모두가 그 이야기에 깊은 감동을 받았다.

영화를 본 후 나는 내가 생각하는 것보다 예수님이 더 위대하고 훌륭한 분이라는 것을 깨달았다. 나는 갑자기 너무 많은 질문거리가 생겨서 아빠에게 물으러 갔다.

"아빠, 내가 아는 한 예수님은 소경을 보게 하고, 병든 자를 고치신 유일한 선지자에요. 그분은 단순한 선지자가 아니에요. 분명 뭔가 더 있어요. 예수님은 죽은 자를 살렸을 뿐만 아니라 자신도 죽음에서 부활했어요. 그의 무덤이 비어 있었어요. 그분은 살아계셔요. 하지만 무하마드의 뼈는 여전히 메카에 묻혀 있고, 그는 죽었어요. 예수님은 나의 최고의 영웅이에요!" 나는 흥분하며 말했다.

아빠는 웃으며 말했다. "그래, 이슬람교 안에서도 예수님은 가장 위대한 선지자 중 한 분이지. 마지막 때에 그분이 세상을 심판할 심판자로 하늘로부터 온다는 것을 우리도 알고 있단다."

아빠가 예수님이 세상을 심판하기 위해 다시 오신다는 말을 했을 때, 나는 무의식적으로 예수님에 관해 더 배워야 한다는 생각을 하게 되었다. 그는 선지자이지만 그 이상인가? 나는 만족할 만한 해답을 찾기로 결단했다. 예수님의 기적이 나를 사로잡았다. 그리고 그분이 누군지 확실히 알 때까지 나는 멈추지 않을 것이다.

아빠는 내가 성경을 보는 것을 막지 않았다. 아빠도 고등교육을 받은 사람으로서 성경을 읽은 적이 있었기 때문이다. 아빠는 나의 호기심과 열의를 인정해주었다.

나의 탐구심이 결국 이슬람교를 떠나게 되는 원인이 되었다는 사실을 미리 알았더라면, 아빠는 내가 성경을 보지 못하게 막았을 것이다.

# 엄청난 계시들

어느 날 내 친구 뮤니라가 새로운 무술 수업이 생긴다는 소식을 전해주었다.

"이거 본 적 있어?" 뮤니라가 전화박스에서 뗀 전단지를 흔들며 흥분한 얼굴로 말했다.

"뭐라고?" 나는 뮤니라가 가져온 전단지를 보았다. "태권도?" 나는 전단지를 자세히 들여다보았다. "자기 방어 훈련, 초보자 환영."

내전이 발발한 지 벌써 수년이 흘렀다. 그 사이 우리는 여자들과 어린 소녀들이 거리에서 붙잡혀 강간당하고 살해되었다는 소식을 자주

접했다.

그런 분위기 속에서 자기 방어용 무술을 습득하는 것은 이미 나의 강렬한 소원이 되었다. 단순히 나 자신을 보호하기 위해서만 아니라 다른 사람을 구하는 일에 그것을 사용하고 싶었다. 학교에서 늘 운동 경기의 주장이었던 나는 어떤 형태의 폭력도 증오했다.

나는 3년 동안 쿵푸, 킥복싱, 가라데를 수련하여 이미 초보자들을 가르칠 정도의 실력을 쌓았다. 하지만 경제가 악화되고 재정적으로 어려워지면서 훈련비를 내주던 무사 오빠가 가라데를 그만두라고 말했다.

"그래서 뭐?" 내가 뮤니라에게 퉁명스럽게 말했다. "난 배울 능력이 안 돼."

"계속 읽어봐." 뮤니라가 신이 나서 말했다. "공짜야!"

"공짜라고?" 꿈만 같았다! 전단지에는 수업료는 무료이며, 지역 학교 체육관에서 열린다고 쓰여 있었다. 수련생들이 준비해야 할 것은 각자 입을 운동복뿐이었다.

"어떻게 공짜로 가르쳐줄 수 있지? 첫 수업만 그렇고, 그 다음부터는 돈을 받을지도 몰라."

"아니야." 뮤니라가 의기양양하게 말했다. "이것 좀 봐. '절대 무료. 누구나 환영.' 그렇지만 그들이 왜 무료로 하는지 진짜 이유는 모르겠어."

나는 가라데 사범에게 태권도 수업에 대해 말했다. 나를 여동생처럼 아껴준 그는 내가 가라데를 배울 수 없게 된 것을 안타까워했다. 그리고 어떤 형태로든 내가 계속 훈련하기를 원했다. "나도 태권도에 대해 들어봤어." 그가 말했다. "아무렴. 좋고말고. 시작해봐. 잘 배워두면, 너에게 분명 도움이 될 거야."

부모님도 내가 훈련을 계속하는 것이 좋겠다고 흔쾌히 동의하셨다. 아빠는 내가 태권도 수업을 받는 것을 지지했고, 성실하게 훈련하고 연습하도록 격려해주었다.

## 사랑의 하나님, 아버지 하나님

새 프로그램이 시작된 첫날, 태권도 코치 아림('학식 있는, 전문가, 학자'란 뜻)이 우리에게 말했다. "자, 모두 앉아주세요."

우리는 그대로 따랐다. 운동용 매트가 없었기 때문에 긁히고 낡은 체육관 나무 바닥 위에 앉았다.

그는 바닥에 앉은 우리에게 이름을 적도록 했다. 14살부터 20대 후반, 심지어 30대 초반까지 남자와 여자가 섞여 있었는데, 총 45명이 훈련에 참여했다. 당시 우리나라가 공산주의 치하에 있었기 때문에 남녀가 수업을 함께하는 것을 엄격하게 제한하지는 않았다. 거기에는 부사범도 한 명 있었다.

한국에서 시작된 태권도의 대략적인 의미는 '손과 발의 도'란 뜻이다. 공격자를 무력화하는 빠른 주먹과 고차원적인 발놀림을 사용하는 태권도는 민첩함과 균형 그리고 정신적·육체적 집중력을 키워주는 스포츠다.

"태권도는 몸뿐만 아니라 마음과 정신을 훈련합니다." 아림이 계속

해서 설명했다. "둘 다 개발하는 것이 중요해요. 정신이 몸보다 더욱 능력이 있기 때문에 우리는 먼저 정신수양으로 연습을 시작하겠습니다. 자, 이제 나를 따라해보세요. 나는 무엇이든 할 수 있다!"

"나는 무엇이든 할 수 있다!" 우리는 그 말을 따라했다.

뮤니라와 내가 웅얼거리며 따라하는 동안 앞서 배운 수련생들은 그 말을 열정적으로 외쳤다.

"내게 능력 주시는 그리스도를 통해 나는 모든 것을 할 수 있다."

"그리스도?" 나는 뮤니라에게 속삭였다. "예수 그리스도처럼? 크리스천처럼?"

뮤니라는 내게 조용히 하라고 말했다. "사범님은 미국인과 함께 지내. 모두 다 크리스천들이지. 하지만 특별한 의미는 없어."

그러나 나는 충격을 받았다. 유럽인인 아림은 무슬림 국가에서 공개적으로 예수 그리스도에 대해 말했다. 나는 그가 하는 말 때문에 핍박을 받을 수 있다는 사실을 알고 있었다. 그런데 동시에 강한 흥미를 느꼈다.

그가 예수 그리스도를 '사랑의 하나님'이라고 말했을 때, 나는 더 큰 충격을 받았다. 이슬람교에서는 99가지의 알라의 이름이 있지만, 그 가운데 사랑은 없다. 나는 평생 알라가 우리와 멀리 떨어져 있는 엄격한 심판자라고 배웠다. 만일 내가 죄를 지으면, 그는 나에게 벌을 내릴 것이다. 따라서 나는 항상 알라를 두려워했다. 그 이유는 나는 죄인이고, 그 죄로 인해 알라와의 교제가 단절되었다는 것을 알았기 때문이다.

이제껏 알라를 기쁘게 하기 위해 기도, 금식, 선행, 그리고 그 밖에 내가 할 수 있는 모든 것을 다 해봤지만 평강은 전혀 없었다. 내가 얼마나 힘쓰고 노력하든 상관없이 나의 그런 노력들을 통해 충분한 자격을 갖출 수 없다는 것을 알았다. 나는 자격 미달이었다.

아림은 하나님이 멀리 떨어져 있지 않고 우리를 못마땅해하는 분이 아니라 우리와 개인적인 교제를 나누기 원하는 분이라고 말했다. 그리고 하나님은 나의 이름을 알고 계신다고 말했다! 그 말에 나는 전율했다.

"여러분이 훈련에 나오기 전까지 나는 여러분의 이름을 전혀 알지 못했습니다." 아림이 말했다. "하지만 오래전, 심지어 여러분이 태어나기도 전부터 하나님은 여러분의 이름을 알고 계셨어요. 그리고 여러분을 향한 계획을 세우셨어요. 하나님은 여러분 한 사람 한 사람을 그분의 형상을 따라 지으셨어요. 창세기 1장 27절은 '하나님이 자기 형상 곧 하나님의 형상대로 사람을 창조하시되 남자와 여자를 창조하시고'라고 말합니다."

나는 다시 한 번 깜짝 놀랐다. 이슬람교에서 우리가 알라의 형상을 따라 창조되었다고 생각하는 것은 신성모독으로 간주되었기 때문이다. "알라에게는 어떤 자녀도 없다." 우리는 그렇게 배웠다. 이슬람교에서 알라의 이름 99개 중 '아버지'라는 이름은 없다. 그래서 무슬림들은 자신들이 광야로 쫓겨난 아브라함의 아들 이스마엘의 자손들이라고 말한다. 이스마엘은 결국 고아가 되었다. 그것이 바로 무슬림들이 예수님을 하나님의 아들이라고 믿지 않는 이유다. 이슬람교의 신 알라는 자녀도 없고, 아버지도 아니기 때문이다.

나는 하나님이 나를 향한 계획을 가지고 계시다는 사실을 생각할 때 또 한 번 놀랐다. 그는 시편 139편 13-14절을 인용했다.

> 주께서 내 내장을 지으시며 나의 모태에서 나를 만드셨나이다 내가 주께 감사하옴은 나를 지으심이 심히 기묘하심이라 주께서 하시는 일이 기이함을 내 영혼이 잘 아나이다

하나님께서 나를 기묘하게 지으셨고 또 내가 태어나기도 전부터 나를 알고 계셨다는 사실을 깨달았을 때, 나는 이 구절을 마음 깊이 새겼다. 이슬람교에서 여자는 어떤 권리도 없고, 목소리조차 내지 못하며, 무가치한 존재다. 나는 내가 하나님께 가치 있는 존재라는 것을 감히 평생 처음으로 믿게 되었다. 여자로서의 가치를 발견하는 것은 매우 흥미로운 일이었다.

그 다음 아림이 나눈 구절은 이사야 43장 1절과 49장 16절이었다. "내가 너를 지명하여 불렀나니 너는 내 것이라!" "내가 너를 내 손바닥에 새겼고."

나를 소중히 여기시는 하나님에 대한 계시가 내 영혼을 강타했을 때, 머리가 빙빙 도는 듯했다. 하나님은 지구촌 60억 인간 중에서 나를 아시고, 택하시고, 내 이름을 부르셨다!

그리고 아림은 누가복음 12장 7절을 인용했다. "너희에게는 심지어 머리털까지도 다 세신 바 되었나니."

'뭐라고? 만일 하나님이 내 머리카락 숫자를 알고 계신다면, 그분은 정말 나를 소중히 여기시는 거야. 나도 내 머리카락 수를 모르잖아.' 나는

곰곰이 생각했다. '하나님이 정말 나를 그렇게까지 소중히 여기실까?'

마지막으로 아림은 예레미야 29장 11절을 언급했다. "너희를 향한 나의 생각을 내가 아나니 평안이요 재앙이 아니니라 너희에게 미래와 희망을 주는 것이니라."

지난 수년간 나는 소망 없는 삶을 살았지만, 이제 내 마음을 비춘 한 줄기 빛을 통해 소망을 품는 것이 가능하다는 것을 믿게 되었다.

전에는 어떤 감동도 주지 못했던 생각들이 이제 내 마음을 뜨겁게 했다. 하지만 나에게는 여전히 많은 질문들이 있었다.

아림은 예수님께서 억눌린 자들과 버려진 자들을 위해 어떻게 말씀하셨는지 우리에게 알려주었다. "여러분이 훈련을 통해 배운 것은 언제나 도움이 필요한 사람들을 보호하고 지키는 일에 사용해야 합니다."

그리고 그는 우리에게 훈련의 규칙에 대해 말해주었다. 원래는 2시간 훈련이지만, 우리가 찬양을 부르고, 기도하고, 성경을 공부해야 했기 때문에 주중에는 3시간 수업으로 연장한다고 말했다. 또한 아림은 주일에 함께 교회에 가자고 하였다. 그는 무슬림들에게 금요일이 그렇듯 크리스천에게는 주일이 거룩한 날이라고 말해주었다.

나는 사범님의 수업 분위기와 훈련 방식을 수용했다. 나는 이렇게 생각했다. '이 겸손한 선생님은 무료로 우리를 가르쳐주시잖아. 내가 뭐라고 논쟁할 수 있겠어?'

마지막으로 아림은 우리가 훈련을 통해 유익을 얻고, 우리와 우리 가족들이 안전하게 보호받고, 우리나라가 전쟁으로부터 해방되고, 우리의 마음이 예수님께 열리도록 우리를 위해 기도했다.

내 의지와는 상관없이 그의 기도에 나는 강한 전율을 느꼈다. 그의 말 한마디 한마디가 하나님께 다가가고자 하는 속사람의 갈망에 직격탄을 날렸다.

그 후 나는 부사범인 하킴('지혜'라는 의미)에게 예수님이 하나님의 아들임을 믿느냐고 물었다.

무슬림의 사고방식을 알고 있었던 하킴은 "예수님이 하나님의 아들이니까 반드시 그분을 믿어야 해"라고 단언하지 않았다. 만일 그가 그렇게 말했다면, 나의 마음의 문은 굳게 닫히고 말았을 것이다. 그리고 그가 하는 말은 어떤 것도 듣지 않을뿐더러 예수는 그리스도라는 생각도 수용하지 않았을 것이다. 무슬림에게 알라는 너무 거룩하기 때문에 그에게 아들이 있다는 말은 상상할 수도 없고, 신성모독으로 간주된다.

그래서 내가 하킴에게 "예수 그리스도가 하나님의 아들입니까?"라고 질문했을 때, 그는 대답 대신 얇은 요한복음 한 권을 내게 건네주었다. "읽어봐. 그러면 네가 궁금해하는 질문에 대한 답을 찾을 수 있을 거야."

나는 즉시 그 책을 읽기 시작했다. 그때부터 하나님의 진리의 빛이 서서히, 조금씩, 하나하나 내 마음속에 스며들었다. 요한복음 3장 16절은 이렇게 말한다. "하나님이 세상을 이처럼 사랑하사 독생자를 주셨으니 이는 그를 믿는 자마다 멸망하지 않고 영생을 얻게 하려 하심이라."

나는 그 말씀이 내 삶을 송두리째 바꾸는 계시가 되어 하나님과의 진정한 교제로 이끌리라고는 전혀 생각지 못했다.

# 사랑의 예수님을 만나다

나는 매일 다섯 번씩 알라에게 신실하게 부르짖었지만, 그는 단 한 번도 내 기도에 응답하지 않았다. 나는 식량을 달라고 기도했지만, 우리는 계속 굶주렸다. 평화를 구했지만, 전쟁은 더 과격해졌다.

가밀라와 나는 14살이었다. 우리는 종종 우리의 황폐하고 폭력적인 나라 밖의 삶은 어떨지 이야기했다. 나는 종교 때문에 서로를 죽이는 전쟁과 죽음이 없는 세상을 꿈꿨다. 한때 내 조국의 소망인 자유와 민주주의는 수년간의 내전으로 잊혀져갔다.

아림은 무료로 태권도 수업을 받는 수강생들에게 오는 주일에 교회로 오라고 초대했다. 나는 태권도를 같이 시작한 내 친구 가밀라와 함께 가기로 하였다. 우리는 유치원 때부터 같은 학교에 다니며 모든 것을 함께했다.

우리 둘은 기독교의 예배에 참여하는 것이 매우 위험한 일이라는 것을 알고 있었다. 전쟁 중에 무슬림들은 사소한 것 때문에 고문당하고 살해되었다. 만일 내가 예배에 참석한 사실이 가족과 마을 사람들에게 발각된다면, 나는 배신자로 낙인찍힐 것이다.

무슬림들은 우리의 종교가 태어날 때부터 결정된다고 믿는다. 이슬람교는 우리의 정체성이다. 그것은 선택의 문제가 아니다. 종교적 유산을 거절하거나 바꾸는 것은 스스로 이교도가 되는 것이다. 그러므로 사범님을 따라 교회에 가기로 결정한 것은 내 목숨이 달린 문제였다. 만일 내가 죽는다면 지옥에 갈 것이다. 그런데 지금 내가 살고 있는 세상이 지옥 같았다. 공포와 죽음이 나를 계속 공격했다.

나는 그때까지 알라와 어떤 교제도 없었다. 어떤 기도도 응답되지 않았다. 하지만 아브라함과 이삭과 야곱의 하나님과 예수님에 관해서는 매우 궁금했다. 그럼에도 내가 교회에 가려고 한다는 사실을 엄마나 아빠 혹은 오빠들에게 말할 수 없었다.

"다른 훈련을 받으러 갈 거예요." 나는 가족들에게 이렇게 말했다. 하지만 그것이 영적인 훈련이라고는 말하지 않았다.

"네가 스스로 자신을 보호하는 법을 배우는 것이 너무 기쁘단다." 외투를 입고 나갈 준비를 하는 나에게 아빠가 말했다.

1990년대 중반 어느 추운 가을의 주일에 나는 교회에 가기 위해 집을 나섰다. 그 사건이 내 삶을 영원히 바꿀 여정이 될 것이라는 사실을 아빠가 알았다면, 결코 나를 보내지 않았을 것이다.


### 사 랑 과    기 쁨 의    환 대

나는 학교 앞에서 기다리고 있는 가밀라에게 손을 흔들었다. 그러면서 한편으로는 누가 우리를 훔쳐보고 있지 않을까 걱정스러웠다.

그러나 나는 바로 걱정을 떨쳐버렸다. "가족들에겐 너랑 같이 훈련하러 간다고 했어. 넌?"

"나도 그렇게 말했어. 자세한 내용은 묻지 않더라고."

"교회까지는 걸어서 한 시간 거리야. 어서 서두르자."

길을 걷는 우리의 뺨은 추위로 빨개졌고, 숨을 내쉴 때마다 입김이 하늘로 올라갔다.

우리는 약속한 장소에서 아림을 만났다.

"와줘서 기뻐. 너희들이 진짜 올 줄 몰랐어. 어서 가자." 아림은 우리를 보고 무척 기뻐했다.

우리는 그를 바짝 따라갔다. 빨리 걷자 몸이 따뜻해졌다. 나는 앞으로 무슨 일이 벌어질지 아주 궁금했다. 긴장과 흥분이 동시에 느껴졌다.

교회까지 가는 데 대략 한 시간이 걸렸다. 나는 전에 갔던 정교회에 대한 기억 때문에 교회에 들어가는 것을 주저했다. 하지만 안으로 들어가 보니 분위기는 완전히 달랐다. 문 앞에서 젊은 사람들이 활짝 웃는 얼굴로 우리를 반기며 맞아주었다.

"여기에 와줘서 너무 기뻐요."

"예수님은 당신을 사랑하세요."

"반가와요."

나는 매우 놀랐다. 그들의 말과 행동에는 사랑의 감정이 스며 있었다. 예수님이 말씀하신 그런 종류의 사랑이었다.

> 새 계명을 너희에게 주노니 서로 사랑하라 내가 너희를 사랑한 것 같이 너희도 서로 사랑하라 너희가 서로 사랑하면 이로써 모든 사람이 너희가 내 제자인 줄 알리라 (요 13:34-35)

그날 아침 나는 그 명령의 온전한 의미를 경험했다. 그들에게 있는 것을 나도 받고 싶었다. 그들을 만나면서 내 삶에 무언가가 빠져 있다는 것을 알게 되었다. 나에겐 기쁨이 없었다. 만족도 없었다.

자리로 안내받을 때 가밀라와 나는 팔짱을 꼈다. 우리는 속으로 매우 놀랐다. 그때까지 우리는 크리스천들과 교회에 대해 부정적인 말들을 들으며 자랐다. 그런데 그곳은 이전에 내가 경험했던 정교회와는 전혀 달랐다. 수백 개의 양초에서 빛이 나는 대신, 우리를 환영해주는 사람들로부터 빛이 뿜어져 나왔다. 나는 그들이 지닌 기쁨에 큰 감동을 받았다. 얼마나 오랫동안 저런 기쁨을 갈망했던가!

전쟁 중에 경험한 잔혹함 때문에 나는 수년간 소망을 잃고 우울하게 살아왔다. 지금 내 곁에 있는 사람들은 나와 같은 평범한 사람들이었다. 그들은 내가 겪은 고난을 동일하게 겪었고, 심지어 더 심한 것도 겪었다. 하지만 교회에서 만난 사람들은 모두 행복해 보였다. 나는 그들의 모습에 완전히 매료되었다!

가밀라와 나는 뒷좌석에 앉아 아무도 우리를 알아보지 않기를 바랐다. 건물은 대략 800-1,000명의 사람들로 가득 찼다. 예배 중간에 헌금 바구니를 돌렸는데 그것은 이교도의 표시였다. 나는 그것을 만지면 불결해진다고 믿었기 때문에 만지지 않았다.

목사님은 50대쯤 되어 보이는 미국인이었다. 그의 얼굴은 사랑으로 가득 차 있었다. 하나님께로부터 중동지역의 무슬림 나라에 평화의 복음을 전하라는 소명을 받은 그는 태권도 사범님과 함께 우리나라에 왔다.

교회의 예배는 여러 인종 그룹들이 이해할 수 있는 유럽의 언어로 진행되었다. 스크린 위에 가사를 띄웠기 때문에 우리는 그것을 보고 읽을 수 있었다.

청중들이 예수님을 경배할 때, 나는 경이로움으로 주변을 둘러보았다. 그것은 종교가 아니었다. 그것은 창조주와의 교제였다! 많은 나라에서 온 사람들, 젊은이와 노인들이 아름다운 찬양을 부를 때, 그들은 모두 하나님의 사랑으로 하나가 되었다.

나는 강단 위에 있는 커다란 십자가를 보고 깜짝 놀랐다. 그래서 되도록 그것을 보지 않으려고 했다. 무슬림에게 예수님이 달리신 십자가는 죄인들을 고문하고 죽이는 도구였다. 십자가를 보며 나는 이런 생각을 했다. '심지어 이곳에서조차 죽음이 나를 따라오고 있구나.'

찬양이 끝난 후 목사님은 일어나 청중을 바라보았다. "오늘 여기 방문객이나 새로 오신 분 있으신가요?"

가밀라가 나를 보며 속삭였다. "일어나지 마."

무슬림의 표시인 머리에 두른 베일 때문에 우리는 사람들의 눈에 잘 띄었다. 우리도 그 사실을 잘 알았다. 그래서 어쩔 수 없이 자리에서 구부정하게 일어났다. 우리는 매우 불편하고 어색했지만, 사람들은 박수를 치며 우리를 향해 노래를 불렀다. "예수 그리스도의 이름으로 환영합니다! 그분은 당신을 사랑해요! 우리는 당신을 사랑해요! 우리는 예수 그리스도의 이름으로 당신을 환영합니다."

갑작스런 상황에 낯이 뜨거워진 나는 수줍게 웃었다. 노래가 끝난 후 청중들의 사랑을 느끼며 자리에 앉을 때, 우리를 둘러싼 따뜻한 공기가 마음을 편하게 해주었다.

가밀라는 내게 바짝 기대었다. "정말 좋은데?"

나도 같은 마음으로 고개를 끄덕였다. "여기에 와서 너무 좋아."

이어서 미국에서 초청된 여성 강사가 말씀을 전했다. 그녀는 내가 이전에 결코 보지 못한 하늘의 권능으로 충만했다. 출애굽기의 모세처럼(출 24:18, 34:28) 그녀는 설교자가 되기 전에 40일간 물만 마시며 금식했다고 한다.

나는 그녀의 이야기에 더욱 귀기울였다. 그녀는 놀라운 이야기를 전해주었다. "세상에 파송된 예수님은 완벽한 삶을 사셨고, 우리의 죄를 위해 죽으셨습니다. 그분은 여러분과 저의 죄를 위한 마지막 희생제물이십니다. 십자가에 달려 죽으시고, 장사한 지 사흘 만에 죽은 자들 가운데 살아나셨습니다! 누구든지 그의 이름을 부르는 자에겐 용서와 자비와 영생을 약속하십니다!"

이 말씀은 매우 심오했다. 나는 그녀의 말을 진지하게 생각했다. 하지만 나에겐 그것이 사실이라는 표적과 이적이 필요했다.

설교자는 이어서 이렇게 말했다. "여러분 가운데 용서받고 영생을 받기 원하시는 분은 바로 지금 예수님을 마음에 초대하세요. 그리고 앞으로 나오세요. 그러면 우리가 여러분을 위해 기도해드리겠습니다."

가밀라와 나는 나가면 안 된다는 의미로 서로 쳐다보았다.

설교자의 말이 아무리 우리에게 감동을 줬다고 해도 예수님을 우리 마음에 모시면 안 되었다.

그러자 목사님이 일어나서 다시 한 번 초청했다. "누구든지 기도제목이 있는 분은 앞으로 나오세요. 우리가 여러분을 위해 기도해드리겠습니다. 예수님이 해답입니다. 그분은 기도에 응답하십니다. 나오셔서 그분을 경험하세요."

그 말을 듣는데 문득 내가 알라에게 기도하던 일이 떠올랐다. 나는 매일 다섯 번씩 기도했지만 여전히 아무런 응답이 없었다. 하지만 내가 아브라함과 이삭과 야곱의 하나님께 단 한 번 기도했는데, 그분이 바로 응답했던 것이 기억났다. 그래서 목사님이 "예수님이 해답입니다"라고 말했을 때, 그 말이 나를 사로잡았고 내 마음에 울렸다.

'나는 무슬림이야. 하지만 기도는 받을 수 있잖아. 안 될 게 뭐야?' 나는 해답을 찾고 있었다. '크리스천의 하나님은 과연 전쟁을 끝낼 능력이 있을까? 평화를 줄 수 있을까?'

나는 다른 사람들과 더불어 앞으로 나갔다. 그때 오른쪽에 있던 가밀라가 내 옆으로 걸어오는 모습이 보였다. 우리가 복도를 따라 걸어갈 때 회중들은 '온 하늘이 선포해'와 '존귀하신 어린 양'을 찬양했다. 그 순간 나는 '무슬림들이 나를 알아보면 어쩌나' 하는 두려움 때문에 심장박동이 빨라졌다. 하지만 한편으로는 곧 굉장한 일이 일어날 것이라는 기대감도 생겼다.

내가 앞에 이르자 목사님은 내 이마에 부드럽게 손을 대고 기도했다. 성령께서 권능으로 나를 만지실 때 따뜻한 물결이 나를 관통했다. 나는 서 있을 수 없어서 땅에 쓰러졌다. 무슨 일이 벌어지는지 이해할 수 없었다. 일어나려고 했지만, 하나님의 임재가 너무도 강력했다. 나는 결국 포기하고 바닥에 평화롭게 누웠다. 부드러운 기름과도 같은 따뜻한 온기가 내 속으로 흘러들어왔다.

바닥에 누워 있는 동안 나는 십자가에 달리신 예수님의 환상을 보았다. 나는 십자가에 달려 못 박히신 그분의 손과 발을 보고 울기 시작했다. 순간 예수님이 행하신 일에 대한 계시를 보는 눈이 열렸다. 요한복음 1장 29절은 이렇게 선포한다. "보라! 세상 죄를 지고 가는 하나님의 어린 양이로다!"

하나님은 환상 가운데 나에게 말씀하셨고, 내 이름을 부르셨다. "마리암, 네 죄로 너는 마땅히 죽어야 하지만 너를 위해 내가 대신 죽었노라. 그래서 너는 살게 되리라. 내가 너의 죄와 수치로부터 너를 자유케 하노라. 너는 용서받았다. 그러니 나의 사랑과 용서를 받으라. 이제는 그것을 얻기 위한 노력을 멈추거라. 믿음으로 나의 사랑을 받으면, 너는 나의 자녀가 될 것이다."

그 환상이 너무도 생생해서 당장이라도 예수님의 머리와 손과 발, 옆구리의 상처를 만질 수 있을 것 같았다.

"회개하라. 그리고 내게로 돌아오라. 그러면 나의 은혜로 너는 나와 함께 낙원에 이르게 되리라. 내가 너의 수치를 제거함으로 너는 지옥과 정죄의 심판으로부터 자유케 되었노라."

하나님의 자비에 대한 이 새로운 계시로 인해 나는 울기 시작했다. 이 놀라운 선물(약 1:17-18) 때문에 나는 기쁨으로 폭발할 것 같았다.

나는 우리의 죄 사함을 위해 보혈이 필요하다는 사실을 깨달았다. 라마단 후 70일째 되는 날, 우리는 어린 양을 제물로 바쳤다. 매년 죄 없는 어린 양을 잡았다. 나는 공포에 질린 짐승의 울음소리를 들었고, 그 무고한 동물의 죽음 때문에 울었다. 그런데 이제 나는 짐승의 제사로 내 죄를 정결하게 할 수 없고, 오직 예수님의 궁극적인 희생을 통해서만 그것이 가능하다는 것을 알게 되었다.

나는 하나님께서 나를 위해 그분의 소중한 아들을 내어주셨다는 것을 깨달았다. 예수님께서 못 박히신 그 십자가는 이제 죽음의 상징에서 사랑의 상징으로 바뀌었다. 십자가는 나를 위해 예수님께서 희생하신 것을 뜻한다. 지금까지 그 누구도 나를 위해 죽지 않았다는 사실을 깨닫자 성령께서 내 마음을 만지셨다. 무하마드도, 부처도, 크리슈나(힌두교 신화에 나오는 영웅 – 역주)도 아니었다. 오직 예수 그리스도만이 나를 위해 소중한 보혈을 흘리심으로 나를 향한 그분의 사랑을 증명해 보이셨다. 나는 그분이 죽으심으로 살게 되었다. 오직 진실하고 순결한 사랑만이 그런 희생을 할 수 있다.

이제 예수님이 하나님의 아들이시라는 사실을 누구도 나에게 설명해줄 필요가 없게 되었다. 예수님께서 친히 계시해주셨기 때문이다.

주님은 계속해서 말씀하셨다. "내 소중한 딸아, 창조 전부터 내가 너를 택했단다. 네가 미처 깨닫지 못할 때조차 너는 왕족이란다. 네가 내가 너를 위해 세운 놀라운 계획을 따라 살 준비가 될 때까지 나는 너를 기다릴 거란다. 나는 네가 어디서부터 시작할지, 또 너의 소명을 어떻게 이룰지 네가 모른다는 사실도 알고 있단다. 그러므로 날마다 나에게서 배우도록 하렴. 나를 만왕의 왕, 만주의 주, 네 영혼의 사랑으로 인식하거라. 매일 단 둘이 만날 때마다 내가 너에게 줄 축복을 막는 장애물들을 제거하는 법을 알려주마."

그분의 음성은 편안했다. "기억하거라, 나의 딸아. 내가 너를 택한 것처럼 나는 너에게 세상에서 나를 나타낼 수 있는 기회를 주었단다. 만일 네가 자원한다면, 나는 너에게 너의 소명을 완성하는 데 필요한 모든 것을 주리라. 나는 너를 택한 너의 왕과 주란다(벧전 2:9)."

> 너희가 나를 택한 것이 아니요 내가 너희를 택하여 세웠나니 이는 너희로 가서 열매를 맺게 하고 또 너희 열매가 항상 있게 하여 내 이름으로 아버지께 무엇을 구하든지 다 받게 하려 함이라 (요 15:16)

그 순간부터 그분의 무조건적인 사랑이 내 삶에 임했다. 나는 그분이 나의 하늘 아버지시고 나는 만왕의 왕의 딸이라는 사실을 깊이 깨달았다. 요한복음 1장 12절은 이렇게 말한다. "영접하는 자 곧 그 이름을 믿는 자들에게는 하나님의 자녀가 되는 권세를 주셨으니."

나는 몇 시간 동안 바닥에 누워 있었지만, 그 모든 일이 순식간에 일어난 것처럼 느껴졌다.

내가 움직일 수 있게 되었을 때, 나는 전혀 다른 사람이 되어 일어났다. 그동안 나는 사람과 죽음을 두려워하며 살아왔었다. 하지만 성령세례를 통해 갑자기 새로운 기쁨과 담대함을 얻었다(롬 8:14-16). 나는 악몽으로부터 자유케 되었다.

나는 "온전한 사랑이 두려움을 내쫓나니"라는 요한일서 4장 18절의 진리를 경험하였다. 왜냐하면 내가 예수님을 마음에 모셨을 때 두려움이 떠났기 때문이다. 이슬람교의 뿌리는 두려움에 있었다. 하지만 주님은 두려움의 영을 제거하시고, 나에게 능력의 영을 주셨다.

하나님의 음성을 들은 후 나는 알라와의 독백을 멈추고 나의 창조주와 대화하게 되었다! 어린 양과 목자의 관계처럼 우리는 마음과 마음으로 대화했다(요 10:27). 그리고 그분은 나의 기도에 응답하셨다. 비록 전쟁은 계속 되었지만, 나는 즉각적으로 평화를 느꼈다. 그것은 평강의 왕이신 주님께서 내 마음에 들어와 모든 폭풍을 잠잠케 하셨기 때문이다.

주변을 돌아보자 가밀라가 보였다. 우리는 서로를 향해 걸었다. 나는 그녀의 눈에서 뿜어져 나오는 빛으로 인해 가밀라 역시 변화되었다는 것을 알 수 있었다.

"무슨 일이 일어났니?" 내가 가밀라에게 물었다.

"내 삶을 예수님께 드렸어." 가밀라가 웃으며 말했다.

한 사역자가 우리를 다른 방으로 데려가 우리에게 일어난 일을 우리말로 설명해주었다. 그는 우리에게 회개기도에 대해 알려주었다. "로마서 10장 9절에 따르면 우리가 입으로 '예수는 주님이시다'라고 고백하고, 하나님이 그를 죽은 자들 가운데 일으키셨다는 것을 마음으로 믿으면 구원을 받을 것이라고 말합니다."

가밀라와 나는 함께 기도했다. "하늘 아버지, 당신은 내가 죄인이고 당신의 자녀로 불릴 자격이 없다는 것을 아시죠. 하지만 나는 당신이 자비의 하나님이시며 내 죄를 위해 당신의 아들 예수를 보내 십자가에 달려 죽게 하셨다는 것을 믿습니다. 그래서 나는 큰 감사로 주 예수께 돌아갑니다. 내 삶을 당신께 드립니다. 나의 모든 과거를 용서해주세요. 나의 모든 죄를 정결케 하시고, 내게 성령을 보내사 내 안에서 선생님으로 또한 나의 친구로 살아주세요. 나는 사탄과 모든 주술의 영을 거절합니다. 예수 그리스도의 이름으로 이슬람의 영을 꾸짖습니다. 그리고 하나님의 말씀을 선포합니다. '만일 아들이 너를 자유케 하면 너는 참으로 자유케 되리라.' 예수님께서 나의 모든 죄와 사탄의 모든 압제로부터 나를 자유케 하심을 선포합니다. 나는 이제 높은 곳으로부터 태어났습니다. 나는 하나님의 자녀입니다. 나는 새로운 피조물입니다. 나는 영생을 받았습니다. 예수님의 놀라운 이름으로 기도합니다. 아멘. 할렐루야!"

가밀라와 나는 각각 신약성경을 받았고, 그것을 매일 읽으라는 권면을 받았다. 아림과 함께 집으로 돌아오는 길은 정말 즐거웠다. 아림도 기쁨이 넘쳤다.

"너희들이 성경을 공부할 수 있는 곳이 있어." 그가 우리에게 말했다. "그리고 하나님께서 말씀을 통해 너희를 가르쳐주실 거야."

내 마음은 기쁨으로 충만했다. 나는 살아계신 하나님, 사랑의 하나님께 예배할 시간만 고대했다. 그와 동시에 나는 내게 벌어진 이 일이 내 모든 삶 그리고 가족과의 관계까지 송두리째 변화시킬 것이라는 것도 알았다.

> 사랑은 오래 참고 사랑은 온유하며 시기하지 아니하며 사랑은 자랑하지 아니하며 교만하지 아니하며 무례히 행하지 아니하며 자기의 유익을 구하지 아니하며 성내지 아니하며 악한 것을 생각하지 아니하며 불의를 기뻐하지 아니하며 진리와 함께 기뻐하고 모든 것을 참으며 모든 것을 믿으며 모든 것을 바라며 모든 것을 견디느니라 사랑은 언제까지나 떨어지지 아니하되 예언도 폐하고 방언도 그치고 지식도 폐하리라 (고전 13:4-8)

# 예수님과의 동행

그날 집에 돌아왔을 때, 나는 기쁨을 감출 수 없었다. 나는 급격히 변화되어 얼굴은 빛났고 활짝 웃고 있었다. 난생 처음으로 내가 살아있다는 느낌을 받았다. 나는 예수님께서 나를 사랑하신다는 사실에 완전히 압도되었다. 이전에는 늘 내 삶에 무언가 빠져 있다는 느낌을 받았지만, 아무리 노력해도 그것이 무엇인지 발견하지 못했었다. 하지만 이제 나는 오직 예수님만이 내가 그토록 갈망했던 평강을 주실 수 있다는 것을 깨달았다.

나의 변화에도 불구하고 환경은 바뀌지 않았다. 나라는 여전히 전쟁 중이었다. 그러나 나는 두려움 대신 초자연적인 기쁨과 평강을 누리며 살게 되었다.

> 평안을 너희에게 끼치노니 곧 나의 평안을 너희에게 주노라 내가 너희에게 주는 것은 세상이 주는 것과 같지 아니하니라 너희는 마음에 근심하지도 말고 두려워하지도 말라 (요 14:27)

가족들은 무슨 일이 있었는지 전혀 몰랐지만, 나는 예수님과 사랑에 푹 빠졌다. 그 기쁜 소식을 나만 혼자 알고 있을 수는 없었다. 나의 가족, 친척, 친구들과 이웃들로부터 시작해서 세상 사람들에게 나의 친애하고 사랑하는 구원자를 알리고 싶었다. 하지만 지혜도 필요했다. 때와 장소에 맞게 적절한 기회를 살펴야 했다. 당장 그들에게 알릴 수는 없었다. 그렇게 하면 사람들이 기겁해서 내가 교회에 가지 못하도록 막을 것이기 때문이다.

그래서 나는 성령의 인도하심을 의지하여 내가 발견한 것을 나눌 방법을 구했다. 성령께서는 내가 가족과 친척들과 친구들과 모든 무슬림들에게 개별적으로 그리고 그들의 문화에 민감하게 반응하라고 알려주셨다. 단체로 전하면 내가 죽을 수도 있지만, 일대일로 전도하면 그들도 구원을 받을 것이다.

며칠 사이에 나는 신약성경에 완전히 빠져버렸다. 나는 성경을 외투에 감춘 뒤 화장실에 들어가 문을 잠갔다. 그렇게 하면 들킬 두려움 없이 자세히 읽을 수 있었다. 내가 너무 오래 머물면 종종 가족들이 문을 두드리며 나오라고 했다. 그러면 급히 핑계를 대고 난 뒤 성경을 감춘 후 화장실에서 나와 다음 기회를 기다렸다. 집에서 기도할 곳이 없었기 때문에 나는 샤워실에서 물을 틀어 놓은 채 기도하고 영으로 찬양했다.

나는 매 주일 가밀라와 아림과 함께 걸어서 교회에 가기 시작했다. 성도들은 놀라운 사랑으로 우리를 환영해주었다. 나는 매주 설교 시간에 배운 모든 것을 마음에 새겼다.

교회의 건물 내부 벽에는 예레미야 33장 3절이 쓰여 있었다. "너는 내게 부르짖으라 내가 네게 응답하겠고 네가 알지 못하는 크고 은밀한 일을 네게 보이리라." 그 구절은 마치 나에게 주시는 하늘의 명령과 같았다.

나는 야고보서 5장 16절을 통해 기도의 능력에 대해 배웠다. "의인의 간구는 역사하는 힘이 큼이니라." 나는 예수님의 희생으로 죄 사함을 받았기 때문에 이제 내가 하나님 보시기에 의인이 되었다는 것을 알았다. 그래서 나는 계속 나의 마음을 나의 구원자께 쏟아부었고 가족의 구원을 위해 기도했다. 나는 가족들이 예수님을 영접할 수 있도록 도와야 한다는 사실을 깨달았다.

예배를 드리기 시작하면서 나는 극적으로 변화되었다. 몇 주가 지나자 나는 더 이상 알라에게 기도하거나 물라에게 가지 않았다. 이제 나는 나의 창조주와 사랑의 교제를 나눴고, 나의 언어로 그분께 기도했다. 내가 계속 결석하자 물라는 동료들을 보내 왜 수업에 오지 않는지 물었다. 나는 그들에게 더 이상 수업에 가고 싶지 않다고 말했다.

나는 더 이상 주변 사람들의 인정이나 용납을 얻기 위해 노력하지 않았다. 다른 사람들이 나를 어떻게 생각할까 하는 두려움이 사라졌다. 이제 나는 유일하신 하나님을 위해 살고 싶었다. 단지 내가 사랑하는 그분을 기쁘게 하고 싶을 뿐이었다.

내가 누리게 된 새로운 자유의 표시로 나는 이슬람 여성들이 입는 옷을 벗고 머리를 가리는 베일도 쓰지 않았다. 막내인 나는 가족들 사이에서 무엇이든지 내가 원하는 대로 할 수 있는 은총을 받았지만, 내가 베일을 쓰지 않는 것에 대해 가족들이 매우 힘들어했다.

그런 환경에서 나는 사무엘상 16장 7절을 기억했다. "내가 보는 것은 사람과 같지 아니하니 사람은 외모를 보거니와 나 여호와는 중심을 보느니라."

나는 부모님께 이렇게 말했다. "나는 사람보다 하나님을 기쁘게 해드리고 싶어요. 사람보다 그분을 경외하고 싶어요. 하나님은 종교적 활동보다 내 마음의 중심을 보세요."

주님은 나에게 예수님의 사랑을 실제적으로 보여줌으로써 가족들을 향한 메시지가 되라고 말씀하셨다. 모든 사람의 종이 되신 그분의 본을 따라 나는 그들을 섬겼다. 집을 청소하고 엄마의 심부름을 하고 전심으로 오빠와 언니들을 사랑했다. 마가복음 10장 45절은 이렇게 말한다. "인자가 온 것은 섬김을 받으려 함이 아니라 도리어 섬기려 하고 자기 목숨을 많은 사람의 대속물로 주려 함이니라."

내가 크리스천이 되기 전에는 가족들이 나를 섬겼다. 하지만 내가 그들을 섬기기 시작하자 그들은 깜짝 놀랐다. 희생적으로 섬기는 나의 사랑을 통해 가족들의 마음이 녹아내리기 시작했다.

새 로 운   정 체 성

나는 예수님의 사역이 섬김의 사역이라는 것을 알았다. 그래서 그분을 닮고 싶었다. 회심하기 전까지 나는 욕을 잘하는 친구들과 어울렸다. 그리고 나도 나쁜 말을 하는 습관에 빠져 있었다. 그런데 이 습관이 하룻밤 사이에 끊어졌다.

예수님의 계시를 받았을 때, 그분은 나에게 그분 안에 있는 새로운 정체성에 관해 말씀해주셨고 또 나에게 새 이름을 주실 것이라고 하셨다. 나는 이제 새 사람이 되었고, 고린도후서 5장 17절 말씀을 이해하게 되었다. "그런즉 누구든지 그리스도 안에 있으면 새로운 피조물이라 이전 것은 지나갔으니 보라 새 것이 되었도다!"

중동 문화에서 이름은 굉장히 중요하다. 나는 이름이 본성을 나타내는 예언적인 것이라고 생각한다. 이름에 따라 삶도 결정된다. 창세기 17장 5절에서 하나님은 아브람('고귀한 아버지'라는 의미)의 이름을 아브라함 즉 '열국의 아비'로 바꾸셨다. 이 이름은 그의 유업이었다.

주님은 아브라함의 아내의 이름도 사래에서 사라로 바꾸셨다(창 17:15). 사래(Sarai)의 뜻은 '따지기 좋아하는'이지만, 하나님은 여기에 하나님의 호흡을 상징하는 '아'(ah)를 더하셨다. 여호와의 호흡은 사래를 새롭게 만들었다. 그녀의 정체성이 바뀐 것이다. 사라(Sarah)의 뜻은 '공주'다. 그녀는 왕의 딸이다. 예수님 역시 제자들의 이름을 새롭게 지어주셨는데, 시몬에게 주신 반석이란 뜻의 베드로라는 이름을 포함해서 특히 그분과 가까운 제자들에게 그렇게 하셨다.

하나님께서 족보의 이름들을 언급하시는 장면은 참으로 놀라웠다.

아담의 뜻은 '인간'

셋은 '지명된'

에노스는 '언젠가 죽는'

가인은 '슬픔'

마할랄렐은 '송축 받으실 하나님'

야렛은 '내려오소서'

에녹은 '가르침'

므두셀라는 '그의 죽음이 심판을 가져오다'

라멕은 '절망한'

노아는 '위로와 안식'

여기서 위로와 안식은 바로 예수님이시다! 야훼다! 그 의미는 '그 손을 보라, 그 못을 보라!'는 뜻이다.

내가 예수님을 마음에 모시던 날, 그분은 나에게 그분 안에 있는 새로운 정체성을 말씀해주셨다. 나는 나의 새 이름이 궁금했지만, 그것을 찾는 데 그리 오래 걸리진 않았다. 하나님께서 먼저 나에게 그것을 계시해주신 후 내 친구 뮤니라를 통해 확증해주셨다. 뮤니라가 나의 새 이름을 예언했는데, 그것은 사마(Samaa)였다. 사마의 뜻은 누구나 가고 싶은 곳 '천국, 낙원'이다.

나는 그 이름이 하나님으로부터 왔다는 것을 곧 바로 알았다. 왜냐하면 하나님께서 이미 그것에 관해 말씀해주셨기 때문이다. 성경을 볼 때 '천국'이란 단어를 읽을 때마다 그 단어가 툭 튀어나오는 듯했다. 그래서 뮤니라가 그 이름을 말했을 때 내 심장은 점점 빨리 뛰기 시작했고, 이것이 나의 이름이라는 확신과 편안한 마음이 들었다. 예수 그리스도를 믿음으로 나에게는 이미 천국의 확신이 있었다. 사마라는 이름은 믿는 자들을 기다리고 있는 하늘의 낙원에 대해 사람들에게 알려줄 나의 소명을 말해주었다.

뮤니라와 다른 친구들은 교회에 있는 모든 사람들에게 나를 사마라고 소개하기 시작했다. 그리고 나는 가족들에게 하나님이 나에게 새 이름을 주셨다고 말하며 나를 사마라고 불러달라고 하였다. 하지만 그들은 이해하지 못했다.

"뭐라고?" 화가 난 아빠가 소리쳤다. "난 너에게 마리암이란 이름을 지어줬어. 그게 너의 이름이야. 사마가 아니라고!"

엄마 역시 몹시 화가 났다. 엄마는 아빠가 아름다운 이름을 지어줬는데 그것을 거절하는 것은 배은망덕한 행동이라고 말했다. "네가 낳은 자식이 너에게 그렇게 한다면, 너도 내 마음을 이해하게 될 거야!"

"엄마, 전 하나님께 순종해야 해요." 내가 할 수 있는 말은 그것뿐이었다.

가족들은 한동안 나의 새 이름을 거부하였다. 그러나 내가 그들이 나를 사마라고 부를 때만 대답하고 마리암이라고 부르면 반응하지 않자 모두 당황하였다. 시간이 지나면서 가족들은 내가 그 이름을 얼마나 소중하게 여기는지 알게 되었고 점점 포기하더니 결국 나의 새로운 하늘의 이름을 부르기 시작했다.


"이 것 은   기 적 입 니 다 !"


나는 교회에서 받은 신약성경을 비밀리에 최대한 자주 읽었다. 나는 그것을 베개 아래에 숨겨놓고 아침과 저녁으로 읽었다. 하루는 로마서 14장 11절을 읽었다. "모든 무릎이 내게 꿇을 것이요 모든 혀가 하나님께 자백하리라." 나는 나의 모국어로 예수님이 나의 주님이심을 인정하였다.

내가 새로운 믿음을 따라 살자 하나님은 내 몸을 고쳐주셨다. 나는 항상 유약했고 감기와 두통과 갑산선종에 자주 시달렸다. 예수님을 만난 후, 숨 쉬기 어려울 정도로 몸이 아프고 지쳐 고통받을 때마다 나는 예수님께 고쳐달라고 기도했다. 엄마는 외할아버지의 심장 질환을 내가 물려받을까 봐 걱정이 되어 나를 병원에 자주 데리고 갔었다.

그런데 예수님을 내 삶의 주인으로 모신 후 그런 증상들이 모두 사라졌다. 육체는 강건해졌고 편하게 숨을 쉴 수 있게 되었다.

"병이 나았어요." 내가 엄마에게 말했다.

엄마는 나에게 의사에게 가서 검진을 받으라고 했다.

나를 진찰한 의사는 내가 깨끗하게 다 나았고, 그렇게 갑작스럽게 회복된 것을 어떻게 설명해야 할지 모르겠다고 하였다.

"이것은 기적입니다!" 의사는 우리를 진찰실 밖으로 안내하면서 말했다.

그러나 나는 나의 치유에 놀라지 않았다. 나는 그것이 일상적인 것이라고 생각했다. 예수님께서 마가복음 16장 18절에서 말씀하지 않으셨던가! "병든 사람에게 손을 얹은즉 나으리라."

크리스천이 된 뒤 나는 많은 기적들을 목격했다. 나는 교회의 복음 전도자인 라술('메신저'라는 뜻)과 함께 우리 도시에 있는 병원을 방문하여 환자들을 위해 기도하였는데, 우리는 그곳에서 많은 사람들이 치유되는 것을 목격했다. 만성질환자, 소경, 못 걷는 사람들, 불임, 심장 질환자들이 모두 예수님의 이름으로 치유되었다. 나는 단지 믿음으로 예수님께서 하라고 하신 대로 순종했을 뿐이다. "믿는 자들에게는 이런 표적이 따르리니 … 병든 사람에게 손을 얹은즉 나으리라"(막 16:17-18).

# 초자연적인 힘

가밀라와 나는 체육관에서 낙법기술을 연습하였다. 이 훈련은 내가 가장 싫어하는 것이지만, 체육관에 매트리스가 부족했기 때문에 잘 배워둬야 할 가장 중요한 기술 중 하나였다. 만일 우리가 잘못 넘어진다면 다칠 수도 있기 때문이다.

나는 부상당하는 것을 두려워하지는 않았지만, 손목이 골절되거나 무릎이 다치기라도 하면 부모님이 수업에 보내지 않을까 봐 걱정했다.

나는 가밀라의 손을 잡고 허리 메치기로 그녀를 바닥에 던졌다. 가밀라는 즉시 벌떡 일어나며 말했다. "이제는 내 차례야!"

그런데 내가 제대로 집중하지 않았는지 고무공처럼 튀어 오르지 못하고 쿵 소리를 내며 바닥에 등부터 떨어지고 말았다. 사범님은 내 손을 붙들고 일으켜 세운 후 바른 동작을 천천히 반복해서 알려주었다. 그리고 가밀라가 자신을 바닥에 메치도록 허락했다. 사범님은 안도의 웃음을 띠며 일어났다.

나는 사범님을 알아갈수록 마음에 들었다. 그는 강한 남자일 뿐만 아니라 예수님을 정말 사랑하는 사람이었다. 사범님은 우리 목사님이 믿음 때문에 구타를 당한 사건에 대해 말해주었다. 목사님과 사범님은 많은 위협을 받았다. 그들은 "너희들이 이 나라를 떠나지 않으면 죽일 거야"라는 말을 듣고도 자리를 지켰다.

그는 이렇게 말했다. "성경은 몸을 죽일 수 있는 사람들을 두려워하지 말라고 가르치고 있어. 성경말씀에 '너희 안에 계신 이(예수님)가 세상에 있는 자보다 크심이라'(요일 4:4)고 쓰여 있거든. 나는 두렵지 않아. 그리고 너도 그럴 필요가 없어."

목사님이나 사범님은 사실 여기에 있을 필요가 없었다. 이곳은 그들의 조국도 아니었다. 하지만 그들은 예수 그리스도를 믿는 믿음 때문에 남았다.

첫 시 합

태권도에서 다음 단계로 승단하려면 일련의 시험을 통과해야 했다.

이 기회는 1년에 두 번 있었고, 시합의 형태로 진행되었다.

첫 시합을 앞두고 나는 매우 긴장했다. 부모님 모두 싸우는 것을 싫어하셨기 때문에 오시지 않겠지만, 오빠들과 언니들은 참관할 계획이었다. 나는 잘해서 가족의 명예를 지키고 싶었다.

나는 얼마나 많은 마을 사람들이 태권도를 보고 싶어 하는지 미처 몰랐다.

승단 심사를 받는 일행들과 라커룸에 들어갔을 때, 체육관은 수백 명의 구경꾼들로 가득 차 있었다. 자리는 다 찼고, 미처 자리를 잡지 못한 사람들은 벽에 기대거나 출입문 주변에 둘러서서 이리저리 살펴보고 있었다!

그 광경을 보는 순간 갑자기 뱃속에 수백 마리의 나비 떼가 들어온 듯했다. 그렇게 많은 사람들이 심사를 구경하러 오리라고는 전혀 예상치 못했다. 하지만 기도를 하고 몸을 완전히 풀자마자 시합이 시작되었고, 어느새 긴장감은 사라졌다. 수백 명의 사람들이 구경하는 것도 전혀 문제되지 않았다. 나는 이제껏 열심히 공부하고 훈련한 대로 시합에 임하여 승단 심사를 통과하였다.

### 두 번째 시합

내전은 끝났지만, 나라는 여전히 무법천지였다. 따라서 걸어서 새벽 기도와 금요일 저녁에 하는 기도모임에 가는 것은 매우 위험한 일이었다. 밤거리에는 여전히 사람도 없고, 차도 없었다. 공격받을 수 있는 위험 때문에 누구도 해가 진 후에는 집을 나서지 않았다.

하지만 나는 예수님과 사랑에 빠졌다. 그 사랑은 나를 담대하게 만들었다.

이제 나는 16살이 되었고, 태권도를 배운 지 2-3년이 지났다. 그 사이 노란띠와 녹색띠 승단 시험을 통과했다.

태권도 교실은 우리나라 전역에 확산되었다. 모든 수업이 작은 교회가 되었지만, 수백 명의 무슬림들이 호신술을 배우기 위해 찾아왔다. 가족의 핍박에도 불구하고 많은 사람들이 와서 예수님을 구원자와 주님으로 영접했다. 어떤 사람들은 이 문제로 살해 협박을 받기도 했다.

이제 다시 태권도 승단 심사와 시합을 할 기회가 왔다. 이번이 처음은 아니었지만, 발차기와 지르기뿐만 아니라 숙련된 기술을 보여주고 또 시합까지 해야 하는 것 때문에 나는 매우 긴장했다.

우리는 체육관에 모여 예배하고 말씀을 들은 다음 승단 시험과 시상식을 하였다. 우리는 도복을 입고 수백 명의 구경꾼들 앞에서 태권도 시범을 보인 후 승단 시험을 시작했다.

시험과 대련을 마친 나는 파란띠를 받았다. 그것을 받는 순간 나는 정말 기뻤다.

나는 매우 열정적인 학생이었고, 또한 아주 부지런했다. 초보자들 중에는 극소수만이 노란띠나 녹색띠를 딸 수 있었다. 하지만 나는 처음부터 선배들의 다양한 기술을 유심히 살피며 최대한 빨리 검정띠를 따기 위해 노력했다.

이번에는 꽤 많은 선수들이 승단 심사에 참여했기 때문에 날이 어두워질 때까지 이어졌다. 나는 서둘러 집으로 돌아가 옷을 갈아입은 후 교회로 가야 했다. 금요일 밤에 있는 기도회는 보통 저녁 10시에 시작해서 새벽 5시까지 지속되었다.

## 위험한 밤길

운이 좋게도 몇몇 친구들과 나는 대중교통을 이용할 수 있었다. 그것은 늦은 시간에 이동하는 사람들로 꽉 찬 미니버스였다. 여럿이 함께 가다가 한 친구와 나는 다른 미니버스로 갈아탔다.

나는 집에서 걸어서 20분 정도 걸리는 곳에서 먼저 내렸다. "정말 괜찮겠니?" 친구가 밤길을 혼자 가야 하는 나를 걱정하며 물었다.

나는 괜찮다고 힘주어 말했다. 나는 친구와 작별의 포옹을 하고 서로의 승단을 축하한 뒤 서둘러 집으로 향했다.

청바지에 흰 스웨터를 입은 나는 태권도 도복과 성경을 넣은 가방을 꽉 잡고 걸었다. 날씨가 아주 따뜻했기 때문에 외투는 필요 없었다.

미니버스가 출발해 모퉁이를 돌아 거의 사라지자마자 갑자기 비가 내리기 시작했다. 어느새 굵은 빗방울이 얼굴과 눈썹 위에 떨어졌다. 서둘러 빗방울을 훔쳐 내자 키가 크고 체격이 좋은 남자가 나를 향해 다가오는 것이 보였다. 그는 20대 중반 정도로 보였다.

순간 두 가지 감정이 스쳤다. 나는 그 남자가 위험한 사람이라는 것을 알았다. 하지만 동시에 마음이 평안했다. 나는 그것이 하나님의 은혜라는 것을 깨달았다.

"이봐." 그가 지나가는 나를 멈춰 세우며 말했다. "같이 갈까? 목적지까지 안전하게 데려다줄게."

"괜찮아요. 고맙지만, 혼자 갈게요."

나는 그가 내가 혼자 가도록 두기를 바랐지만, 그는 계속 나를 쫓아왔다. "아니 내가 같이 가줄게."

"그렇게 안 했으면 좋겠어요. 제발 따라오지 마세요."

그러나 그는 듣지 않았다. 내가 서둘러 걷자 그도 빨리 걸었다.

"이봐, 기다려." 그가 나에게 명령했다.

이제 비는 도로에 물방울을 튀기며 더욱 심하게 내렸고, 청바지는 물에 젖었다. 도로는 반짝거렸지만, 밤은 점점 더 어두워졌다. 나는 이 문제를 어떻게 다뤄야 할지 조용히 주님의 인도와 보호를 구했다.

갑자기 그 사람에게 하나님에 관해 말해야겠다는 생각이 떠올랐다. "당신이 죽으면 어디로 가는지 아세요?" 내가 그에게 물었다.

"천국이면 좋겠지." 그가 차갑게 쏘아붙였다.

"좋아요. 그럼 천국에 가는 방법은 아시나요?" 그가 다른 반응을 보이기 전에 나는 그에게 예수님께서 그의 죄를 위해 죽으셨다고 말해주었다. 또한 예수님이 천국에 가는 유일한 길이라고 설명했다. 나는 걸음을 재촉하며 계속 전도했다.

어느새 집 근처에 왔지만, 두 건물 사이의 칠흑같이 어두운 지역을 통과해야 했다. 아주 깜깜한 지역에 진입하자 그가 나를 거칠게 붙잡았다. 놀란 나는 가방과 책을 떨어뜨리고 말았다.

그는 나를 나무쪽으로 밀어붙이면서 내 옷을 찢으려 했다. 나는 저항하려 했지만, 그는 더 크고 힘이 셌다.

내가 놀란 것은 내가 거룩한 하나님에 관해 이야기하는 동안 그가 나를 폭행할 생각을 했다는 점이다! 내 말을 전혀 듣지 않았다는 말인가? 에스겔 12장 2절은 이렇게 말한다. "인자야 네가 반역하는 족속 중에 거주하는도다 그들은 볼 눈이 있어도 보지 아니하고 들을 귀가 있어도 듣지 아니하나니 그들은 반역하는 족속임이라."

초신자 시절부터 나는 나의 기도에 응답하시는 예수님을 경험해왔다. 나는 시편 46편 1절을 전심으로 믿었다. "하나님은 우리의 피난처시요 힘이시니 환난 중에 만날 큰 도움이시라."

나는 속으로 주님께 부르짖었다. '도와주세요!'

바로 그 순간 그 남자의 손이 나의 입을 꽉 막았다. 하지만 하나님은 나에게 마치 다윗이 골리앗과 맞서 싸울 때 주셨던 것과 같은 초자연적인 힘을 주셨다.

> 다윗이 블레셋 사람에게 이르되 너는 칼과 창과 단창으로 내게 나아 오거니와 나는 만군의 여호와의 이름 곧 네가 모욕하는 이스라엘 군대의 하나님의 이름으로 네게 나아가노라 (삼상 17:45)

다윗이 오직 다섯 개의 돌로 거인을 이길 수 있었던 것처럼 나는 내 힘이 아닌 하나님께서 주시는 힘으로 맞서 싸웠다. 나는 나의 순결뿐만 아니라 목숨을 지키기 위해 필사적으로 싸웠다! 나는 주먹으로 그의 턱을 친 후 손목을 잡아 비튼 다음 휙 돌려버렸다. 순간 그는 깜짝 놀라 당황하였다. 내가 그를 밀쳐내자 그는 젖은 도로에 발을 헛딛고 미끄러졌다.

그 남자로부터 풀려나자 나는 잠시도 지체하지 않고 서둘러 도망쳤다. 집에 도착할 때까지 멈추지 않았다. 아쉽게도 태권도 도복과 성경을 분실했지만, 나는 안전했다.

나는 집에 들어가기 전에 마음을 진정시켰다. 생각지 못한 일로 충격을 받아 많이 떨렸지만, 부모님께 말하기가 두려웠다. 부모님이 이 사실을 알게 되면 더 이상 나를 밤에 내보내지 않을 것이 분명했기 때문이다. 나는 마음껏 드나들고 싶었다. 그래야 금요일 밤 기도회에 몇 시간 동안이라도 참여할 수 있기 때문이다. 무슬림들은 금요일마다 모스크에 기도하러 갔다. 그래서 우리 교회도 매주 금요일 밤마다 기도회를 열어 예수님을 알지 못하는 형제자매들을 위해 기도했다.

나는 그날 언니들과 같이 교회에 갈 생각이었다. 다행히 아무 일 없이 언니들과 몰래 빠져나와 아파트에 살고 있는 사람들이 잘 때까지 기다렸다. 우리는 조금 전에 내가 공격당했던 길로 갔다. 나는 무사 오빠가 선물로 준 비싼 도복과 내 소중한 신약성경이 든 가방을 찾고 싶었다. 나무 아래 깜깜한 곳을 꼼꼼히 살펴보았지만 찢어진 스웨터 조각 외엔 아무것도 없었다. 나는 나를 폭행하려던 남자가 내 성경을 가져갔다면 그가 그것을 읽고 구원받기를 기도했다.

나는 간증 시간에 자리에서 일어나 주님께서 어떻게 나를 위험에서 보호하시고 구원해주셨는지에 대해 나누었다. 나는 시편 121편 1절을 인용했다. "내가 산을 향하여 눈을 들리라 나의 도움이 어디서 올까 나의 도움은 천지를 지으신 여호와에게서로다." 그날 밤 하나님은 진실로 나와 함께 계셨다.


## 대 결

어두운 거리에서 나를 폭행하려던 사람을 대항할 성령의 권능을 받은 지 한두 달이 지난 후, 나는 비슷한 경험을 하게 되었다. 이만 언니와 나는 다른 친구와 함께 말리카 언니의 태권도 도복을 만들 옷감을 사러 나갔다.

우리가 거리를 걷고 있을 때, 세 명의 키가 큰 남자들이 휘파람 소리를 내며 우리를 불렀다. "이봐요. 아름다운 아가씨들."

우리는 그들을 무시했다. 하지만 그들이 우리를 따라오면서 점점 더 공격적인 어투로 말했다.

"이봐, 멈춰! 우리랑 가서 좋은 시간을 좀 보내자고. 남자 친구가 있어도 괜찮아. 우리 같은 진짜 사나이들이 더 나을 거야"

하나님은 나에게 뛰지 말라고 하셨다. 나는 오히려 그들을 정면으로 바라보라는 음성을 들었다.

"그만해!" 내가 그들에게 명령했다. "저리 가!"

내 말을 듣고 한 남자가 조롱하듯 손을 흔들며 활짝 웃었다. "무슨 소리야? 너흰 여자 세 명이고, 우린 남자 세 명이야. 완벽하잖아? 이리 와. 뭐 할 말 있어?"

무슬림 국가에서 남자 보호자가 없는 여자는 폭행의 목표물이다. 우리에게 보호자가 없었기 때문에 이 폭력배들은 우리를 자기들 마음대로 할 수 있다고 생각했다.

이 상황을 목격한 행인들은 복잡한 문제에 연루되기 싫어 우리를 피해 갔다. 우리는 어떤 도움도 받을 수 없었다.

이만 언니의 눈에 두려움이 서려 있었다.

그 모습을 본 깡패 중 한 남자가 언니에게 이렇게 말했다. "이봐, 이쁜이. 부끄러워하지 마. 나랑 좋은 시간 보내고 나면 잘해줄게. 이리 와. 싫은 척하지 말고."

언니는 내 뒤로 숨었다.

우리에게는 주님 외에 연락할 경찰도 없고, 도움을 구할 사람도 없었다. 나는 우리가 물리적 전쟁뿐만 아니라 영적 전쟁을 치르고 있다는 것을 알았다. 나는 성령 안에서 하늘의 언어로 기도하기 시작했다.

그리고 그들과 눈을 마주치는 것을 피하며 앞으로 걸어가려고 노력했다. 그런데 아까 그 깡패가 이만 언니를 잡자 언니가 움찔했다. 언니는 그를 떨쳐내려 했다. 순간 나는 욕정으로 가득 찬 그의 얼굴을 보았다. 그리고 숨을 고르며 그를 잡고 있는 마귀의 영향력을 꾸짖었다. 어느새 다른 두 남자가 우리를 에워쌌다. 그들은 우리를 골목으로 밀어붙이려 했다.

그런데 갑자기 지난 번과 같은 동일한 불이 내게 임했다. 다시 한 번 나는 초자연적인 힘을 느꼈다. 나는 깡패들이 다가와 우리를 공격하려고 할 때 바로 반격했다.

내 발이 완벽하게 돌면서 발차기를 날렸다. 나의 손은 그들을 대적해 싸우기 시작했다. 나의 손과 발이 전방위로 날아다녔다.

순식간에 손가락 하나 까딱하지 않던 행인들이 구경하러 모였다.

"저 아가씨 좀 봐!" 한 구경꾼이 외쳤다. "저 사람은 닌자야!"

"아니야, 수퍼우먼이야!" 다른 사람이 소리쳤다.

나는 발차기를 높게 날리며 가라데의 내려치기와 주먹 지르기를 곁들였다.

내가 발로 한 깡패의 코를 치자 바로 피가 쏟아졌다. 그는 당황하며 손으로 얼굴을 가렸다.

이어서 주먹으로 다른 깡패의 귀를 치자 그는 고통스런 신음 소리를 냈다.

구경꾼들은 환호하며 박수를 쳤다. "계속해, 수퍼우먼! 완전히 제압해버려!"

"정말 놀라워! 이런 장면은 처음이야!"

이만 언니를 잡았던 세 번째 깡패는 내 주먹을 피해 숨으려 했다. 그가 몸을 숙일 때 나는 회전하면서 발로 그의 턱을 정확히 가격했고, 그는 완전히 뻗어버렸다.

그렇게 순식간에 모든 것이 끝나버렸다.

완전히 패배한 세 명의 불량배들은 당황하며 도망갔다. 한 사람은 피가 나는 코를 막고, 다른 사람은 고통 속에 눈살을 찌푸리며 귀를 꽉 잡았다. 그 둘은 정신을 잃고 멍하게 있는, 거의 걸을 수조차 없는 세 번째 사람을 부축하려고 애썼다.

군중들이 야유와 조롱을 퍼붓는 가운데 깡패 두목이 온순하게 맹세했다. "우리는 앞으로 절대로 아가씨들을 건들지 않겠습니다. 진짜로 안 하겠습니다."

그리고 세 명의 깡패들은 히죽히죽 웃는 군중들을 떠나 서서히 사라졌다.

맥박이 정상으로 돌아오자 나는 내가 순식간에 남자들을 제압했다는 사실에 깜짝 놀랐다. 나는 깊이 숨을 쉰 다음 하나님의 도우심과 기적적인 역사에 감사드렸다.

모여든 군중들은 계속 칭찬과 축복을 빌었다. "참 잘했어요. 수퍼우먼!"

"당신은 사범님이 되어야 해요. 젊은 여자들과 소녀들을 훈련시키세요. 안전한 거리를 만들어주세요!"

결국 나는 검정띠를 땄고 사범이 되었다. 그리고 내가 구원받은 것과 동일한 방법으로 사람들에게 복음을 전했다.

## 결 코  포 기 하 지  않 는  믿 음

어느 금요일 뮤니라와 나는 교회에 가기 위해 버스를 기다렸다. 이제 도시에 간헐적으로 다니는 대중교통 수단이 생겨 버스와 택시를 이용할 수 있었다. 우리는 정류장에서 버스가 오기를 바라며 기다렸다. 오랜 시간 기다리고 또 기다렸지만 버스는 오지 않았다. 그런데 차 한 대가 우리를 향해 다가왔다.

그 차는 우리 앞에 천천히 멈췄다. 순간 나는 마음이 불편했다.

갑자기 총을 든 남자들이 차에서 나오자 위험을 감지한 뮤니라와 나는 서둘러 걷기 시작했다. 경찰이 아닌 사람들이 총을 들고 있었기 때문에 우리는 그들이 범죄자들이라고 생각했다. 그들은 우리에게 같이 가자고 소리쳤다. 하지만 우리는 잔혹한 강간과 살인에 관한 이야기를 익히 알고 있었다.

뮤니라와 나는 서로의 손을 꼭 잡고 함께 도망치려 했지만 너무 늦었다. 그 남자들은 우리 두 사람을 잡아 시동을 켠 채 기다리고 있는 자동차로 끌고 갔다.

나는 지난번처럼 하나님께 도움을 구했다. 그러자 성령이 내게 임했다. 가라데의 발차기와 태권도 기술을 사용해 주먹을 휘두른 나는 하늘의 언어로 기도하고 있었다. 순식간에 나는 자유케 되었고 뮤니라도 그럴 것이라고 생각했다. 그런데 뒤돌아보니 뮤니라는 두려움에 마비되어 싸우거나 도망치지 못한 채 차 안에 갇혀 있었다.

"뮤니라!" 나는 방향을 돌려 차가 있는 곳으로 달렸다. 나는 뮤니라를 버릴 수 없었다. 나는 초자연적인 힘으로 뮤니라를 잡아 그들의 수중에서 빼내기 위해 애썼다. 정말 힘든 싸움이었지만, 결국 우리 두 사람 모두 자유를 얻었다. 비록 멍들고 피는 흘렸지만, 우리는 그 지역을 최대한 빨리 벗어났다. 그런데 그 사람들이 총을 가지고 있었음에도 불구하고 우리에게 쏘지 않았다. 우리는 그 사실을 나중에야 깨달았다. 그것은 분명 하나님의 역사였다. 하나님은 우리를 또 한 번 보호하셨다.

주님은 스가랴 4장 6절에서 이렇게 말씀하신다. "이는 힘으로 되지 아니하며 능력으로 되지 아니하고 오직 나의 영으로 되느니라." 나는 그와 동일한 능력을 경험했다. 그 능력은 악한 자들의 수중에서 내 친구와 나를 구해주었다.

거리가 아주 위험한 상황임에도 불구하고 나는 결코 교회에 가는 것과 태권도 배우는 것을 멈추지 않았다.

"믿음은 결코 포기하지 않는다!" 나는 스스로에게 말했다. 진리와 교제에 대한 나의 갈망은 두려움보다 더 컸다.

## 심판을 이기는 자비

전쟁 후 도시가 회복되기까지 오랜 시간이 걸렸다. 모든 것은 천천히 일상으로 되돌아갔다. 경찰이 다시 질서를 유지하기 시작하던 어느 날, 나는 아딜라 언니와 시장에 갔다가 비싼 휴대폰을 도둑맞았다. 빨리 뒤쫓아가서 그 도둑을 잡았지만, 그는 내 휴대폰을 다른 도둑에게 던졌다. 경찰이 잡힌 도둑을 추궁했지만 나머지 일행에 대해 알려주지 않았고, 휴대폰이 있는 장소도 모른다고 했다. 경찰은 그 도둑을 감옥에 가두었다.

며칠 후 초인종이 울렸다. 문을 열자 그 도둑의 어머니가 서 있었다. 경찰로부터 나의 주소를 받아 찾아온 것이다. 그녀는 통곡하며 자신의 아들에게 자비를 베풀어 감옥에서 빼내달라고 간청했다. 나는 한 달 동안 두 사람이 나와 함께 교회에 다닌다는 조건으로 그녀와 그녀의 아들에게 자비를 베풀었다. 그들은 동의했고, 나는 그들에게 복음을 전할 수 있었다. 그리고 하나님의 사랑이 그들의 돌 같은 마음을 부드러운 마음으로 바꾸도록 기도했다.

# Chapter 11

# 예수님을 따르기 위한 대가

전쟁에서 급진적인 무슬림 조직이 이기면 우리나라는 샤리아법의 통치를 받는 엄격한 이슬람 국가가 될 수 있었다. 이것은 특별히 여성들에게 악영향을 미쳐 직장을 구하거나 운전을 하거나 심지어 거리에 혼자 다니지도 못하게 될 것이다. 그리고 여성들은 항상 부르카(무슬림 여자들이 얼굴을 비롯하여 온몸을 휘감는 데 쓰는 천 - 역주)로 온몸을 가려야 한다.

기도 외에 우리가 그 내전을 막을 길은 없었다. 그래서 우리 교회는 이 나라의 자유와 내전의 종결을 위해 금식했다. 우리 목사님은 21일간 우리나라를 위해 금식하며 기도해야겠다는 감동을 받으셨다. 그래서 여러 성도들과 더불어 21일 동안 기도했다. 주님께서 주시는 감동을 따라 어떤 사람은 3일, 어떤 이는 7일, 어떤 이는 10일, 어떤 사람은 21일 동안 온전히 금식했다.

3주간의 기도가 끝나자 우리는 기도를 멈춰선 안 된다는 감동을 받았다. 그래서 다시 7일간 금식하며 기도했다. 나는 매일 4-7시간씩 우리나라에 긍휼을 베풀어달라고 하나님께 부르짖었다.

이런 기도와 금식의 흐름은 수년간 이어졌고, 성도들은 밤낮 교대로 기도했다.

신실하신 하나님은 우리의 부르짖음을 들으셨다. 5년간의 전쟁 후 마침내 우리는 종교의 자유를 얻었다. 내전 기간 동안 약 600만 명 중 거의 15만 명의 시민들이 죽었고, 대략 150만 명의 사람들이 집에서 쫓겨나 인접 국가의 난민수용소로 도망쳤다.

공식적인 내전은 끝났지만, 여전히 이탈된 민병대 사이에 무력 충돌이 있었다. 수년간의 싸움 후 나라는 파행 중이었다. 오랜 기간 동안 삶은 '정상적'이지 못했다. 전쟁의 결과로 여전히 식량이 부족했고, 간헐적으로 전력이 공급되었으며, 거리는 항상 위험했다.

전란 중 학교에 갈 수 없었기 때문에 우리는 홈스쿨 시스템을 세웠다. 주변에 사시는 선생님들이 우리를 도와주셨고, 엄마도 우리를 가르치셨다.

전쟁이 끝나고 학교가 다시 문을 열었을 때, 나는 고등학교 졸업장을 받을 수 있었다. 나는 언어를 배우고 싶은 열정이 넘쳤다. 그래서 언어학과 컴퓨터를 배울 수 있는 대학에 원서를 넣었다. 나는 다른 문화

권 사람들과 자유롭게 소통하고 싶었다.

하지만 한 가지 문제가 있었다. 학비를 지불할 돈이 없었던 것이다. 나는 빌립보서 4장 19절의 약속을 붙들고 하나님의 공급을 구했다. "나의 하나님이 그리스도 예수 안에서 영광 가운데 그 풍성한 대로 너희 모든 쓸 것을 채우시리라."

그때 우리 교회에 아시아 출신의 성경 강사가 왔다. 매우 친절한 그에게는 7명의 아들이 있었지만, 딸은 없었다. 그분은 마치 하나님께서 아버지의 마음을 나에게 쏟아부어 주시는 것처럼 나를 친딸과 같이 돌봐주었다.

## 산 상 수 련 회

10월에 나는 아딜라와 말리카 언니와 함께 2년차 산상수련회에 갔다. 우리는 섬기러 갔고, 여름에 세례를 받은 이만 언니는 지원자로 참여했다.

수련회 기간 동안 성경 강사는 나에게 장래 계획에 대해 물었다. 내가 그에게 나의 꿈을 말하자 그는 내 말을 진지하게 경청해주었다. 그리고 나에게 깜짝 놀랄 말을 건넸다. 내가 계속 공부할 수 있도록 돕고 싶다는 것이었다. 그는 등록금 전액을 지원해주기로 하였다.

깜짝 놀란 나는 감격의 눈물을 흘렸다. 그것은 하나님의 신실함을 다시 한 번 계시해주는 후한 선물이었다. 수련회를 마치고 언니들과 나는 영적으로 충만한 가운데 집으로 돌아왔다.

그 즉시 원수는 무사 오빠를 통해 우리의 기쁨을 앗아가려고 했다. 오빠는 우리가 참여한 수련회에 대해 의문을 품고 있던 중 마을 사람들을 통해 교회에 대한 소문을 들었다.

다음 주일 오빠는 우리를 찾으러 교회에 왔다.

그날은 수련회를 통해 하나님께서 우리의 삶 가운데 어떤 놀라운 일을 행하셨는지에 대한 간증을 나누는 날이었는데, 한마디로 축제였다. 아딜라 언니와 나는 성가대석에 있었다. 안내를 맡은 한 성도가 말리카 언니에게 오빠가 우리를 찾으러 왔다고 알려주었다.

말리카 언니는 감히 오빠에게 가지 못했다. 언니는 무슨 일이 벌어지고 있는지 알았다.

무사 오빠는 자신을 더럽히고 싶지 않아서 성전에 들어오지 못하고 통로에 있었다. 예배 후 아딜라, 말리카, 이만 언니와 나는 오빠를 보러 나갔다. 오빠의 얼굴에 서린 분노를 보자 우리는 곧 오빠에게 맞게 될 거라는 것을 알았다.

"왜 너희들 내 말을 안 듣니? 오빠가 가지 말라고 했잖아." 분을 이기지 못한 오빠가 씩씩거리고 있었다.

우리는 속으로 기도하면서 계단을 내려갔다.

그때 무사 오빠의 분노가 폭발했다. 그는 우리의 옷과 머리채를 잡고 길가로 끌고 갔다. "그 캠프에서 뭘 했어? 그리고 왜 아직도 교회에 다니면서 가족들까지 끌어들이니?" 오빠는 우리를 때리면서 무섭게 다그쳤다.

나는 오빠에게 풀어달라고 울면서 애원했다. 그러나 그는 무자비하게 나를 잡고 얼굴을 세게 후려쳤다. 그 충격으로 나는 바닥에 쓰러졌다. 충격과 고통으로 나는 정신이 멍해졌다. 그때 코에서 끈적한 피가 흘러내렸다.

바깥에서 우리를 뒤따르던 성도들은 오빠를 막으려고 애썼다. "하나님이 두렵지 않으세요?" 그들은 우리를 돕기 위해 애쓰면서 오빠에게 말했다.

"신경 꺼! 입 다물고 가만있지 않으면 너희도 패줄 거야." 무사 오빠가 무섭게 소리 질렀다.

우리는 집으로 가는 버스를 탔다. 오빠의 위협 속에 우리는 모두 쥐 죽은 듯이 조용히 앉아 있었다. 마침내 집에 도착하자 오빠는 내 머리를 거칠게 잡아 벽에 내리쳤다. 나는 거의 실신했다.

"이 고집 센 계집애들아!" 오빠가 소리를 질렀다. "왜 내 말을 안 들어?"

오빠는 우리 때문에 굴욕감을 느꼈다. 그는 우리를 무슬림으로 되돌리기 위해 안간힘을 썼다. 그렇게 하기 위해서라면 무엇이든 할 기세였다. "우리 가문에 왜 이런 수치를 주는 거야?" 오빠는 거듭 되물었다.

오빠가 원하는 만큼 분을 다 쏟아부었을 때, 우리 몸에는 퍼렇고 시꺼먼 멍이 들어 있었다. 하지만 우리의 결단은 흔들림이 없었다. 예수님을 위해서라면 우리는 매를 맞는 것도 기꺼이 참을 수 있었다. 예수님은 그럴 가치가 있는 분이시다.

그 후 몇 주간 무사 오빠의 분노가 식지 않았다. 그래서 우리는 모두 오빠를 피해 다녔다. 엄마는 우리에게 오빠 말대로 하라고 간청했다. 그러나 우리는 엄마에게 그렇게 할 수 없다고 설명했다. 만일 이것이 예수님을 따르는 대가라면, 우리는 더 많은 매를 맞는 것도 결연히 감내할 것이다. 우리는 고린도후서 1장 5절을 굳게 붙잡았다. "그리스도의 고난이 우리에게 넘친 것 같이 우리가 받는 위로도 그리스도로 말미암아 넘치는도다."

## 흔들리지 않는 믿음

그 즈음 UN과 적십자사가 나라의 재건을 돕기 위해 왔다. 많은 교수들과 교사들이 살해되거나 조국을 떠난 상황에서 이 두 단체에서 온 자원봉사자들이 대학에서 영어 수업을 열었다. 나는 외국어를 배울 수 있다는 사실에 매우 기뻤다.

대부분의 대학 동료들이 무슬림이었기 때문에 대학은 나의 선교지였다.

나는 같이 수업을 듣는 학생들의 이름을 모두 적은 후 그들을 위해 기도하고 금식하며 복음을 전했다. 그렇게 해서 몇몇 동료들은 크리스천이 되었다. 대학 강사 중 한 명은 영국 사람이었는데, 내가 그에게 예수님의 사랑을 전하자 그는 주일에 나를 따라 교회에 갔다. 심지어 금요기도회에 참석하여 새벽 5시까지 함께 있었다.

'최고의, 가장 위대한'이란 뜻의 이름을 가진 아름다운 소녀 우쯔마는 내 기도에 별로 영향을 받지 않는 듯했다. 내가 예수님을 전하려 할 때마다 그녀는 나를 무시하고 오만하게 굴었다. 그러나 나는 포기하지 않고 그녀의 마음이 부드러워지길 바라며 계속 기도했다.

몇 년이 지난 어느 주일 아침에 교회로 들어가는데 내 앞에 우쯔마가 서 있었다. "여기서 뭐하니?" 나는 깜짝 놀라 물었다.

그녀는 나에게 크리스천 남자 친구를 만나 사랑에 빠졌다고 말해주었다(남자 친구를 통해 믿음을 갖게 된 그녀는 최근에 결혼했다). 내가 그녀를 위해 매일 기도하고 있었다고 말하자 그녀는 울기 시작했다. 우리는 서로 부둥켜안고 하나님께서 행하신 놀라운 일로 인해 감격의 눈물을 흘렸다.

대학 생활을 시작한 지 1년이 지났을 때, 봄방학 기간에 외국인 강사들이 쫓겨났다. 학기가 다시 시작됐을 때에는 오직 지역 강사들만 남아 있었다. 누구도 외국인 교수들이 떠난 이유를 말해주지 않았다. 모든 언어학 교수들이 떠났기 때문에 나는 더 이상 그곳에서 공부할 수 없었다. 그러나 하나님께서는 작은 문을 닫으시면 더 큰 문을 열어주신다.

대학 수업이 어려워지면서 나는 국제관계대학(The College for International Relations)에 들어가고 싶은 마음이 생겼다. 이 대학은 우리나라의 최고 명문대학이었다. 나는 내가 그곳에 들어갈 수 없을 것이라고 생각했다. 여전히 성경 강사로부터 재정적 지원을 받고 있었지만, 문제는 입학시험을 통과하는 것이었다.

나는 대학에 지원서를 낸 후 총장과의 면담에서 국제관계학을 공부하고 싶다고 당당하게 말했다. 그리고 나에게 시험을 볼 기회를 줄 수 있는지 물었다. 나에게는 외교관 즉, 평화의 중재자가 되고 싶은 강한 열망이 있었다.

총장은 시험을 보도록 허락해주었다. 그리고 나는 통과해서 그 대학에 입학했다. 그것은 기적이었다! 나는 내가 그렇게 좋은 명문대학에 들어가리라곤 꿈에도 생각지 못했다. 다시 한 번 이것은 하나님의 신실함에 대한 표증이었다. 나는 그분이 나의 공급자, 여호와 이레의 하나님이심을 깨달았다.

새로운 학교에 진학한 이후 나의 삶은 아주 바빠졌다. 학업으로 인해 누리는 자유와 소망과는 대조적으로 언니들과 나는 여전히 가족들의 핍박을 받고 있었다. 무사 오빠는 최악의 매질을 가했다. 그의 혈기는 끔찍했다.

무사와 슐레이만 두 오빠는 결혼해서 각기 가정을 이루어 살았지만, 종종 주일에 불쑥 우리 집에 나타나곤 했다. 오빠들은 우리가 주일에 교회에 간다는 것을 알고 있었다. 오빠들이 집에 도착했을 때 우리가 없으면, 우리가 올 때까지 기다린 후 어디에 갔다 왔는지 캐물었다. 우리가 무슨 말을 하든 상관없이 그들은 화를 냈다. 하지만 우리는 보복하거나 맞서 싸우지 않았다.

이제 우리 무슬림 이웃과 친구들과 친척들은 언니들과 나를 완전히 배척했다. 우리가 우리의 믿음을 그들에게 나누는 것을 두려워하지 않았기 때문에 그들은 우리가 이슬람교에서 기독교로 개종했다는 것을 알았다.

늦은 오후 사람들이 거리에서 땅콩과 차를 먹고 마시며 대화하는 것은 우리 도시의 일상이었다. 언니들과 나는 그 시간을 예수님을 전하는 기회로 삼곤 했다.

몇몇 사람들이 우리의 말에 감동을 받고 강한 호기심을 느꼈지만, 대다수는 우리를 꾸짖고 이교도라고 불렀다. 우리가 길을 걸어갈 때면 그들은 돌을 던지겠다고 위협했다. 또한 우리에게 직접적으로 해를 끼치진 않았지만, 우리 가족의 남자들에게 우리를 대적하도록 압력을 가했다. 오빠들은 그들로부터 계속 조롱을 당했다. 그들은 오빠들에게 이렇게 말했다. "그러고도 너희가 집안에서 남자라고 할 수 있니?"

우리가 박해를 받았음에도 불구하고 마을의 많은 사람들이 크리스천이 되었다. 어느 날 마을의 한 사람이 정신병으로 고통을 받는다는 것을 알게 되었다. 밤마다 악몽에 시달렸지만, 누구도 고치지 못했다. 우리는 그를 교회로 초청했고, 아딜라 언니가 그에게 복음을 전했다. 그리고 그를 위해 기도하자 그는 완전히 회복되고 자유를 얻었다.

우리는 결코 예수님을 전하는 것을 포기하지 않았다. 비록 우리가 핍박이라는 대가를 지불해야 했지만, 우리는 누구도 빼앗아갈 수 없는 기쁨과 평강을 누렸다.

# 초자연적인 보호

무슬림이 크리스천이 되면 남자든 여자든 급진적인 믿음을 갖게 된다. 예수님을 섬기는 대가는 비싸지만, 그분을 선택하는 순간부터 엄청난 자유와 기쁨이 임한다. 비록 목숨이라는 대가를 지불한다 할지라도 그 상급은 희생을 월등히 능가한다.

언니들과 나는 새벽 4시에 일어나 기도회에 참여하기 위해 교회로 달려갔다. 우리는 안전을 위해 가는 내내 방언으로 기도하며 갔다. 비나 눈이나 전쟁 그 무엇도 우리를 막을 수 없었다. 집에서는 우리의 믿음을 감춰야만 했지만, 하나님의 임재 안에 있는 자유를 사랑하기 때문에 우리는 교회에 갔다.

엄마는 우리가 새벽마다 교회에 가는 것을 알았지만, 아빠와 오빠들은 전혀 몰랐다. 그들은 일찍 일어나 직장에 갔기 때문에 우리가 여전히 자고 있을 것이라고 생각했다.

우리가 교회에 도착하면 사범님은 태권도 훈련생들을 아침 6시부터 7시까지 가르쳐주셨다. 그 시간에 우리는 흰 도복을 입고 성경구절을 외치며 도시를 뛰었다. 나는 목청껏 외쳤다. "내게 능력 주시는 자 안에서 내가 모든 것을 할 수 있느니라"(빌 4:13). 이때만 해도 전쟁은 그렇게 심하지 않았기 때문에 아침 일찍 거리에 나가는 것이 그렇게 위험하지 않았다.

인간의 본능인 자기방어를 위해 손과 발을 주로 사용하는 전신운동인 태권도는 신체를 강건하게 하고 심신수련을 통하여 인격을 도야하며, 기술단련으로 자신의 신체를 방어하는 무술이다.

우리나라에 온 미국 선교사는 태권도를 제자훈련의 모델과 기독교 전파에 적합하고 효과적인 도구로 사용할 수 있다고 생각했다. 주님은 하나님 나라의 확장을 위해 다양한 달란트와 은사 심지어 스포츠도 사용하신다. 사도행전 1장 8절은 이렇게 말한다.

> 오직 성령이 너희에게 임하시면 너희가 권능을 받고 예루살렘과 온 유다와 사마리아와 땅 끝까지 이르러 내 증인이 되리라

이 예언적 명령에 응답하기 위해 우리 교회는 거리에서 대형 전도

집회를 열었다. 우리는 병원을 찾아가 하나님을 담대하게 전했다. 우리는 기도와 예배를 통해 성령의 충만함을 받아 도시와 마을로 나가 사람들에게 예수 그리스도를 전파했다. 우리는 둘씩 짝지어 지역 전도를 나갔고, 누가복음 10장 1절과 4절의 말씀을 따라 선교여행을 떠났다.

> 그 후에 주께서 따로 칠십 인을 세우사 친히 가시려는 각 동네와 각 지역으로 둘씩 앞서 보내시며 … 전대나 배낭이나 신발을 가지지 말며 길에서 아무에게도 문안하지 말며

전도여행을 떠날 때, 우리는 제자들처럼 음식이나 돈을 가지고 가지 않았다(막 6:8). 우리는 새로운 지역에 가면 어느 집으로 가야 할지 주님께 물었다. 그리고 문을 두드린 후 사람들과 이야기했다. 나그네를 잘 대접하는 문화로 인해 사람들은 우리를 반겨주었고, 먹을 것과 잠자리를 제공해주었다. 그들은 자신들의 침대를 우리에게 내어주고 자신들은 바닥에서 잠을 청할 정도로 우리를 극진히 환대해주었다.

하지만 그들에게 우리가 그곳에 간 이유를 말하면, 종종 박해를 받거나 모욕적인 고성을 들었다.

많은 경우 우리는 마을 사람들에게 쫓겨나 거의 돌에 맞을 뻔하기도 했다. 사람들이 우리를 향해 던지려고 돌을 집어들 때 우리는 선택의 여지 없이 그곳을 급히 떠날 수밖에 없었다. 이런 일이 벌어지는 것은 안타까운 일이지만, 우리는 마태복음 10장 14절의 말씀을 따랐다. "누구든지 너희를 영접하지도 아니하고 너희 말을 듣지도 아니하거든 그 집

이나 성에서 나가 너희 발의 먼지를 떨어 버리라." 그래서 우리는 그들을 위해 기도한 후 다른 곳으로 옮겼다.

한번은 온 마을 사람들이 몽둥이와 무기들을 들고 일어나 우리를 대적하는 폭동을 일으키기도 했다. 우리는 목숨을 건지기 위해 도망쳐야 했다. 하지만 우리가 그곳을 미처 빠져나오기 전 경찰이 마을에 소동을 일으켰다는 이유로 우리를 체포했다. 그는 우리에게 뇌물을 요구했지만, 우리는 복음이 담긴 전도지를 건네며 간증을 나누었다. 주님의 진리와 사랑에 큰 감동을 받은 그는 결국 우리를 풀어주었다. 그리고 우리가 마을을 떠나기 전에 가족들과의 식사 자리에 우리를 초대했다.

숱한 핍박에도 불구하고 우리는 많은 열매를 보았다. 그리고 전도여행 가운데 많은 사람들이 주께로 돌아왔다.


놀 라 운   축 사

열정적으로 말씀을 전하는 아딜라 언니는 선교여행을 매우 좋아했다. 언니는 친구와 함께 다른 지역으로 선교여행을 떠났는데, 그곳에서 작은 부흥이 터졌다. 400명의 사람들이 복음을 들었을 뿐만 아니라 귀신들린 소녀를 포함하여 놀라운 치유와 축사가 일어났다. 선교팀이 통역자를 통해 현지어로 말하자 귀신들린 소녀는 자신이 전혀 알지 못하는 우리말을 남자의 목소리로 말했다. "당신 안에 예수님이 계셔." 언니와 일행들이 귀신을 쫓아내고 축사하자 그녀는 자유를 얻었다. 그녀는 교회에 다니게 되었고, 크리스천 남자와 결혼하였다.

어느 날 아딜라와 말리카 언니가 교회에 가던 중 깡패들이 쫓아왔다. 아딜라 언니가 기도하자 주님은 지갑 속에 총이 있는 척하라는 지혜를 주셨다. 아달라 언니는 말리카 언니에게 큰 소리로 이렇게 말했다. "우리를 해치려 한다면, 난 총으로 이 깡패들을 다 쏴버릴 거야." 그러자 깡패들이 도망치기 시작했다. 이처럼 하나님께서는 놀라운 방법으로 언니들을 보호하셨다.

우리 교회가 도시 외곽 지역에 교회를 개척하려고 준비할 때, 아딜라 언니는 5일간 전도팀과 함께 거리 전도를 하며 복음을 전했다. 그곳에서 많은 치유가 일어났고, 사람들은 그들의 삶을 주님께 드렸다.

그 주에 아딜라 언니는 금요기도회에 가고 싶었다. 그래서 언니는 다른 자매와 함께 버스를 타고 교회로 향했다. 하지만 언니의 친구가 집에 들러야 해서 아딜라 언니에게 교회로 가는 길을 알려주고 먼저 내렸다.

아딜라 언니가 버스에서 내릴 때는 밖이 많이 어두웠다. 언니는 친구가 알려준 대로 찾아가려고 애썼지만 곧 길을 잃고 말았다. 그때 갑자기 군복을 입은 남자가 총을 들고 언니에게 다가왔다.

"이봐, 넌 누구야?" 그가 언니의 손을 잡아채며 말했다. "이리 와. 나랑 얘기 좀 해."

아딜라 언니는 그의 손을 뿌리치고 계속 걸었지만, 여전히 길을 잃고 헤매고 있었다.

언니를 포기하지 않은 그 남자는 언니에게 다가와 키스하려고 했다. "저리 가요. 그렇게 하는 건 죄에요!"

불의를 미워하는 아딜라 언니의 마음에서는 자신을 함부로 대하는 그 남자에 대한 의분이 일어났다. 언니는 그에게 복음을 전하며 회개하라고 말했다. 단호한 언니의 말 때문에 그는 결국 포기하고 떠났다. 언니가 복음이 담긴 전도지를 전해주기도 전에 그는 이미 사라져버렸다.

길을 잃은 채 계속 혼자서 걸어가던 중 언니에게 두려움이 엄습했다. 두려움은 하나님의 축복을 훔쳐간다는 사실을 알고 있는 아딜라 언니는 주님의 도우심을 구하기 시작했다.

그때 한 남자가 언니를 향해 걸어왔다. 가까이 다가온 그 남자는 언니에게 어디를 가는지 그리고 왜 밤에 나와 있는지 물으며 지금은 매우 위험하다고 말했다.

그는 큰 키에 건장한 남자였다. 정갈한 말씨와 상대를 존중하는 태도를 지닌 그는 잘 교육받은 사람처럼 보였다. 언니는 그를 신뢰해도 되겠다는 느낌을 받았다.

"길을 잃었어요. 교회에 가려고 하는데 길을 좀 알려주시겠어요?" 언니는 그에게 교회의 위치와 거리 이름을 알려주었다.

"그곳이 어딘지 알아요. 제가 데려다줄게요. 하지만 부탁 하나만 들어주시겠어요?" 그는 도시를 떠나려는 중인데 그 전에 여자 친구의 아파트에 가고 싶다고 말했다. 그래서 언니가 그 집에 같이 가주면 여자 친구와 함께 아딜라 언니를 교회에 데려다주겠다고 했다. 그는 여자 친구의 집이 교회와 같은 방향에 있다고 말했다.

그에 대해 편안함을 느낀 아딜라 언니는 그 제안을 받아들였다. 그곳으로 가는 동안 언니는 예수님에 대한 자신의 믿음을 간증했다. 언니의 간증에 흥미를 느낀 그는 언니에게 많은 질문을 던지며 함께 걸었다. 매우 기쁘고 신나게 자신의 믿음을 전한 나머지 언니는 얼마나 멀리 갔는지 인식하지 못했다.

그러던 중 아딜라 언니는 그 남자가 자신을 마을의 우범지대로 데려왔다는 것을 깨달았다. 그녀는 마음이 불편해지기 시작했다. "언제쯤 여자 친구의 집에 도착하나요?" 언니가 그에게 물었다.

"거의 다 왔어요. 조금만 더요." 그가 걸어가면서 대답했다.

결국 그들은 주택이나 사람이 없는 공터 근처에 도착했다.

"이쪽으로 가면 돼요." 그가 말했다.

아딜라 언니는 성령의 경고하심을 느꼈지만 어떻게 해야 할지 몰랐다. 빈 공터를 보자 언니의 마음이 무너졌다. 그 남자가 언니를 속인 것이다. 언니는 그 남자가 자신을 강간할 계략을 세웠다는 것을 뒤늦게 깨달았다.

갑자기 그 남자가 조용히 말했다. "자 이제 크리스천과 잠자리를 해도 될까요?"

"안 돼요!" 공포에 질린 아딜라 언니가 강하게 저항했다.

"놀란 척하지 마. 넌 니가 거룩하다고 생각해? 넌 밤에 나왔잖아. 착한 여자는 이 늦은 밤에 돌아다니지 않아." 그 남자는 언니를 경멸하며 비웃었다.

"제발!" 언니가 그에게 간청했다. "당신은 내가 길을 잃었다는 걸 아셨잖아요. 제발 그렇게 하지 마세요."

"자, 우리 빨리 끝내자. 그럼 풀어줄게."

"미쳤어요? 나는 처녀에요. 제발 그러지 마세요!"

언니의 저항에 그 남자가 갑자기 돌변했다. "어쨌든 난 널 강간하고 싶지 않아. 그냥 안아주고 싶어." 그는 언니를 붙잡고 옷을 벗기려 했다.

아딜라 언니는 그 상황을 빠져나갈 방법을 몰랐다. 언니가 비명을 질렀다. 그러자 그가 언니에게 소리를 지르면 다른 남자들이 와서 강간할 것이라고 하며 화를 냈다. 그는 아딜라를 눕히며 으르렁거리듯 말했다. "이제 같이 누웠지. 내가 널 데리고 왔으니까 널 가질 수 있어. 이 공터는 내 친구들 구역이거든. 우린 여자들을 여기로 데리고 와서 강간한 다음 죽여버리지."

아딜라 언니는 속으로 하나님께 도와달라고 부르짖었다. 그러자 성령께서 임하셔서 언니가 그를 힘으로 밀쳐낸 뒤 그 남자의 머리에 손을 올리고 큰 소리로 방언기도를 했다.

그러자 그 남자는 마치 뜨거운 물에 덴 것처럼 벌떡 일어났다. 전기 충격을 받은 것처럼 그의 몸에 경련이 일어났다. "멈춰!" 그가 언니에게 말했다. "난 널 건들지 않았잖아. 기도 그만해!"

언니가 기도를 멈추자 그의 태도가 다시 돌변했다. "이제 끝났어?" 그는 거칠게 언니를 젖은 땅으로 밀었다.

아딜라 언니는 포기할 수도 있었지만, 그렇게 하지 않았다. 그녀가 치러야 할 싸움이 남아 있었다. 언니는 다시 손을 그의 머리에 얹고 방언기도를 시작했다. 이번에는 더 큰 소리로 기도하면서 그 남자 안에 있는 음란의 영을 꾸짖었다. 그의 눈 속에 있는 악한 영의 모습을 보자 언니는 자신이 지금 무엇을 다루고 있는지 알았다.

성령께서 중보하셨을 때, 언니의 눈에서 눈물이 흘러내렸다. 그녀는 영적으로 싸우는 동시에 물리적으로도 싸웠다.

바로 그때 하나님께서 지식의 말씀을 주시는 것을 느꼈다.

"당신은 이 상황이 나에게 어떤 수치를 준다는 것을 아시잖아요?" 언니가 눈물을 흘리며 단호하게 말했다. "이런 일이 당신의 여동생에게 일어난다면 어떻게 할래요?"

언니의 말은 쇠망치처럼 그를 내리쳤다. 그리고 그는 거의 즉각적으로 완전히 바뀌었다. 심지어 그의 눈빛까지 달라졌다.

언니는 하나님께서 회개와 축사를 주셨다는 것을 깨달았다. 우리 문화에서 처녀성과 순결은 아주 중요하다. 결혼한 신부와 신랑은 하얀 천 위에서 첫날밤을 치른다. 그리고 다음날 신랑은 자신의 아내가 처녀라는 것을 증명하기 위해 피 묻은 천을 손님들에게 보여준다. 그런데 신부가 처녀임을 증명하지 못하면 그것은 큰 수치이며 심각한 문제가 된다.

"미안합니다." 그 남자가 부드럽게 말했다. "제가 교회에 모셔다 드릴게요."

기적적인 반전에 놀란 아딜라 언니는 기쁨과 안도의 눈물을 흘렸다. 주님은 언니를 보호하시고 구하셨다.

두 사람이 황량한 공터를 빠져나올 때, 한 무리의 깡패들이 다가왔다. 그들은 언니를 보자 늑대 같은 울음소리를 내며 다가왔다.

순간 아딜라 언니는 얼어버렸다. '이제 무슨 일이 벌어질까?'

"이봐." 한 남자가 소리쳤다. "새로운 아가씨를 데리고 왔네."

"그래." 다른 깡패들이 끄덕였다. "맛 좀 볼까. 누가 먼저 할래?"

"저리 꺼져!" 그 남자가 화를 내며 딱 잘라 말했다. 바로 몇 분 전만 해도 음욕에 불타던 남자가 이제 아딜라 언니를 보호하는 사람이 되었다. "내 여자 친구야. 건들지 마!" 그 남자는 아딜라 언니를 데리고 급히 그곳에서 빠져나왔다.

그에게 주님을 두려워하는 마음이 임하여 생각지 못한 위기 상황에서 언니를 보호했다. 그렇게 주님은 악을 선으로 바꾸셨다. 그 남자는 언니를 정중하게 교회까지 안내했고, 다시는 밤에 돌아다니지 말라고 하였다.

언니는 지금도 그 이야기를 할 때마다 치를 떤다. 하나님은 언니에게 그분이 그녀를 보호하신다는 것을 보여주셨다. 우리 둘은 여성을 돌보시는 하나님의 새로운 모습에 큰 감동을 받았다.

사랑의 하나님은 여성을 귀중한 보석처럼 대우하신다. 하나님은 약한 사람을 친히 보호하신다.

그분은 또한 변화의 하나님이시다. 음욕에 불탔다가 오히려 언니를 보호했던 그 남자는 스스로 교회에 나오기 시작했다. 예수님은 그의 마음과 생각을 바꾸셨다.

# 씨앗은 자란다

예수님은 나의 주님이시고, 천국은 실재하는 곳이며, 언젠가 내가 그곳에 가게 될 것임을 알게 된 후 나는 그곳에 혼자 가고 싶지 않았다.

나는 매일 성령께서 우리 가족의 마음에 말씀하시고 또 그들의 마음이 부드러워지도록 기도했다. 엄마와 아빠, 오빠들과 언니들을 위해 간절히 기도했다.

핏값으로 나를 사신 예수님을 구원자와 주님으로 모신 지 약 한 달 정도 되었을 때, 처음으로 기회가 왔다. 나보다 3살 더 많은 말리카 언니가 17세였을 때 나는 언니에게 복음을 전하기 시작했다. 재능이 많고 창의적인 말리카 언니는 우리 건물에 살고 있는 전문 디자이너에게 여성복 만드는 법과 패션에 대해 배웠다.

말리카 언니는 아빠와 종교성이 강한 학교 친구들에게 영향을 받은 헌신적인 무슬림이었다. 머리를 가리는 베일도 언니 스스로 썼고, 또 경건한 무슬림 여성들이 하는 모든 종교적 행동들을 자발적으로 하였다.

바울은 고린도전서에서 믿음의 씨앗이 움트는 모습에 대해 언급하였다. "나는 심었고 아볼로는 물을 주었으되 오직 하나님께서 자라나게 하셨나니"(고전 3:6).

이러한 일이 말리카 언니에게 일어났다. 거리에서 본 예수 영화(Jesus Film)는 언니에게 큰 감동을 주었다. 영화를 통해 언니는 예수님이 좋은 분이란 것을 알게 되었다. 그리고 나에게 그분이 왜 죽어야 했는지 잘 모르겠다고 말했다. 언니는 그분이 죄가 없는 분이라는 사실을 깨달았다.

나는 언니를 태권도장에 초대했다. 언니가 호신술에 흥미를 느끼고 있었기 때문에 훈련에 여러 차례 참여했다. 그리고 아림이 전하는 복음을 경청했지만, 결코 속마음을 드러내진 않았다.

몇 주가 지난 후 언니는 결국 교회에 가고 싶다고 말했다. 나는 성가대에서 찬양했기 때문에 언니는 내 친구 가밀라와 함께 앉았다.

예배가 진행되는 동안 나는 언니의 얼굴에 서려 있는 감정을 감지했다. 언니 역시 벽에 걸려 있는 십자가를 보고 두려워했지만, 음악과 찬양 소리에는 긍정적으로 반응했다. 이전에 내가 경험한 것처럼 사랑과 평화가 영혼에 스며들자 언니의 찌푸린 눈살이 부드럽게 펴졌다.

앞으로 나와 기도를 받으라는 초청을 받았을 때, 말리카 언니는 일어나 앞으로 나갔다. 이때 가밀라가 언니와 동행해주었다. 언니가 자신의 삶을 주님께 드렸을 때, 성령의 임재의 빛이 언니의 얼굴에 스며들었다.

예배 후 나를 본 말리카 언니는 이렇게 외쳤다. "예수님은 진짜야!

감격한 나는 언니를 부둥켜안았다. 눈물이 내 뺨을 타고 흘러내렸다. 나는 언니의 귀에 속삭였다. "나도 알아!"

이전에는 언니가 그렇게 환하게 웃는 모습을 본 적이 없었다. 흥분한 말리카 언니는 이렇게 외쳤다. "모든 사람들에게 이 사실을 말해줘야 해. 모든 사람들에게! 우리만 알기엔 너무 놀라워."

내 마음에 기쁨이 북받쳐 올랐다! 그렇게 말리카 언니는 우리 가족 중에 예수님께 나온 첫 번째 사람이 되었다. 나는 나머지 모든 가족들도 뒤따를 것이라고 확신했다. 말리카 언니는 자신이 구속의 첫 씨앗(down payment)이라는 것에 동의했다. 우리는 다른 가족들을 위해 같이 기도하기로 약속했다.

그날부터 말리카 언니는 하나님을 간절히 갈망했다. 우리 교회의 선교사님의 예수님을 향한 열정과 사랑을 본 언니는 자신도 그것을 갈망하게 되었다. 언니는 주일이나 금요기도회에 단 한 번도 빠지지 않았고, 교회에 가기 위해서라면 무엇이든 마다하지 않았다. 말리카 언니가 태권도를 계속 하지는 않았지만, 태권도는 언니를 그리스도께 인도하는 '물 주기'의 일환이 되었다.

말리카 언니가 예수님께 반응하는 모습을 보는 즐거움과 더불어 나라와 가족의 상황이 좋아지는 것 또한 나에게 큰 기쁨이 되었다. 3년간의 오랜 내전은 우리의 삶에 낙망과 두려움을 새겨 놓았지만, 이제 서서히 먹구름이 떠나기 시작했다.

우리 교회는 역대하 7장 14절의 약속이 현실로 나타나도록 간절히 구했다.

내 이름으로 일컫는 내 백성이 그들의 악한 길에서 떠나 스스로 낮추고 기도하여 내 얼굴을 찾으면 내가 하늘에서 듣고 그들의 죄를 사하고 그들의 땅을 고칠지라

우리는 전쟁의 종결과 가족과 친구들이 예수님을 영접하고 정부가 평화와 자유를 보장할 수 있도록 기도했다.

칠흑같이 어두운 시간을 거치는 동안 우리는 매주 금요일 밤마다 예배를 드리며 하나님께서 우리나라에 긍휼을 베푸시도록 간절히 구했다. 나는 단 한 번도 기도회에 빠지고 싶지 않았지만, 참석하기가 정말 쉽지 않았다.

나는 집에서 몰래 빠져나와 매번 신변의 위협을 받으며 교회까지 쉼 없이 달려야 했다. 어두운 거리는 통행금지령과 위험 때문에 더 적막했다. 그래서 해가 진 후 동이 틀 때까지는 바깥에 나가는 것이 금지되었다. 하지만 하나님의 임재로 내 삶을 채우고자 하는 강한 갈망이 나를 주님께 이끌었다. 금요일 밤마다 나는 기꺼이 두 가지 위험을 감수했다. 첫째는 교회로 가는 길에 부모님께 들킬 위험과 그에 뒤따르는 피할 수 없는 후폭풍, 둘째는 매번 직면하는 안전의 위험이었다.

그때마다 주님께서는 디모데후서 1장 7절의 말씀을 떠오르게 하셨

다. "하나님이 우리에게 주신 것은 두려워하는 마음이 아니요 오직 능력과 사랑과 절제하는 마음이니." 이 말씀을 묵상하자 즉시 두려움이 떠났다.

언제가 한번은 교회에서 돌아오는 길에 굶주린 들개 떼와 마주쳤다. 송곳니를 드러내며 으르렁거리는 짐승들이 순식간에 내게로 다가왔다. 나는 들개들이 사람들을 공격해 죽였다는 이야기를 들어서 알고 있었다. 개들이 길게 짖는 소리를 듣자마자 나는 안전을 위해 기도하기 시작했다.

"주님, 사자 굴에 던져진 다니엘의 이야기가 사실이란 걸 알아요! 주님께서 사자들의 입을 막고 다니엘이 해를 당하지 않도록 보호하신 것처럼 이 사나운 개들의 입을 막아주세요."

기도를 마치자 마치 불벽이 나를 둘러싼 것처럼 들개들이 나와 거리를 둔 채 다가오지 못했다. 나는 전쟁으로 찢겨진 위험한 거리에서도 함께하시는 하나님을 확신하며 안전하게 집으로 돌아왔다.

나는 종종 오빠의 큰 외투를 빌려 입고 남자로 위장하며 큰 길로 걸었다. 누구도 속지 않는다는 것을 알았지만, 그래도 약간의 위안이 되었다. 나는 다시 한 번 말리카 언니가 주님께 마음을 드린 것에 감사드렸다. 이제 나는 더 이상 혼자가 아니었다. 우리는 이제 함께 금요일 밤에 열리는 기도회에 갔다.

기도 시간은 정말 놀라웠다. 성령의 권능은 놀라운 표적을 동반했다. 사람들은 주님의 기쁨으로 웃었다. 그들은 마치 오순절의 제자들처럼 주님의 임재의 권능에 취한 것처럼 행동했다. 예배하는 동안 많은 사람들의 병이 나았고 귀신들이 떠나갔다.

한번은 정말 오순절을 재현한 듯했다.

> 오순절 날이 이미 이르매 그들이 다 같이 한 곳에 모였더니 홀연히 하늘로부터 급하고 강한 바람 같은 소리가 있어 그들이 앉은 온 집에 가득하며 마치 불의 혀처럼 갈라지는 것들이 그들에게 보여 각 사람 위에 하나씩 임하여 있더니 그들이 다 성령의 충만함을 받고 성령이 말하게 하심을 따라 다른 언어들로 말하기를 시작하니라 (행 2:1-4)

나는 그 일이 벌어진 직후 도착했지만, 사람들이 표현한 하나님의 권능은 정말 경이로웠다. 그들은 성령께서 급하고 강한 바람처럼 임하셨다고 말했다. 너무도 강력하게 임한 나머지 창문에 금이 가서 깨져 버렸다! 회중들은 놀라운 하나님의 임재 가운데 바닥에 엎드려 회개의 눈물을 흘렸고, 새로운 열정으로 나라를 위해 기도했다. 주변을 살펴본 나는 그들의 말이 사실임을 확인하였다.

## 특 별 한   새 해

크리스천이 된 이후 첫 번째 새해는 매우 특별했다. 새해 공휴일 동안 금식하며 기도하는 것은 우리 교회의 전통이었다.

전에 내가 무슬림이었을 때 했던 라마단 금식은 해가 지기 전까지만 먹거나 마시지 않으면 되었다. 그러나 이번 금식은 3일 동안 물 외에는 아무것도 먹거나 마시지 않으면서 신약성경을 통독했다. 우리는 성경을 읽는 동안 간간이 기도와 예배를 드렸다.

많은 사람들이 3일 동안 교회에서 지냈지만, 말리카 언니와 나는 부모님의 질문 공세를 피하기 위해 집으로 돌아가야 했다. 그 기간 내내 우리가 그곳에 함께할 수 있었다는 것만으로도 나는 감사하게 생각한다.

금식은 나로 하여금 온전히 하나님께 집중하게 했다. 나는 내가 무엇을 위해 금식해야 할지 하나님께 기도했다. 그러자 아주 분명한 두 가지 갈망이 생겼다. 첫째, 주님은 내가 가족들의 구원을 위해 기도하길 원하셨다. 둘째, 나는 하늘의 언어인 '방언'을 하고 싶었다.

은사는 여러 가지나 성령은 같고 직분은 여러 가지나 주는 같으며 또 사역은 여러 가지나 모든 것을 모든 사람 가운데서 이루시는 하나님은 같으니 각 사람에게 성령을 나타내심은 유익하게 하려 하심이라 어떤 사람에게는 성령으로 말미암아 지혜의 말씀을, 어떤 사람에게는 같은 성령을 따라 지식의 말씀을, 다른 사람에게는 같은 성령으로 믿음을, 어떤 사람에게는 한 성령으로 병 고치는 은사를, 어떤 사람에게는 능력 행함을, 어떤 사람에게는 예언함을, 어떤 사람에게는 영들 분별함을, 다른 사람에게는 각종 방언 말함을, 어떤 사람에게는 방언들 통역함을 주시나니 (고전 12:4-10)

그 기간에 초청된 외부 강사는 하늘의 언어를 은사로 받기 원하는 사람들은 앞으로 나오라고 초청하였다. 그녀가 내 이마에 손을 대자 나는 머리부터 발끝까지 타는 듯한 뜨거움을 느꼈다. 나는 "할렐루야!"를 외치기 시작했다. 그러자 전혀 알지 못하는 새로운 단어들이 내 입에서 튀어나왔다. 나는 이 은사를 받아서 너무 기뻤다. 그때부터 나는 매 순간 하늘의 언어로 말하고 노래할 수 있게 되었는데, 특히 거리에 나갔을 때 안전을 위해 방언으로 기도할 수 있어서 좋았다. 이전에 한 번도 경험하지 못한 주님의 기쁨이 나를 완전히 사로잡았다. 3일간 음식을 금한 나의 희생이 결국 나를 하나님께 더 가까이 이끌었다.

또한 나는 갈라디아서 5장 22-23절에 기록된 사랑, 희락, 화평, 오래 참음, 자비, 양선, 충성, 온유, 절제라는 성령의 열매로 충만했다. 내가 성령으로 충만할 때, 그분은 나를 그분의 은사들과 열매로 채워주셨다.

## 축제의 향연

금식을 마쳤을 때, 나는 아딜라 언니를 축제에 초대하라는 감동을 받았다.

나는 아딜라 언니를 많이 사랑했다. 그리고 언니가 자신을 향한 하나님의 사랑을 알기를 간절히 원했다. 나는 주님께서 아주 분명하게 말씀하시는 음성을 들었다. "이번이 가장 적합한 장소와 때란다."

무슬림에게 교회라는 단어는 저항감을 일으킬 수 있다. 만일 내가 그것이 교회의 이벤트라고 말했다면, 아딜라 언니는 오지 않았을 것이다. 그래서 나는 언니에게 태권도를 같이 배우는 친구들과 함께하는 파티에 초대하고 싶다고 말했다. "정말 재미있을 거야." 내가 언니에게 말했다. "맛난 음식도 먹고 춤도 출 거야. 아마 언니도 깜짝 놀랄걸?"

우리 문화에서 춤은 기쁨을 표현하는 중요한 방법이다. 생일이나 결혼식 같은 잔치에는 언제나 춤과 노래가 있다. 아딜라 언니와 나는 아주 어릴 때부터 댄스 수업을 받으며 자라서 우리는 춤을 아주 잘 췄다. 하지만 지난 수년간 춤을 출 기회가 매우 드물었다.

내전의 상실감 가운데 누리는 춤과 풍성한 음식은 아딜라 언니가 거부할 수 없는 것이었다. "그럼 갈게." 언니가 흔쾌히 동의했다.

잔치 자리에 도착했을 때, 우리는 목사님의 따뜻한 환대를 받았다. "네 언니니? 환영한다! 너희가 와서 정말 기쁘구나. 사마에게 이야기 많이 들었어. 많은 사람들이 널 만나길 고대했단다. 내 소개를 해도 될까?"

중동 문화에서 손님을 환대하는 것은 아주 중요하다. 손님을 초대한 사람은 항상 손님들을 귀족이나 왕과 왕비처럼 대접한다. 목사님은 언니를 그렇게 대했고, 언니는 자신이 귀하게 대접받는다고 느꼈다.

목사님은 아딜라 언니를 사람들 앞으로 데리고 갔다. 나는 젊은이들이 즐거워하는 모습을 보며 행복해하는 언니를 주목했다.

몇몇 미국 교회로부터 후원을 받고 계신 목사님은 잔치에 쓸 음식을 넉넉하게 마련하셨다. 그날 양고기와 여러 종류의 음식들이 제공되었는데, 그것은 수년간 이어진 기근 후에 누리는 큰 기쁨이었다. 나는 향긋하고 맛있는 요리를 본 언니의 얼굴에 깃든 즐거움을 볼 수 있었다. 심지어 우리가 좋아하는 양고기 케밥도 있었다.

아딜라 언니와 내가 식사하려고 함께 앉았을 때, 노숙자 한 사람이 문 앞에 나타났다. 그는 교회의 식구는 아니었지만, 굶주리고 도움이 절실한 사람임에 틀림없었다.

아딜라 언니는 아무 말 없이 식탁에서 일어나 음식이 담긴 접시를 들고 그 남자에게 다가가 건네주었다. "저는 지금 별로 배고프지 않아요. 제 것 좀 드시겠어요?"

아달라 언니가 잔치에 오기로 마음먹은 이유가 음식을 준다는 것 때문이었는데, 그런 언니가 자신의 음식을 나눠준 것은 정말 놀라웠다.

내 옆에 앉아 있던 목사님은 내 쪽으로 기대며 속삭였다. "네 언니는 하나님 나라에 아주 가까운 사람이야."

저녁 만찬 후 우리는 춤을 췄다. 우리는 우리가 살아 있고 소망이 있다는 사실에 함께 웃으며 자축했다.

아딜라 언니는 주저하지 않고 적극적으로 축제에 동참했다. "나를 초대해주고, 또 여기에 올 수 있도록 격려해줘서 너무 고마워." 언니가 나에게 웃으며 말했다. "오랫동안 누리지 못했던 최고의 기쁨이었어."

춤을 춘 다음 기도와 예배가 이어졌다. 우리는 큰 소리로 기도했다. 언니는 예수님을 알지 못하는 사람들을 위해 울며 부르짖는 사람들의 모습을 경이롭게 보고 있었다. 주님의 기쁨의 영이 임하자 어떤 사람들

CHAPTER 13 씨앗은 자란다 | 157

은 웃고 진동했다. 언니는 예배를 좋아했지만, 성령의 나타나심을 이해하지는 못했다. 앞에 달려 있는 십자가를 다시 본 언니는 갑자기 두려움에 휩싸였다. 나는 언니에게 지금 무슨 일이 벌어지고 있고, 또 예수님이 누구신지 차근차근 설명했다. 그러자 언니의 긴장이 수그러들었다.

잔치 후 나는 아딜라 언니에게 복음이 적힌 전도지를 주었다. 언니는 설명을 들은 후 회개 기도를 드렸다.

## 변 화 된  마 음

다음 주일 아딜라 언니는 말리카 언니와 나와 같이 교회에 가기로 했다. 나는 매우 기뻤다. 불과 몇 달 사이에 두 명의 언니가 같이 교회에 다니게 되다니! 나는 언니들의 마음을 변화시키신 하나님의 능력을 찬양했다.

우리가 교회에 도착해서 예배를 드리기 시작하자 아딜라 언니는 많이 놀랐다. "이건 내가 기대하던 모습이 아니야."

그러나 사람들의 환대와 하나님의 사랑에 압도되자 언니를 짓누르던 두려움이 사라져버렸다. 또한 기도를 받은 후 죽음에 대한 공포로부터 자유케 되었고, 그 시간 이후로는 더 이상 악몽에 시달리지 않게 되었다. 이것은 매우 중요했다. 왜냐하면 언니는 어릴 때부터 악한 형상과 뱀들이 나타나는 악몽으로 계속 고통받아 왔기 때문이다.

나는 태권도장에 언니를 초대했다. 언니는 참석하기는 했지만, 교회모임을 더 선호했다. 어느 금요일 기도모임 시간에 아딜라 언니는 '선택받은 자'란 뜻의 이름을 가진 내 친구 무스타파의 열정에 감동을 받았다. 언니는 무스타파가 무릎을 꿇고 하늘을 향해 손을 들고 온전히 순복하며 하나님을 예배하는 모습을 보았다. 아딜라 언니는 그 모습을 보며 하나님을 더욱 알고 싶어 했다.

후에 무스타파는 일자리를 찾아 다른 나라로 떠났다. 그가 떠난 후 아딜라 언니와 나는 시력이 좋지 않아 두꺼운 안경을 낀 그의 아버지 집을 방문했다. 우리가 그를 위해 기도하자 기적이 일어났다. 그의 시력이 완전히 회복된 것이다. 감격한 그는 우리를 안아주었다. 우리가 함께 예수님을 찬양할 때, 그의 얼굴에는 눈물이 하염없이 흘러내렸다.

당시 언니들과 나에겐 성경이 없었다. 우리에게는 교회에서 받은 신약성경만 있었다. 우리는 신구약 성경을 간절히 원했지만, 그때까지 우리말로 번역된 성경이 없었다. 그러던 중 '승리하는, 관대한'이란 뜻의 이름을 가진 파딜이 아딜라 언니에게 성경을 주었다. 나는 매우 기뻤지만, 한편으로는 나도 성경을 갖고 싶었다. 그런데 그것은 불가능해 보였다.

"내 꿈은 신구약 성경을 갖는 거예요." 나는 파딜이 아딜라 언니에게 성경을 주는 것을 보며 이렇게 말했다.

"기도해보렴." 그가 웃으며 대답했다.

그래서 나는 즉시 기도했다. 나는 나만의 성경을 구하며 3일간 금식하며 하나님께 기도했다.

그 다음 주일, 내가 교회에 도착했을 때 파딜이 함박웃음을 지었다. "너에게 줄 것이 있어." 그가 나에게 작은 상자를 건네며 말했다.

상자를 열자 그 안에는 아름다운 성경이 한 권 들어 있었다. 나는 매우 기뻤다! 그가 그것을 어떻게 구했는지는 잘 모르지만, 정말 소중한 선물이었다. 나는 그 성경을 가슴에 꼭 껴안고 그에게 한없이 감사하다고 말했다. 나는 즉시 그것을 읽고 성구들을 외우기 시작했다. 기회가 생길 때마다 한 장 한 장 탐독했지만 성에 차지 않았다. 그러던 중 나는 마태복음 4장 4절의 의미를 제대로 깨달았다. "사람이 떡으로만 살 것이 아니요 하나님의 입으로부터 나오는 모든 말씀으로 살 것이라."

성경 66권을 모두 다 읽은 후 (특히 복음서를 통해) 성령님은 나에게 예수님이 신인(神人, God-Man)임을 계시해주셨다. 하나님은 성육신을 통해 육체를 입고 인간이 되셨다. 그분은 위대한 창조주 하나님이시기에 모든 것이 가능하다. 따라서 예수 그리스도는 온전한 하나님인 동시에 온전한 인간이시다.

성경을 연구하면서 발견한 한 가지 보석은 성경 전체가 예수님에 관한 것이라는 계시였다. 구약은 오실 메시아에 관한 예언이다. 그리고 신약은 그 약속의 성취다. 메시아는 세상을 구하기 위해 오셨지만, 다시 오실 주님은 그의 신부인 교회를 위해 오실 것이다.

여자로서 나는 성경 속 여성들의 삶을 연구했다. 그리고 주님께서 연약한 여성들을 어떻게 사용하셨는지에 관한 계시를 받았다.

- 하와는 범죄했지만, 그녀의 후손은 사탄의 머리를 쳤다.
- 사라는 믿음으로 노년에 약속의 자녀를 낳았다.
- 주님은 드보라를 통해 승리를 주셨다.

- 룻은 이방인이었지만, 그녀의 혈통을 통해 예수님이 오셨다.
- 라합은 창기였지만, 정탐꾼들을 환대함으로 그녀와 가족들은 죽지 않았다.
- 에스더는 중요한 시기를 위해 준비된 자였고, 그녀의 담대함을 통해 이스라엘 백성들이 구원을 받았다.
- 안나는 기도와 금식으로 주님을 섬긴 여선지자로서 대속할 구원자를 보았다.
- 마리아는 순종을 통해 구원의 왕이신 예수님을 출산했다.
- 베다니의 마리아는 예수님의 장례를 준비하기 위해 값비싼 향유를 그분의 발에 부었다.
- 막달라 마리아는 부활 후 예수님을 처음 본 사람이었다.

나는 이들이 예수님께 얼마나 소중한 사람들이었는지 깨달았다.

나는 오빠들과 언니들에게 성경 읽는 모습을 들키지 않도록 특별히 신경을 썼다. 그 모습을 봤다가는 그들이 성을 낼 수도 있었기 때문이다.

때마침 나는 언어와 번역이 다른 네 권의 성경을 구했다. 그리고 그것들을 언어 연구와 성경 이해를 돕기 위해 읽었다. 그때 이후로 나는 성경을 처음부터 끝까지 최소 30번 이상 읽었다. 그리고 매일 한 권씩 읽도록 노력했다. 뿐만 아니라 히브리어와 헬라어 원어로 읽는 것도 즐겼다.

## 아딜라 언니의 빚

주님은 우리 각 사람이 하나님의 나라 안에서 일할 수 있도록 계획을 세우셨다. 주님의 말씀을 배우는 것도 중요한 일이지만, 그분의 명령을 실행하는 것 또한 중요한 일이다. 어떤 때는 주님의 말씀을 따라 이 세상의 것들을 끊는 것이 쉬웠다. 반면 그것이 아주 어려울 때도 있었다.

아딜라 언니가 크리스쳔이 되었을 때는 언니가 담배를 피운 지 1년이 넘었을 때였다. 그러던 어느 날 언니가 일하는 곳의 점원들이 언니에게 비싼 담배를 소개했다. "악한 동무들은 선한 행실(좋은 성품, NIV)을 더럽히나니"(고전 15:33). 그러나 언니는 주님께 자신의 마음을 드린 후 결코 다시 담배를 피우지 않았다. 주님은 니코틴 중독으로부터 언니를 자유케 하셨다.

전쟁 중에 사람들은 돈을 벌 수 있는 일을 찾았다. 아딜라 언니는 대부분의 중동 사람들처럼 사업에 재능이 있었다. 언니는 물물교환에 재능 있는 장사꾼이었고, 무엇이든 팔 수 있었다. 십대 초반부터 언니는 옷과 자신이 소장한 것은 무엇이든 팔기 시작했다. 나중에는 금과 다이아몬드 그리고 보석들을 팔았다. 처음에는 매우 성공적이었다. 속아서 모든 것을 잃기 전까지는 말이다.

사건의 시작은 언니의 자산을 다 사고 싶다고 한 어떤 여자를 만나면서부터였다. 당시 언니의 사업을 돕고 있었던 나는 언니와 함께 그 여자의 집에 갔다. 그 집은 부촌 지역에 위치해 있었는데, 우리는 그녀에게 돈이 많을 것이라고 생각했다. 그녀와 사업적 거래를 하기 전에 우리는 예수님에 관해 말해주었다. 감동을 받은 그녀는 주님께 마음을 드렸다. 그녀는 당장은 돈이 없지만, 우리가 모든 옷과 보석을 두고 가면 다음날 돈을 지불하겠다고 했다.

아딜라 언니는 그렇게 하기로 했다. 그녀가 예수님을 마음에 영접했기 때문에 우리는 그녀를 신뢰했다. 하지만 우리가 너무 순진했다. 다음날 아딜라 언니가 그녀를 만나러 갔을 때, 그녀는 그곳에 없었다. 우리는 그녀가 창녀였고, 그 집에 살지 않는다는 사실을 나중에야 알게 되었다.

그녀는 언니의 모든 물건을 가지고 사라졌다. 아딜라 언니는 모든 것을 잃고 파산했다. 언니는 엄청난 빚을 갚을 길이 없었다. 채권자들이 총을 들고 우리 집에 나타나 언니를 찾았을 때, 부모님은 몹시 당황하셨다. 그들은 언니를 거리로 끌고 나가 이웃들이 보는 앞에서 때리고 돈을 갚지 않으면 더 나쁜 일이 벌어질 것이라고 협박했다.

언니의 얼굴에 난 상처에서 흐르는 피를 닦아주는데 마음이 무척 아팠다. 내가 할 수 있는 것은 오직 기도뿐이었다. 나에게는 언니의 빚을 갚아줄 돈이 전혀 없었다. 우리 가족 모두가 아딜라 언니의 빚으로 인한 심적 부담을 지게 되었다. 돈이 있는 무사 오빠는 언니를 도와주려 하지 않았다. 마을 사람들로부터 언니가 크리스천이 되었다는 소문을 들었기 때문이다.

그 일로 언니의 마음이 깨어졌다. 그래서 언니는 전심으로 예수님께 기도하기 시작했다. 언니는 자신이 감옥에 들어갈 수도 있다는 것을 알았기 때문에 매우 절박했다.

아딜라 언니가 기도할 때, 예수님은 언니의 성공이 예수님을 향한 마음을 빼앗아갔음을 보여주셨다. 아딜라 언니는 많은 돈을 벌면서 나쁜 사람들(고전 15:33)과 어울리기 시작했다. 언니는 여전히 예수님을 믿고 있었지만, 그분을 전심으로 따르지는 않고 있었다. 하나님은 파산을 통해 아딜라 언니가 그분께 다시 집중하도록 하셨다.

그 후 매일 아침 5시에 교회에 가면, 아딜라 언니가 와 있었다. 언니는 점점 더 교회 생활 전반에 적극적으로 동참하기 시작했다. 나의 친구 하킴이 인도하는 성경공부와 내가 인도하는 중보모임에도 왔다. 언니가 마음을 돌이켜 하나님께 도움을 구하자 하나님께서 길을 여셨다.

그 당시 양재사로 명성을 쌓아가던 말리카 언니는 아딜라 언니에게 돈을 빌려준 사람의 집에 필요한 물품들을 만들어 달라는 요청을 받았다. 만일 언니가 그들이 요청한 물건들을 다 만들어주면, 빚의 일부를 갚을 수 있었다. 말리카 언니는 그들의 제안에 동의했고, 정성을 들여 커튼과 쿠션 커버를 만들었다.

말리카 언니의 재봉일과 더불어 새로운 직장에서 받은 아빠의 임금으로 아딜라 언니는 모든 빚을 다 갚고, 이자까지 깨끗하게 청산하였다. 갑작스런 사람들의 호의는 정말 믿기 어려운 일이었다. 완고하고 폭력적인 그들에게는 언니를 감옥에 넣을 수 있는 권력이 있었다. 하지만, 그들은 평소답지 않게 언니에 대한 태도가 부드러워졌다.

천사들의 도움

금요기도회 후 아딜라와 말리카 언니와 나는 교회에서 집까지 미니버스를 타고 가기로 하였다. 당시 여성들이 밤에 다니는 것이 위험천만한 일이었기 때문에 미니버스는 우리를 집 앞까지 데려다주었다. 덜컹거리는 차 안에서 우리는 웃으며 재잘거렸다. 보통 출발 전 우리는 안전한 귀가를 위해 기도했다. 늦은 시간에 이동을 할 때마다 목숨을 걸어야 했기 때문에 우리는 언제나 기도했다.

"내가 할게." 앞좌석에 앉아 있던 아딜라 언니가 말했다. "주님, 우리가 가는 길을 축복해주세요. 이 차와 우리의 삶에 예수님의 보혈을 뿌립니다. 주의 천사들을 보내셔서 우리를 보호해주세요. 우리가 가는 길에 시편 91편을 선포합니다. 지존자의 은밀한 곳에 거하는 자는 전능자의 그늘 아래 거하리로다 … 이는 그가 너를 새 사냥꾼의 올무에서와 심한 전염병에서 건지실 것임이로다. 그가 너를 그의 깃으로 덮으시리니 네가 그의 날개 아래에 피하리로다. 그의 진실함은 방패와 손 방패가 되시나니 너는 밤에 찾아오는 공포와 낮에 날아드는 화살과 어두울 때 퍼지는 전염병과 밝을 때 닥쳐오는 재앙을 두려워하지 아니하리로다. 천 명이 네 왼쪽에서, 만 명이 네 오른쪽에서 엎드러지나 이 재앙이 네게 가까이 하지 못하리로다."

언니는 기도를 마치기는커녕 오히려 큰 소리로 방언기도를 계속했다.

"이봐, 아딜라, 침착해. 너무 영적인 척하지 마." 뒤에서 누군가가 언니를 놀렸다.

그 말에 우리는 모두 웃었다. 하지만 언니는 멈추지 않았다.

그때 갑자기 우리가 탄 버스가 무언가에 부딪쳐 공중으로 날아올랐다. 모두가 놀라 비명을 질렀다. 그런데 그 급박한 순간에 마치 천사들이 버스를 운반하는 것처럼 느껴졌다. 우리는 '쿵'하는 소리와 함께 착륙했다. 차가 멈췄을 때, 타이어 하나가 떨어져나갔다.

다행히 우리는 모두 안전했다. 그런 상황에서 버스는 박살이 났어야 했지만, 차도 멀쩡하고 아무도 다치지 않은 것은 기적이었다.

운전사와 한 남자가 나가서 타이어를 고친 후 우리는 다시 떠났다. 우리는 모두 조금 전에 벌어진 일을 생각하며 조용히 앉아 있었다.

구사일생의 충격에서 벗어난 후 나는 아딜라 언니의 어깨 위에 손을 올렸다. 나를 향해 돌아선 언니는 이렇게 말했다. "간절히 기도해야겠다고 느꼈어. 그것이 바로 하나님께서 우리를 구해주신 이유야."

우리는 그날 바로 그 장소에서 심각한 교통사고가 나서 여러 사람이 죽었다는 사실을 나중에 알게 되었다. 나는 하나님께서 아딜라 언니의 영적인 민감함과 강력한 기도를 통해 우리의 목숨을 살리셨음을 믿는다. 또한 영적인 민감함은 언니의 삶을 다른 차원으로 인도하였다.

아딜라 언니는 경제학을 전공하기 위해 대학에 갈 계획을 세웠다. 하지만 한편으로 인접 국가에 있는 신학교에 가는 것이 언니를 향한 하나님의 뜻인지 알고 싶어 했다. 우리 교회는 동유럽에 있는 한 신학교와 연계되어 있었다. 그래서 우리는 그 학교에 관한 이야기를 자주 들어서 아주 잘 알고 있었다.

"주님, 만일 제가 신학교에 가길 원하신다면, 대학교에 붙지 않게 해주세요." 언니는 이렇게 기도했다.

아달라 언니는 대학에 진학하기 위해 시험을 보았다. 그런데 언니가 매우 똑똑했음에도 불구하고 떨어졌다. 언니는 이것을 신학교에 가라는 주님의 신호로 여겼다. 하지만 그곳에 가려면 19살이 될 때까지 기다려야 했다.

1990년대 후반 신학교에 입학한 그 해에 언니의 삶은 완전히 바뀌었다. 언니는 박해로부터 벗어나 완전한 자유를 만끽했고, 선생님들과 친구들로부터 많은 사랑을 받았다. 언니는 과에서 수석을 했고, 사람들을 목양하라는 요청도 받았다. 그 제안에 대해 기도한 후 언니는 그 요청에 응하지 않기로 결정했다. 대신 박해의 위협이 있다 할지라도 고향에 돌아와 가족과 함께 머물며 교회를 섬기기로 했다.

# 옛것이 새것이 되다

크리스천이 된 지 약 8개월쯤 되었을 때, 교회에서 세례에 관한 주제를 다루었다. 목사님은 마태복음 28장 19-20절의 말씀을 전하셨다.

그러므로 너희는 가서 모든 민족을 제자로 삼아 아버지와 아들과 성령의 이름으로 세례를 베풀고 내가 너희에게 분부한 모든 것을 가르쳐 지키게 하라 볼지어다 내가 세상 끝날까지 너희와 항상 함께 있으리라

나는 예수님께서 세례를 받으셨다는 사실(마 3:16)을 알고 있었고, 그

분의 본을 따르고 싶었다. 이것은 결코 가벼운 결정이 아니었다. 일단 세례를 받으면 돌이킬 방법이 없었다. 그것은 내가 더 이상 무하마드를 따르는 자가 아니라 그리스도를 따르는 자라고 세상 사람들에게 선포하는 것이다. 무슬림들에게 그런 행동은 개인뿐만 아니라 가문 전체에 막대한 영향을 끼치는 결과를 초래한다. 한 개인은 독립적인 존재가 아니다. 그는 누군가의 아버지이자 누군가의 아들이다. 그것은 서양의 개인주의와 전혀 다른 하나의 부족 혹은 공동체 문화다.

그러나 나는 내 영혼의 구원이라는 값진 진주를 발견했다. 그래서 그것을 위해 기꺼이 모든 것을 포기했다.

우리 교회는 1년에 한 번 도시 외곽에 소재한 한 호수에서 세례를 베풀었다. 나는 친구 가밀라와 말리카, 아딜라 언니와 함께 세례 신청을 했다. 우리는 모두 이미 성령세례를 받아 삶이 변했다. 이제 "이전(옛) 것은 지나갔으니 보라 새 것이 되었도다"(고후 5:17)라는 말씀을 공개적으로 선포할 때가 되었다.

세례를 받는 토요일은 햇살이 밝게 빛나는 따뜻한 날이었다. 그때는 내가 회심한 지 약 1년 정도 되었을 때였다. 우리는 교회에서 일찍 만나 예배하며 세례 교육을 받았다. 대략 200명의 친구들과 가족들이 대절 버스를 타고 한 시간 정도 거리에 떨어진 산을 향했다.

우리는 높은 산봉우리 아래 아늑하게 자리잡은 아름다운 호수에 도착했다. 그곳은 향나무들이 드문드문 호수를 두르고 있었다. 나는 신선한 공기를 한껏 마셨다. 곧 벌어질 일로 인해 나의 마음은 무척 흥분되었다. 목사님과 태권도 사범님이 맑고 시원한 물을 헤치며 들어가기 전, 모두 호숫가에서 하나님을 찬양했다. 세례를 받기 위해 줄지어 있던 사람들은 각자 입고 온 수영복 위에 교회에서 나눠준 흰옷을 입고 한 번에 한 사람씩 물속으로 들어갔다.

드디어 내 차례가 되어 물속으로 걸어 들어갔다.

"사마 자매는 자신의 죄를 회개하고 그리스도께 돌아가겠습니까?" 목사님이 나에게 물으셨다.

"네, 그렇게 할게요." 나는 진지하게 대답했다.

그렇게 나는 나의 옛 사람에 대해 죽었다. 그리고 내가 그리스도와 함께 죽으면 그와 함께 산다.

"이제 내가 성부와 성자와 성령의 이름으로 세례를 주노라." 목사님은 이렇게 말한 후 내 머리에 손을 얹고 물속에 넣었다.

물 밖으로 나왔을 때, 나는 기쁨으로 충만했다. 하늘을 향해 손을 높이 들자 내 안에서 기쁨이 터져 나왔다. 물이 얼굴에서 흘러내리는 가운데 나는 큰 소리로 예수님을 찬양했다. 모든 사람들이 박수를 치며 환호해주었다. 마치 아기가 태어난 것처럼 큰 축제 분위기였다.

아딜라와 말리카 언니와 가밀라도 세례를 받았다. 세례를 받은 후 우리는 맛있는 수박과 화덕에 구운 양고기 케밥을 먹으며 시간을 보냈다. 언니들과 나는 친구들과 함께 호수에서 수영을 했다. 정말 행복한 날이었다. 그 순간만큼은 전쟁의 고통과 공포는 우리의 생각 속에서 잊혀졌다.

마을 사람들의 회피

나와 언니들이 크리스천이 되었을 뿐만 아니라 세례를 받았다는 이야기가 동네 사람들 사이에 회자되기까지는 그리 오랜 시간이 걸리지 않았다. 소문이 퍼진 후, 꽤 오랫동안 알고 지내던 지인들이 우리를 무시하고 돌을 던졌다.

친척들의 방문 역시 끊어졌다. 이것은 엄마에게 가장 힘든 일이었다. 엄마는 계속 울었다. 우리가 받은 세례 때문에 온 가족이 다 같이 잘못한 것으로 간주되었다. 이제 우리는 이교도가 되었다.

우리 집 근처에 위치한 모스크의 원로들은 내가 젊은이들에게 안 좋은 본보기가 되었다며 아빠에게 불평했다. 그들은 아빠에게 우리를 징계하도록 압력을 행사했다. "만일 당신이 하지 않는다면, 우리가 하겠소." 그들이 아빠를 협박했다. 그 말은 그들이 우리를, 특히 나를 죽이겠다는 의미였다.

이런 분위기에도 불구하고 나에게 놀라운 담대함이 임했다. 그래서 나는 모든 상황을 하나님의 사랑을 전하는 기회로 사용하기 시작했다. 심지어 나는 무사 오빠의 친구들에게도 전도했다. 그들은 오빠에게 나에 대해 불평했고, 가문에 수치를 입혔다고 생각하는 나 때문에 오빠를 조롱하며 위협했다.

오빠의 친구들이 나를 죽일 수 있다는 것을 알고 있었지만, 나는 마태복음 10장 28절의 말씀을 따라 사는 법을 배웠다.

몸은 죽여도 영혼은 능히 죽이지 못하는 자들을 두려워하지 말고 오직 몸과 영혼을 능히 지옥에 멸하실 수 있는 이를 두려워하라

마을의 이웃과 친척, 우리를 아는 모든 사람들이 우리를 피했다. 하지만 그것이 예수님을 향한 나의 믿음을 막지는 못했다.


핍 박


언니들의 변화와 더불어 세례를 받은 기쁨과 햇살 가득한 그날의 추억은 다가올 어둠과 현격한 대조를 이뤘다. 나는 세례를 받으신 예수님이 광야로 이끌리신 후 사탄의 공격을 받으셨다는 사실을 나중에 깨닫고 깜짝 놀랐다. 세례를 받은 후 나는 마치 모든 지옥의 공격을 받는 듯했다. 믿음 때문에 모든 가족이 우리를 핍박하기 시작했다.

언니들과 나는 각각 세례증을 받았다. 우리는 그것을 우리 방 벽에 자랑스럽게 붙여두었다. 그런데 세례증을 본 무사 오빠가 격분했고, 그것을 벽에서 떼어 갈기갈기 찢어버렸다. 오빠는 우리가 앉아 있던 거실까지 난입했다.

"이게 뭐야? 너희들 크리스천이 됐어?" 오빠는 언니들과 나에게 쏘아붙였다.

"세례 받았어요." 내가 오빠에게 말했다. 나는 나를 위해 희생하시고 또 내가 날마다 기도하는 그분에 대한 믿음을 감추고 싶지 않았다.

오빠는 우리가 교회에 다니는 것은 알았지만, 그렇게 진지하게 믿을 거라고는 미처 생각하지 못했다. 오빠와 나머지 가족들은 우리가 크리스천이 되었다는 소식을 동네 사람들에게서 들었다. 우리가 친구들과 이웃들에게 전도할 때에도 가족들은 우리가 잠시 유행에 빠졌다가 다시 충실한 무슬림으로 돌아올 것이라고 생각했다. 그러나 세례는 일시적인 결단과는 아주 다르며, 우리가 그리스도께 완전히 헌신했다는 것을 보여주었다.

내가 일어나 오빠에게 다가가 내가 만난 사랑의 하나님에 대해 설명해주려고 했지만, 오빠는 오히려 내 말에 격분했다.

"누가 너희 엄마야? 너희 아빠는 누구지? 너희 조상님들이 누군지 알아? 그들은 무슬림이야. 그리고 너희도 무슬림이야. 너흰 우리 가족 모두 그리스도의 추종자들이 되길 바라지? 심지어 나까지도?" 오빠는 도저히 믿을 수 없다는 듯이 분노로 치를 떨며 말했다.

"맞아요. 진리가 너희를 자유케 하리라 말씀하셨기 때문에 난 오빠와 우리 가족뿐만 아니라 전 세계 모든 사람들이 구원받고 이 진리를 알았으면 좋겠어요." 내가 오빠에게 대답했다. 오빠의 분노가 더해지는 것을 보며 내 눈에 눈물이 고였다. "예수님께서 오빠를 사랑하세요. 그분이 오빠를 위해 죽으셨어요. 그분은 길이요, 진리요, 생명이시고 나의 전부에요." 나는 계속 담대하게 말했다. "그분은 선지자일 뿐 아니라 하나님의 아들이세요."

무사 오빠는 불쑥 손을 들더니 내 얼굴을 내리쳤다.

내 손은 반사적으로 빨개진 뺨을 가렸다. 오빠가 나를 때렸다는 것은 내게 엄청난 충격이었다. 나는 늘 오빠에게 사랑받는 여동생이었다. 그리고 오빠는 나를 보호하기 위해 자신의 목숨을 걸었었다. 그런 오빠가 어떻게 저렇게 화를 내며 나를 공격할 수 있는지 상상할 수도 없는 일이었다.

오빠는 단숨에 내 어깨를 잡아 바닥에 집어던진 후 모든 분노와 불만을 쏟아내며 마구 때렸다. 오빠는 강했고, 훈련이 잘된 복싱선수였다. 그의 펀치 한 방에 나는 거의 기절할 뻔했다. 나는 아파서 소리쳤다. 가족들에게 맞아본 것은 이번이 처음이었다. 나는 오빠가 나를 죽일 것이라고 생각했다.

그렇게 맞고 있는 와중에 나는 세미한 음성을 들었다. "너의 이 뺨을 치는 자에게 저 뺨도 돌려대며"(눅 6:29). 나는 오빠와 맞서 싸우거나 태권도와 가라데 기술을 쓸 수도 있었다. 하지만 그냥 맞으면서 기도했다. 그 순간 마태복음 5장 10-12절의 말씀이 떠올랐다.

> 의를 위하여 박해를 받은 자는 복이 있나니 천국이 그들의 것임이라 나로 말미암아 너희를 욕하고 박해하고 거짓으로 너희를 거슬러 모든 악한 말을 할 때에는 너희에게 복이 있나니 기뻐하고 즐거워하라 하늘에서 너희의 상이 큼이라 너희 전에 있던 선지자들도 이같이 박해하였느니라

말씀으로 위로를 받자 나는 오빠의 주먹을 용납할 수 있었다. 언니들이 오빠를 말리려 했지만, 오히려 같이 맞았다. 나는 우리가 그리스도의 고난에 동참하고 있다는 사실을 알았다. 그리고 이 때문에 우리가 그분의 기쁨에 동참할 수 있다는 것도 깨달았다. 오빠가 나에게 주

먹질을 할 때마다 나는 이렇게 말했다. "예수님은 오빠를 사랑해요." 이 말에 진저리가 난 무사 오빠는 내게 침을 뱉었다.

드디어 주먹질이 끝났다. 나는 거반 죽은 채 땅에 뻗어 있었다. 온 몸은 멍투성이였고, 코에서는 피가, 눈에서는 눈물이 흘러내렸다. 마치 내 심장이 천 개의 조각으로 부서지는 듯했다. 하지만 그와 동시에 나에게 평강을 주시는 위로자(Comforter) 하나님의 임재를 느꼈다.

두 언니들도 두들겨 맞았지만, 그들 역시 맞서 싸우지 않았다. 내가 제일 심하게 맞았다. 내가 주범이자 문제를 일으킨 장본인이라고 생각했기 때문이다. 다른 가족들이 이슬람과 우리 가족의 배신자가 된 이유는 바로 나 때문이었다.

"너흰 이제 내 동생이 아냐." 오빠가 으르렁거리며 말했다.

하지만 나는 무사 오빠가 나를 사랑하기 때문에 더 심하게 분노했다는 것을 알았다. 오빠는 내가 심각하게 속고 있다고 생각했기 때문에 마음이 많이 상해 있었다. 나의 행동이 온 가족을 부정하게 만들어버렸다고 생각하는 것이다. 그러나 이제 더 이상 두려움이 나를 다스리지 못했다. 나는 내가 발견한 새 생명을 친구들과 가족들도 경험하기를 갈망했다.

무사 오빠가 나를 공격했을 때, 아빠는 집에 없었고 엄마만 있었다. 무슬림 문화에서 가정의 머리와 권위자는 남자이기 때문에 엄마는 무사 오빠를 말릴 수 없었다. 엄마는 옆방에 앉아 우리가 교회에 가지 않도록 알라에게 울면서 기도하고 있었다.

나중에 아빠가 큰 오빠 슐레이만과 함께 집에 왔을 때, 우리의 소행에 대해 들었다. 아빠는 우리의 행동에 마음이 상하셨다. "넌 내 소중한 딸이야. 그런데 어떻게 그럴 수 있니?" 아빠가 나에게 물었다.

이슬람교의 법을 따르면, 아빠는 그런 상황에서 우리를 죽여도 정당했다. 우리는 그것을 명예살인이라고 부른다. 우리가 수치를 끼치는 삶을 살 때, 그 수치를 제거하는 유일한 방법은 죽음이었다. 무슬림 신앙을 버리고 크리스천이 되는 것은 최악의 수치였다.

"예수님은 유일한 길이세요. 아빠, 그리고 그분이 아빠를 사랑하세요."

내가 그 말을 하자 아빠와 곁에 있던 큰 오빠가 격분했다.

"만일 예수를 부인하지 않으면, 넌 더 이상 내 딸이 아니야. 네가 살 수 있는 길은 오직 이슬람으로 돌아오는 것뿐이야!"

"아빠, 난 그렇게 할 수 없어요." 잔뜩 부어 있는 내 뺨 위로 눈물이 흘러내렸다.

"예수를 포기해라. 그렇지 않으면 너와의 연을 끊을 거야." 아빠는 비명을 지르며 오빠들 곁에 있는 나를 향해 달려들었다. 아빠의 거친 손이 내 목을 조르고 있었다. "무슬림으로 태어났으니까 무슬림으로 돌아와. 너에겐 선택의 여지가 없어. 무슬림으로 죽어야 해!"

목이 죄여올 때, 두 개의 성경구절이 떠올랐다.

> 누구든지 사람 앞에서 나를 시인하면 나도 하늘에 계신 내 아버지 앞에서 그를 시인할 것이요 누구든지 사람 앞에서 나를 부인하면 나도 하늘에 계신 내 아버지 앞에서 그를 부인하리라 (마 10:32-33)

> 또 무리에게 이르시되 아무든지 나를 따라오려거든 자기를 부인하고 날

마다 제 십자가를 지고 나를 따를 것이니라 누구든지 제 목숨을 구원하고자 하면 잃을 것이요 누구든지 나를 위하여 제 목숨을 잃으면 구원하리라 사람이 만일 온 천하를 얻고도 자기를 잃든지 빼앗기든지 하면 무엇이 유익하리요 누구든지 나와 내 말을 부끄러워하면 인자도 자기와 아버지와 거룩한 천사들의 영광으로 올 때에 그 사람을 부끄러워하리라
(눅 9:23-26)

"나는 절대로 예수님을 포기할 수 없어요. 예수님이 없으면 생명도 없어요. 그분은 날 위해 죽기까지 충성하셨어요. 그래서 나도 죽기까지 그분께 충성할 거예요." 나는 숨을 헐떡거리며 겨우 말했다.

"넌, 미쳤어!" 나의 완고함에 당황한 아빠가 소리쳤다. 아빠의 손이 내 목을 더욱 조였다.

"네, 예수님께 미쳤어요. 내 삶을 그분을 위해 드릴 거예요." 나는 겨우 말한 후 바로 기절했다.

의식이 돌아왔을 때, 나는 여전히 바닥에 그대로 누워 있었다. 거실에는 나만 홀로 있었다.

아빠는 두들겨 맞아 멍들어 바닥에 쓰러진 나를 그대로 방치했지만, 나를 죽이지 못했다. 내가 기절했을 때, 가족들은 내가 죽었다고 생각했고 그 공포심에 나를 내버려둔 것이었다.

나는 마지막 남은 힘을 다해 언니들이 있는 내 방에 기어들어 갔다. 나는 침대에 누워 하나님의 도우심을 구하며 조용히 울부짖었다. 그때까지 나는 가족들의 사랑과 은총만 알고 자랐다. 그런데 평생 처음

내가 가장 사랑하는 사람들로부터 과격한 박해를 경험하고 있었다. 그것이 내 마음을 아프게 했다. 성경의 요셉처럼 오빠들이 나를 배신했지만, 나는 모든 악을 선으로 바꾸시는 하나님을 신뢰했다(창 50:19-20). 나는 로마서 8장 28절의 약속을 굳게 붙들었다. "우리가 알거니와 하나님을 사랑하는 자 곧 그의 뜻대로 부르심을 입은 자들에게는 모든 것이 합력하여 선을 이루느니라".

그렇게 몇 시간이 지났다. 우리는 방에서 나갈 수 없었다. 그날은 영원처럼 길게 느껴졌다. 그리스도를 따른 이래로 삶은 아주 힘겨워졌다. 나는 그것이 좁은 길이며, 주님을 위해 목숨이라는 대가를 지불해야 한다는 것을 알았다. 하지만 예수님은 그럴 가치가 있는 분이시다. 비록 내가 기절할 정도로 두들겨 맞았지만, 예수님을 향한 나의 사랑은 조금도 흔들리지 않았다.

나는 아빠와 오빠가 저지른 행동에 대해 결코 판단하거나 미워하지 않았다. 나는 그들을 용서했다. 그리고 하나님의 자비와 은혜로 그들을 향한 어떤 쓴 뿌리도 남지 않았다. 그들은 내가 잘못된 길로 가고 있다고 생각했고, 그런 나를 향한 애절한 사랑 때문에 내가 그 길을 가지 못하도록 막으려 했다는 것을 나는 잘 알고 있었다. 만일 내가 내 힘으로 싸우려 한다면 하나님의 손이 움직이지 않지만, 반대로 내가 그것을 내려놓고 그분을 신뢰하면 그분께서 친히 나를 보호하신다는 것을 성령께서 보여주셨다.

하나님의 말씀은 나의 위로였다. 특히 그때에는 두 구절의 말씀의 도움을 받았다. "너희는 가만히 있어 내가 하나님 됨을 알지어다"(시

46:10). "너희는 두려워하지 말고 가만히 서서 여호와께서 오늘 너희를 위하여 행하시는 구원을 보라"(출 14:13). 그것이 바로 아빠와 오빠가 나를 심하게 구타하는 동안에도 내가 계속 "나는 아빠를 사랑합니다. 예수님도 아빠를 사랑하십니다"라고 말할 수 있었던 이유였다. 그들은 나를 잠잠케 할 수 없었다.

아빠는 우리가 다시 교회에 간다면 벌을 주겠다고 엄포했다. 그리고 언니들과 나의 외출용 옷들을 치운 뒤 우리를 방안에 가두었다. 그래서 우리는 교회로 피할 수 없었다.

아빠가 심각하게 나왔지만, 그 어떤 것도 나를 멈출 수 없었다.

### 교회로 피신하다

다음날 나는 아빠와 오빠들이 일감을 찾으러 나갈 때까지 기다렸다.

나는 아파트 2층 발코니로 올라가 파이프를 잡고 내려와 땅으로 뛰어내렸다. 두 눈이 너무 심하게 부어서 보기가 굉장히 어려웠지만, 선글라스를 쓰고 사람들이 알아채지 않기를 바랐다.

순간 나와 같이 세례를 받은 언니들에 대한 도의적 책임이 느껴졌다. 나는 성령의 인도하심과 그들에게 위로와 용기를 주시기를 기도했다. 나는 고린도후서 1장 3-4절을 따라 기도했다.

찬송하리로다 그는 우리 주 예수 그리스도의 하나님이시요 자비의 아버

지시요 모든 위로의 하나님이시며 우리의 모든 환난 중에서 우리를 위로
하사 우리로 하여금 하나님께 받는 위로로써 모든 환난 중에 있는 자들
을 능히 위로하게 하시는 이시로다

나는 아픈 몸을 이끌고 절뚝거리며 교회에 도착했다. 그때 우리 교회는 24시간 기도와 예배를 드리고 있었다. 문을 열고 기도실로 향하던 중 목사님을 만났다.

"사마, 너니?" 목사님이 걱정스럽게 물었다.

"네, 목사님. 저예요." 나는 힘없이 대답했다. 순간 눈물이 뺨을 타고 흘러내렸다.

"왜 그렇게 우는 거니?" 그때 목사님은 내 팔과 목에 있는 멍 자국을 보셨다.

"몸의 통증 때문에 우는 게 아니에요. 다만 저의 가족을 잃고 싶지 않아서 우는 거예요." 나는 내가 겪은 일들을 말하기 전에 그렇게 답했다.

아빠와 오빠가 우리를 어떻게 구타했는지 말하자 나의 영적인 아버지인 목사님은 눈물을 흘리셨다.

우리는 함께 주님께서 말씀해주시기를 간구했다.

"이번 일은 영적 전쟁인 것 같아." 목사님이 최종적으로 말씀하셨다.

그때 에베소서 6장 12절의 말씀이 떠올랐다.

우리의 씨름은 혈과 육을 상대하는 것이 아니요 통치자들과 권세들과
이 어둠의 세상 주관자들과 하늘에 있는 악의 영들을 상대함이라

나는 원수가 나의 가족이 아니라 마귀였다는 것을 깨달았다. 마태복음 17장 21절은 말씀한다. "이런 종류는 기도와 금식을 통하지 않고는 나가지 아니하느니라"(KJV).

나는 7일간 금식해야겠다는 감동이 들어 목사님께 말씀드렸다. 목사님은 만일 하나님께서 말씀하셨다면 순종해야 한다고 조언해주셨다. 하지만 나는 조심해야 했다. 나는 어떻게 금식을 해야 할지 몰랐다. 왜냐하면 그렇게 긴 기간 동안 금식해본 적이 없었기 때문이다. 하지만 하나님은 내 마음에 이렇게 말씀하셨다. "내 은혜가 네게 족하도다 이는 내 능력이 약한 데서 온전하여짐이라"(고후 12:9).

그분의 음성은 나에게 평화를 주었다. 나는 단지 15살 소녀일 뿐이었다. 내가 한 최장기 금식은 3일이었지만 그것도 쉽지 않았다. 내가 어떻게 한 주 내내 금식할 수 있을지는 몰랐지만, 하나님께서 나를 도우실 것이고 반드시 순종해야 한다는 것을 알았다. 나는 음식을 좋아한다. 하지만 예수님을 더 좋아한다. 주님을 향한 나의 갈망이 음식에 대한 갈망보다 더 컸다.

내가 교회에 있을 때 나에게 태권도를 가르치는 사범님도 우연히 교회에 계셨다. 그는 나를 집으로 태워다주면서 나에게 용기를 주고 또 기도해주셨다. 다행히 아빠와 오빠들이 돌아오기 직전에 집에 도착했다.

아딜라와 말리카 언니에게 교회에서 있었던 일을 말해주면서 나는 이제 새로운 소망을 얻게 되었다. 내가 7일간 금식하며 순종하는 동안 두 언니들은 3일간 금식하기로 결심했다.

7일 동안 나는 밤낮으로 기도했다. 하나님의 임재가 너무도 강력해서 한 시간이 5분처럼 느껴질 정도였다. 마치 주님과 함께 금식하는 것처럼 느껴졌기 때문에 나는 내가 굶고 있다는 사실도 인식하지 못했다. 아빠와 오빠들이 집을 나서면 나는 몰래 집을 빠져나와 교회로 돌아갔다.

엄마는 내가 빠져나가는 것을 아셨지만, 아빠에게 말하지 않았다. 만일 그 사실을 알린다면 끔찍한 일이 벌어질 것임을 아셨기 때문이다.

우리 교회에는 돌과 바위로 만든 기도실이 있었다. 나의 비밀장소인 그곳에서 나는 하늘의 언어와 모국어로 하나님의 임재 가운데 큰 소리로 여러 시간 기도했다. 나의 믿음은 말씀을 들음(롬 10:17)과 예수님을 향한 예배와 찬양으로 세워졌다.

나는 금식하며 기도하는 동안 말씀을 읽고 묵상했다. 그때 특별히 붙들었던 말씀은 "오직 나와 내 집은 여호와를 섬기겠노라"(수 24:15)와 "주 예수를 믿으라 그리하면 너와 네 집이 구원을 얻으리라"(행 16:31)였다.

나는 그 약속의 말씀을 찬양으로 선포했다. 그리고 우리 가족 모두 구원받는 날이 올 것을 인해 하나님을 찬양했다.

교회에서 여러 시간 기도를 한 후 집으로 돌아가면 언제나 아빠와 오빠들이 도착하기 직전이었다. 매번 내가 먼저 도착했다. 7일에 걸쳐 기도하는 동안 하나님은 나에게 가족 개개인에 대한 말씀을 주셨다.

주님은 무사 오빠가 신약의 바울과 같이 그리스도를 따르는 사람들을 열정적으로 핍박하는 자라고 말씀하셨다. 그러나 바울은 결국 다메섹으로 가는 길에서 예수님을 만났고, 그날 이후로 예수님을 따르기 위해 자신의 목숨을 바쳤다. "무사가 이슬람교에 대해 열정을 가진 것처럼 때가 이르면 그는 그리스도를 위해 더욱 큰 열정을 가진 사람이 될 것이다." 나는 하나님께서 그렇게 말씀하시는 것을 느꼈다. 그리고 주님은 친구를 통해 그와 동일한 예언으로 확증해주셨다. 슐레이만 오빠는 시몬 베드로와 같이 반석처럼 될 것이고, 아빠는 그의 노년에 살아계신 하나님을 대면한 모세와 같게 될 것이다.

오빠들과 아빠를 위해 기도할 때, 나는 주님께 더 가까이 나아갔다. 예수님께서는 마태복음 5장 44절에서 이렇게 말씀하셨다. "너희를 박해하는 자를 위해 기도하라." 내가 예수님의 명령을 따를수록 하나님의 음성을 더욱 분명하게 들을 수 있게 되었고, 내 안에 어떤 쓴 뿌리나 용서치 못하는 마음이 자리잡지 못했다.

나는 숨기려 했지만, 금식을 시작한 지 4일째 되는 날 엄마는 내가 아무것도 먹지 않고 있다는 것을 알아채셨다.

"사마야, 밥 먹어라." 심한 구타를 당한 후 엄마는 나를 매우 걱정하셨다. 엄마는 막내인 나를 언제나 특별하게 챙기셨고, 살이 쪄야 한다며 특식도 주셨다.

"안 돼요, 엄마."

"금식하고 있니?" 엄마가 직설적으로 물었다.

나는 거짓말을 할 수 없었다. "네, 엄마. 금식 중이에요"

"아가, 왜 금식하고 있니? 전쟁 중엔 먹을 것이 없었지만, 이제 먹어야 할 때야. 그 기간 동안 못 먹은 영양분을 보충해야지." 엄마는 내 앞에 과일을 담은 접시를 주시며 말했다.

내가 포기하지 않고 음식을 먹지 않자 엄마도 금식하겠다고 말씀하셨다. 본인의 의지로 금식을 시작하신 엄마는 3일째 되는 날 심하게 아파

기절하셨다. 집으로 찾아온 의사는 심한 탈수 증세를 보이는 엄마에게 영양주사를 놔주었다.

"엄마에게 무슨 짓을 한 거야?" 집에 돌아온 무사 오빠가 나를 나무랐다.

그 순간 나는 하나님 없이는 우리가 아무것도 할 수 없다는 것을 절실하게 깨달았다. 금식에도 하나님의 은혜가 필요했다. 엄마를 위해 기도할 때, 마음이 많이 아팠다. 엄마는 금식 때문에 아주 약해졌지만, 감사하게도 완전히 회복되었다.

7일간의 금식을 마친 후 나는 어떤 돌파가 일어났다는 것을 깨달았다. 아빠와 오빠들은 잠잠히 있었다. 그들은 일자리를 찾느라 너무 바쁜 나머지 우리에 관한 일은 완전히 잊은 듯 보였다. 하지만 나는 하나님께서 그들의 눈을 가리셨다는 것을 확신했다.

내가 개인적으로 7일 금식을 마친 것은 하나의 돌파였다.

사도행전 13장 2절은 제자들이 주를 섬겨 금식했다고 말한다. 나에게도 금식은 삶의 방식이자 왕을 예배하는 형식이 되었다. 한 번 돌파를 경험한 후 나는 자주 금식했다. 어떤 때는 2일이나 3일, 그리고 7일, 10일 혹은 21일까지도 했다. 매번 금식할 때마다 나는 주님의 구체적인 인도하심에 순종했고, 성령님은 음식을 먹지 않고 기도할 수 있는 은혜를 주셨다. 그분의 도움이 없었다면, 내 힘으로는 한 끼도 금식하지 못했을 것이다. 나는 금식을 사랑한다. 그것이 나에게 주님과의 친밀함을 가져다주기 때문이다.

## Chapter 15

# 담대한 믿음

　우리가 물세례를 받은 후 나무 이파리들은 가을을 알리는 색으로 옷을 갈아입었다. 아딜라와 말리카 언니와 나는 교회에서 진행하는 산상수련회에 3일간 참석하였다. 버스가 좁은 길로 접어들었을 때, 나는 그 어떤 전쟁의 위협이나 슬픔도 느낄 수 없었다. 높이 솟은 산봉우리 위로 펼쳐진 하늘은 청명했고, 공기는 맑고 신선했다.

　수련회에 참석하는 각 후보자들을 위해서 자매에게는 자매가, 형제에게는 형제가 중보자로 붙었다. 중보자들은 3개월 동안 자기가 맡은 사람들을 위해 기도와 금식으로 준비해왔다.

수련회에 가기 위해 우리는 부모님께 태권도를 배우는 친구들과 함께 심화훈련을 하러 캠핑을 간다고 말했다. 이 말은 사실이었지만, 이번 여행이 교회가 주관하는 영적인 훈련이라고는 언급하지 않았다.

당시 나는 15살이었다. 수련회에 참여하려면 최소 16살이 되어야 했지만, 나는 특별히 목사님께 양해를 구했다. 하나님께 더 가까이 가고자 하는 열망으로 금식하며 기도하자 결국 목사님께서 허락하셨다. 나는 목사님의 마음을 바꾸신 분이 바로 하나님이시라는 것을 알았다.

그 수련회는 언니들과 나에게 선물과 같았다. 우리는 아름답고 웅장한 산속에서 400-500명의 참가자들과 함께 하나님의 사랑에 대한 가르침을 받았고 예수님을 깊이 만났다. 나를 위해 기도해준 자매님이 예수님께서 제자들의 발을 씻기신 것처럼 내 발을 정성스럽게 씻어주었을 때, 나는 그만 울고 말았다. 그 의미 있는 시간에 나는 그녀 안에 있는 겸손과 예수님의 섬김의 정신을 볼 수 있었다. 내 마음은 주님을 향한 사랑으로 부풀어올랐다. 부모님이 우리를 깊이 사랑한다는 것을 알았지만, 가문의 신앙을 거부하고 예수님을 믿으면서부터 부모님과의 사이는 멀어지게 되었다.

언니들과 나는 사랑스런 교회의 가족이 되었다. 우리는 마태복음 19장 29절의 말씀을 직접 체험했다. "또 내 이름을 위하여 집이나 형제나 자매나 부모나 자식이나 전토를 버린 자마다 여러 배를 받고 또 영생을 상속하리라."

마치 예수님께서 우리가 지불한 믿음의 대가와 그분을 따르기 위해 치른 희생을 보셨다고 말씀하시는 듯했다. 내 마음은 여전히 우리 가족이 모두 구원받기를 간절히 갈망했다. 나는 내가 사랑하는 사람들에게 그리스도의 계시의 기적이 일어나기를 매일 기도했다. 나는 주님께서 이 기도를 들으시고 응답하실 것을 믿었다.

### 이만 언니의 결단

수련회를 마치고 돌아온 지 얼마 안 되어서 이만 언니가 크리스천이 되었다. 그때 언니는 나보다 5살이 많은 20살이었다. 나는 언니를 위해 지난 한 해 동안 기도하고 금식했다. 언니는 내가 경험한 예수님을 간증하면 듣기는 했지만 어떤 관심도 보이지 않았었다.

한번은 교회에서 커다란 텐트를 빌려 특별집회를 열어 수백 명의 사람들이 함께 모여 예배했다. 나는 여기에 이만 언니를 초대했다. 언니가 독실한 무슬림이었고 이슬람교를 따랐기 때문에 올 거라고 기대하지 않았지만 뜻밖에 수락했.

예배 중 성령의 만지심을 경험한 언니는 갑자기 울기 시작했다.

목사님께서 기도를 받기 원하는 사람이 있느냐고 물었을 때, 나는 언니에게 속삭였다. "언니가 앞으로 나가면 나도 따라갈게."

이만 언니가 눈을 들어 앞을 보았다. 목사님께서 각 사람의 이마에 안수하자 사람들이 땅에 쓰러졌다. 언니는 고개를 떨구며 대답했다. "못하겠어. 난 부끄럼을 많이 타잖아. 만일 내가 쓰러지면 너무 창피할 거야. 모든 사람들이 나를 쳐다볼 거야. 옷을 더럽히기도 싫고." 언니는 계속 핑계를 대었다.

하지만 나는 언니가 앞으로 나가고 싶어 한다는 것을 알았다. 그리고 내가 격려하지 않으면 나가지 않을 것이란 사실도 알았다. "같이 가, 언니." 나는 웃으며 언니의 손을 잡았다.

우리는 팔짱을 끼고 함께 앞으로 나갔다. 하나님의 권능이 이만 언니를 만졌을 때, 그녀는 서 있을 수 없었다. 주님께 자신을 내어드리자 언니의 모든 두려움이 깨끗이 사라졌고, 기쁨으로 충만케 되었다. 언니는 울음을 멈출 수 없었다. 언니가 주님의 임재 가운데 누워 있을 때, 예수님께서 언니를 만나주셨다.

그 다음 주일 언니는 교회에 와서 뒤에서 세 번째 줄에 두 명의 할머니들 옆에 앉았다. 아딜라와 말리카 언니와 나는 성가대석에 있었기 때문에 이만 언니와 함께 앉을 수 없었다. 우리가 예배할 때 언니 역시 전심으로 예배했다. 부끄럼을 많이 타던 언니가 이제는 자유롭게 예수님을 찬양하고, 더 이상 사람들이 자신을 어떻게 생각할까 걱정하지 않게 되었다. 새가족 환영 시간이 되자 언니가 자리에서 일어났다.

"우리는 예수 그리스도의 이름으로 당신을 환영합니다." 성도들이 진심을 담아 노래했다.

노래가 끝나자 한 할머니가 몸을 돌려 언니에게 말했다. "난 네가 새신자라는 것을 전혀 몰랐단다. 넌 진짜 믿는 사람처럼 예배했어!"

예배를 마친 후 나는 멋진 소프라노인 언니에게 성가대를 섬겨달라고 말했다.

"음, 내 목소리는 그렇게 썩 좋지 않아!" 언니가 웃으며 사양했다.

"아니야, 언니가 틀렸어. 예수님은 언니의 목소리에 관심이 없으셔. 그분은 중심을 보시거든. 언니에겐 성경의 다윗과 같은 예배자의 마음이 있어. 하나님께서 언니에게 신령과 진정으로 예배하도록 기름 부으셨어."

이만 언니는 결국 동의했고, 성가대의 소프라노 파트에 합류했다.

## 용기 있는 믿음

나는 하나님께서 친히 이만 언니를 변화시키시는 모습을 지켜보는 것을 좋아했다. 그것은 마치 번데기에서 나온 나비를 보는 것 같았다. 언니는 기쁨으로 생기가 넘쳤다. 이만 언니는 정말 예수님을 기뻐했고, 기회가 있을 때마다 담대하게 그분에 대해 이야기했다.

그 당시 이만 언니는 자동차 회사에서 회계 업무를 맡고 있었다. 매우 양심적이고 성실한 언니는 토요일에 출근해서 다음주 월요일 아침에 나눠줄 직원들의 임금을 계수했다. 사무실이 너무 추워서 언니는 돈을 가지고 작은 히터가 있는 경비실로 옮겼다. 언니는 두 명의 경비원과 함께 따뜻한 곳에 앉아 1억 원 상당의 돈을 계수하기 시작했다. 이만 언니는 일을 하는 와중에도 두 경비원들에게 복음을 전하기 시작했다.

그런데 갑자기 문이 '꽝'하고 닫히는 소리가 들렸다. 경비실 유리창을 통해 바깥을 보는 순간 언니의 맥박이 빨라지기 시작했다. 총을 든 네 명의 괴한이 건물 안으로 불쑥 들어온 것이다.

"주님, 우리를 보호해주세요." 언니는 앉아 있던 방석 밑으로 돈을 숨기며 기도했다.

괴한들은 사무실 문을 박차고 들어와 경비원들과 언니에게 총구를 들이댔다.

"가진 돈 다 내놔! 그렇지 않으면 다 죽여버릴 거야." 괴한 중 한 사람이 이만 언니를 똑바로 쳐다보며 소리쳤다.

언니가 대답하기도 전에 겁에 질린 경비원 한 명이 언니를 배신했다. "이 여자 보세요. 우리의 신앙을 버린 배교자예요. 전에는 무슬림이었는데 이제는 크리스천이 됐어요."

갑작스런 상황에 언니는 매우 두려웠지만, 잠잠히 기도하자 주님께서 평강을 주셨다.

괴한 중 한 사람이 언니를 뚫어지게 보더니 언니가 착용하고 있던 십자가 모양의 귀걸이를 향해 손짓했다.

"그게 사실이야? 너, 크리스천 맞아?" 그가 거친 말투로 물었다.

"네!" 언니는 망설임 없이 분명하게 답했다. 그리고 그들에게 복음과 예수님의 사랑을 담대하게 전했다.

"입 닥쳐, 이 이교도야!" 그는 총구로 언니의 목을 거칠게 누르며 말했다.

이만 언니는 열정적으로 방언기도를 하면서 그들 가운데 역사하는 악한 영을 묶었다.

"이봐, 이 여자는 아무 잘못도 없잖아. 그냥 하나님을 믿는 것뿐이잖아." 다른 괴한이 이만 언니 편을 들며 말했다.

하지만 그 말이 언니를 돕는 게 아니라 오히려 총구를 들이댄 남자를 더욱 화나게 만들었다. "너도 입 닥쳐." 그는 씩씩거렸다. 그리고 자신이 어떻게 언니를 고통스럽게 죽일지 말해주었다.

"당신이 나를 죽이면 나는 천국에 갈 거예요. 하지만 당신은 어디로 가죠?" 언니는 위협에 굴하지 않고 그에게 물었다. "예수님은 하나님의 아들이세요. 그분이 당신을 사랑하시고, 당신의 죄를 위해 돌아가셨어요. 예수님은 당신이 회개하고 그분을 믿기만 하면 천국에 들어갈 수 있는 길을 열어주셨어요."

그러자 네 명의 괴한 모두 밖에서 기다리던 두목과 상의하러 경비실 밖으로 나갔다. 몇 분 후 검은 양복을 입은 두목이 들어와 이만 언니에게 말했다. "예수를 부인하고 이슬람교로 돌아와. 그렇지 않으면 널 죽일 거야." 그는 매우 사무적인 태도로 말했다.

"죽는 것은 두렵지 않아요. 나는 예수님께서 당신을 사랑하신다는 말을 멈추지 않을 거예요." 언니가 그에게 말했다.

두목은 언니가 어떻게 크리스천이 되었는지 추궁하기 시작했다.

"내 여동생이 예수님에 관해 말해줬어요." 언니가 말했다.

"그렇다면 네 동생과 가족을 다 죽여야겠군." 그가 협박했다.

그러나 초자연적 용기로 힘을 얻은 이만 언니는 조금도 굴하지 않고 예수님께서 그들을 사랑하시고 그분이 유일한 구원자시라는 것을 반복해서 말했다.

한 명이 언니의 목에 날카로운 칼을 들이댄 상황에서 격분한 두목은 언니의 머리에 총구를 들이댔다. 언니가 살해되기 직전이었다.

그때 갑자기 성령께서 이만 언니에게 영감과 지식의 영을 부어주셨다. 뺨이 욱신거리고 긴장한 목소리였지만, 언니는 차분하게 말했다. "지금은 라마단 기간이지요. 기도와 금식을 하는 이 거룩한 달에 사람을 죽이실 건가요?"

그 말에 언니를 위협하던 두목의 결심이 흔들렸다. 그는 이만 언니에게 들이댄 총구를 천천히 거두면서 일행에게 칼을 치우라고 손짓했다. "라마단이 끝나면 돌아와서 널 죽일 거야. 너는 신앙을 버린 배신자기 때문에 우리는 너를 갈기갈기 찢어놓을 거야." 두목은 그 말을 남기고 사무실을 뛰쳐나갔다.

괴한들이 사무실을 떠나자 이만 언니는 생명을 구해주신 하나님께 감사의 기도를 드렸다. 특히 방석 아래 감춰둔 돈이 안전하다는 것을 깨닫고 다시 한 번 기쁨이 넘쳤다.

"이만, 만일 네가 계속 살고 싶으면 이슬람교로 돌아오는 게 좋을 거야." 자초지종을 들은 회사의 간부가 이만 언니에게 충고했다.

"나는 절대로 돌아가지 않을 거예요." 언니가 분명하게 말했다. 언니는 하나님께서 자신의 목숨을 구해주셨다는 것을 잘 알았다.

회사의 간부가 전도하지 말라고 했지만, 언니는 그렇게 할 수 없다고 고집했다. 놀라운 사랑을 발견한 언니는 그것을 자기 혼자만 누릴 수 없었다. 그래서 그 사랑을 나눠야만 했다.

그 사건 이후로 이만 언니는 회사에서 큰 은총을 입었다. 그리고 더욱 담대해졌다. 모든 사람들이 언니의 용기를 존경했다. 언니는 자신을 배신한 경비원을 용서했고, 회사 안에서 정직하고 성실한 여자로 알려지게 되었다.

나는 주님께서 언니들의 믿음을 견고하게 세워가시는 것을 지켜보았다. 이만 언니는 죽음까지 직면했지만, 그럼에도 여전히 신실했다. 나는 그런 언니가 무척이나 자랑스러웠다. 나의 가족들은 내 눈 앞에서 성령의 권능으로 변화되고 있었다.

## 새 로 운   기 회

이만 언니가 크리스천이 된 지 1년 정도 되었을 때, 목사님이 선교사가 되고 싶은 사람이 있는지 물으셨다. 그리고 그렇게 서원하는 사람들은 신학교에 가라고 권면했다.

"언니, 선교사가 되고 싶지. 안 그래? 언니는 신학교에 꼭 가야 돼!" 내가 이만 언니에게 말했다.

"말도 안 돼. 나는 초신자라고. 아무것도 모르잖아." 언니는 나의 제안을 거부하였다.

"그렇다면 지금이 완벽한 기회야!"

"그리고 난 그렇게 똑똑하지도 않잖아." 언니는 걱정스런 어투로 말했다.

"주님은 언니의 약함을 통해 언니를 강하게 만드실 거야. 언니가 성경을 연구하면 주님께서 그리스도의 마음을 주실 거야. 기도하고 금식하면서 주님께서 뭘 원하시는지 여쭤봐. 그러면 확증을 주실 거야." 나는 언니에게 힘주어 말했다.

언니는 이 문제를 두고 금식하며 기도하기로 결심했다.

금요일 밤 기도와 예배 가운데 하나님은 언니에게 환상을 보여주셨다. 그녀는 진홍색 옷을 입고 제단 위에 서 계신 주님을 보았다. 그분의 손에는 한 권의 펼쳐진 성경이 있었다. 그 다음 환상에서 언니는 우리 목사님을 보았다. 그 역시 붉은 옷을 입고 있었고, 그의 손에도 펼쳐진 한 권의 성경이 있었다. 비록 두 분 다 특별한 말씀은 없었지만, 언니는 그 의미를 알았다. 하나님은 언니가 이제 성경을 공부할 때라는 것을 보여주신 것이다. 언니는 그 이야기를 나에게 하면서 울었다. 자신을 향한 하나님의 부르심과 계획을 깨달았기 때문이다.

1990년대 후반 이만 언니가 직장을 그만두고 동유럽에 있는 신학교에 가기로 결정한 후 작별인사를 나눌 때, 회사의 모든 동료들이 울었다. 언니를 통해 흘러나온 하나님의 사랑은 직장 동료들에게 큰 영향을 끼쳤다.

1년 후 모든 과정을 마친 이만 언니는 고향으로 돌아와 교회에서 성경연구반, 주일학교, 거리 전도와 세 개의 셀그룹을 맡아 섬겼다.

# 가족의 구원

　1990년대 후반 어느 여름, 크리스천 의료팀이 우리 도시에 왔다. 그들은 침으로 병자를 고치고, 복음을 전하며, 환자를 위해 기도했다. 의료선교는 국영TV를 통해 홍보되어 수천 명의 사람들이 몰려들었는데, 심지어 고위 공직자들도 왔다.

　우리나라에는 건강하지 못한 사람들이 참 많았다. 그 이유는 전쟁의 여파로 병원이 원활하게 운영되지 못했기 때문이다. 유능한 의사들은 이미 수년 전에 나라를 떠났다.

　도시를 방문한 의료선교팀은 흥미로운 역사를 가지고 있었다. 오래

전에 한 미국인 의사가 군복무를 하던 중 몸에 마비가 왔다. 절대로 다시 걸을 수 없다는 진단을 받은 그는 낙담하고 좌절했다. 그러나 크리스천이었던 그의 아내는 믿음이 없는 남편의 치유를 위해 계속 기도하였다. 그런데 증상이 개선되기보다는 오히려 더 악화되었다. 그는 결국 동굴로 들어가 두 팔로 몸을 질질 끌며 노숙자처럼 살게 되었다.

그는 절박한 상태에서 예수님께 부르짖었다. 그러자 주님은 그에게 침술로 병을 고치는 방법에 대한 계시를 주셨다. 그는 기적적으로 치유되어 마침내 걸을 수 있게 되었다. 그는 하나님의 은혜에 감사하며 자신의 삶을 주님께 드리기로 결단했다. 그 후 그는 의술을 통해 많은 선교지를 방문하였고, 심지어 사우디아라비아의 무슬림 귀족들도 치료하였다.

의료선교팀의 리더 중 한 사람과 나는 특별한 관계를 맺게 되었다. 60대의 김 박사님은 나를 특별히 챙겼다. 그는 환자들을 위해 기도하러 갈 때마다 나를 데리고 갔고, 고통 중에 신음하는 사람들과 함께 아파하는 나의 모습에 감동을 받았다. 나의 가족사를 알게 된 그는 주님을 향한 나의 헌신에 마음이 움직였다.

김 박사님에게는 아들만 두 명이 있고 딸이 없었다. 어느 날 그는 나를 자신의 수양딸로 삼고 싶다고 하였다. 그리고 그를 '아빠'로 불러줄 수 있느냐고 물었다. 그 일은 가족들의 구타와 배척 때문에 외로웠던 나에게 놀라운 위로가 되었다.

김 박사님과 다른 선교사들은 매년 여름마다 의료팀을 꾸려 우리나라를 찾아주었다. 하나님은 그들의 침술을 통해 많은 무슬림 친구들과 이웃들을 고치고 구원하셨다.

다 우 드 오 빠 의 여 정

미국에서 약 20명의 크리스천 침술 전문가들로 구성된 선교팀이 왔을 때, 나는 통역으로 섬겼다. 당시 나는 김 박사님과 일하면서 많은 기적을 보았다. 걷지 못하던 사람이 걷고, 소경의 눈이 열렸다. 나는 그가 얼마나 큰 긍휼의 마음을 가지고 환자를 위해 기도하는지 보았다. 김 박사님은 마치 천사와 같았다. 당시만 해도 그가 나를 고치고, 나의 가족을 구원할 것이라고는 전혀 상상하지 못했다.

나보다 8살 많은 다우드 오빠가 예수님께 돌아온 것은 의료선교팀이 우리 도시에 처음 방문했을 때였다. 오빠는 3살 때 오른쪽 청력을 상실했다. 소음으로 인해 고막이 터진 것인지, 아니면 감염 때문인지 아무도 그 원인을 알 수 없었다. 오빠는 상대가 큰 소리로 말해야 겨우 들을 수 있었기 때문에 청각장애자들을 위한 학교에 다녔다.

나는 다우드 오빠에게도 말씀을 전했고, 복음이 담긴 전도지를 주었다. 그런데 어느 금요일 밤 나에게 좋은 생각이 떠올랐다. 나는 오빠에게 혼자 무거운 가방을 들고 어두운 밤거리를 걷기가 무서우니 교회까지 데려다 달라고 부탁했다.

다우드 오빠는 나의 보호자가 되어 짐을 들고 나를 교회까지 데려다주었다. 교회에 도착했을 때, 나는 오빠에게 교회를 둘러보며 구경하면서 기다리다가 새벽 5시에 기도회가 끝나면 다시 집으로 데려다 달라고 부탁했다.

"사마야!" 다우드 오빠가 짜증스럽게 말했다. 하지만 나는 오빠가 그냥 그런 척했다는 것을 알았다.

다른 언니들이 그랬던 것처럼 다우드 오빠 역시 예배와 기도에 감동을 받았다. 나는 오빠에게 우리 교회에서 청각장애자들의 귀가 열리는 기적이 많이 일어났다고 말해주었다. 그 말을 들은 순간부터 오빠의 마음에서 치유에 대한 열망이 일어났다. 오빠는 기도를 받고 예수님을 만난 후 예배 시간에 예수님을 마음에 영접했다.

그 후 다우드 오빠는 청각장애자 친구들을 교회에 데리고 오기 시작했다. 나는 오빠와 대화하기 위해 수화를 배웠기 때문에 설교 시간에 오빠의 친구들을 위해 수화로 통역했다.

다우드 오빠의 친구 중 한 사람은 가장 엄격한 무슬림 국가 출신이었다. 군인이었던 그는 폭발로 청력을 잃었다. 그런데 그는 교회에 오는 것을 무척 좋아했고, 자신의 마음을 예수님께 드렸다. 후에 그는 크리스천 자매와 결혼했다.

다우드 오빠는 내가 구원받은 지 2년 만에 이만 언니와 함께 도시 외곽의 한 호수에서 세례를 받았다.

## 엄마의 치유

또 다른 의료선교팀 방문 기간에 나를 깜짝 놀라게 한 사건이 일어났다. 엄마와 슐레이만과 무사 오빠가 치료를 받기로 한 것이다. 그들은 질병 때문에 의료적 도움이 필요한 상황이었고, 게다가 침술이 무료로 제공되었기 때문에 치료를 받도록 설득하기는 어렵지 않았다.

슐레이만 오빠는 전쟁 중에 결핵에 걸렸다. 심장 질환이 있는 엄마는 두통 때문에 힘들어했다. 무사 오빠는 군복무 기간에 입은 부상 때문에 등과 다리에 통증이 있었다.

엄마와 오빠들이 진료 대기 줄에서 기다리는 동안 교회 사람들로부터 사랑의 하나님에 관한 이야기를 들었다. 엄마와 슐레이만과 무사 오빠 모두가 그 이야기를 들었고, 특별히 엄마가 깊은 감동을 받았다. 교회 식구들은 그들에게 안수하고, 예수님의 이름으로 기도했다. 엄마와 오빠들은 크게 개의치 않았다. 예수님을 선지자로 알고 있었고, 무슬림으로서 기도를 받는 것이 용납되었기 때문이다. 종종 어떤 환자들은 그 자리에서 바로 낫기도 했고, 치료가 필요하면 침을 맞았다.

엄마는 치료를 받으러 갔다가 예수님을 영접하셨다. 엄마가 침을 맞기 위해 줄을 서서 기다리는 동안 우리 교회의 누 형제가 엄마에게 다가갔다. 그는 고등교육을 받았고 크리스천이 되기 전까지만 해도 이슬람교의 율법교사 물라였었다. 그와 평화의 상징인 '비둘기'란 뜻의 이름을 가진 유누스는 열정적인 예수님의 제자였다.

그들이 엄마에게 만왕의 왕 예수님을 전하자 엄마는 예수님을 마음에 영접하고 싶다고 말했다. 예수님을 영접하고 난 후 엄마의 심장 질환과 두통이 다 나았다.

나는 우리 가족이 꿈과 환상을 통해 예수님을 만나도록 기도해왔다. 그런데 주님께서 엄마의 꿈속에 나타나심으로 나의 기도에 응답하셨다. 주님은 엄마에게 풍요함과 부요함을 주겠다고 말씀하셨다(요

10:10). 그리고 아무것도 염려하지 말고 모든 두려움을 주님께 맡기라고 하셨다(벧전 5:7).

그렇게 내가 구원받은 지 3년째 되던 해에 엄마가 예수님을 구원자로 인정하셨다. 그런데 엄마는 아빠가 두려워 믿음을 감췄다. 엄마가 교회에 가는 것은 아주 어려운 일이었다. 엄마는 예수님을 영접한 후 몇 년 동안 겨우 두세 차례 교회를 방문하셨다.

하지만 이제 엄마에겐 평강이 생겼다. 엄마는 집에서 기도했고, 종종 우리에게 기도를 부탁하셨다.

### 무콰다스 언니의 도전

충실한 무슬림이었던 무콰다스 언니는 직장에서 매우 힘겨운 시간을 보내고 있었다. 우리는 언니를 위해 기도하고 또 금식했지만, 언니는 예수님에 대해 별로 흥미가 없었다. 언니는 우리가 제정신이 아니라고 하면서 반드시 이슬람교로 돌아와야 한다고 말했다.

무콰다스 언니는 우리 도시에 있는 대학의 재정부에서 일하고 있었다. 언니는 모든 직원들에게 급여를 지급하는 책임을 맡았는데 전쟁 중에도 그 일을 계속할 수 있었다.

그 대학은 반군이 사람들을 살해하려고 사용했던 채석장 옆에 있었다. 채석장은 종종 무덤이 되기도 했다. 경찰은 매일 아침 새로운 사체를 치우러 왔다. 그곳에서 무콰다스 언니는 끔찍한 장면들을 많이 봤다. 출근하는 길에 언니 바로 앞에서 두 사람이 칼에 찔리기도 했고, 여러 차례 총알이 빗발치는 교전지역 한가운데 갇히기도 했다. 그런 상황을 빠져나와 목숨을 구할 수 있었다는 것 자체가 기적이란 것을 언니도 잘 알고 있었다.

전쟁이 종결된 후 누군가가 그 대학에 들어와 직원들에게 지급할 급여를 훔쳤다. 금고 열쇠를 가지고 있는 사람은 총무, 회계부장, 그리고 언니 세 사람뿐이었는데 무콰다스 언니가 누명을 쓰게 될 판이었다. 그 중 언니가 가장 어렸고 또 이용당하기 쉬운 희생양이었기 때문에 결국 법원에 기소되었다. 언니는 매우 절박했다. 유죄 판결이 나면 감옥에 수감되어야 했기 때문이다.

어느 날 저녁 언니는 금방이라도 울 것 같은 얼굴로 우리 침실에 앉았다. 다음날이 되면 판사가 최종 판결을 내릴 것이고, 무콰다스 언니의 유죄 여부가 결정될 것이다. 무슨 말이든 해야 했지만, 내가 언니에게 줄 수 있는 유일한 소망은 그녀가 예수 그리스도께 돌아오는 것뿐이었다. 나는 아빠와 오빠들이 들을까 봐 언니에게 집에서 말할 수 없었다.

"나가서 얘기해." 내가 언니에게 부드럽게 말했다. 나는 언니를 팔로 감싸 안은 채 계단을 따라 내려가 정원에 함께 앉았다. 해는 저물었지만, 여전히 따뜻했다. "무콰다스 언니." 내가 말하기 시작했다. "예수 그리스도는 언니의 구원자야. 이 상황에서 언니를 도울 수 있는 유일한 분이셔. 그분은 언니의 유일한 소망이야."

당시 근심이 극에 달한 상태였기 때문에 무콰다스 언니는 내가 자신을 위해 기도하는 것을 허락했다. 다시 집안으로 들어가기 직전 나는 언니에게 이렇게 말하였다. "예수님께 도움을 구해. 그리고 그분이 무슨 일을 하실지 지켜봐."

언니는 나의 제안에 동의했다. 다음날 무콰다스 언니는 활짝 웃으며 집으로 돌아왔다. 법원은 총무와 회계부장이 공모해 돈을 횡령했고, 무콰다스 언니에게 누명을 씌우려 했다는 것을 밝혀냈다. 모든 음모가 다 드러난 것이다. 그들은 감옥에 들어갔고, 무콰다스 언니의 무죄가 입증되었다. 언니는 예수님께서 자신을 도우셨다는 것을 알게 되었다.

그 일을 계기로 무콰다스 언니는 크리스천이 되었다. 하지만 몇 년 후 산상수련회에 참석하기 전까지 자신의 삶을 주님께 온전히 드리지는 못했다. 수련회에서 큰 은혜를 받은 언니는 슐레이만 오빠에게 복음을 전하기 시작했다. 그 둘은 나이가 비슷해서 어릴 때부터 좋은 친구사이였다. 하지만 그리스도를 따르기로 한 언니의 결정은 둘 사이를 갈라놓았다.

"넌 내 동생이 아니야." 슐레이만 오빠가 혐오스럽게 말했다. "너도 그렇게 됐어. 이 이교도야."

그러나 무콰다스 언니는 포기하지 않았다.

## 무바락 언니의 고통

이제 가족 중 여섯 남매가 함께 예배에 참석하게 되었다. 무콰다스 언니, 다우드 오빠, 이만과 말리카와 아밀라 언니 그리고 나. 하지만 큰 오빠 슐레이만과 무사 오빠와 무바락 언니는 아빠와 더불어 우리를 계속 핍박했다.

무바락 언니는 너무 격분해서 내가 준 신약성경을 찢어버렸다. 그리고 나에게 더 이상 동생이 아니라고 하며 배교자라고 소리쳤다. 내가 아무리 설명하려고 해도 언니는 듣지 않았다.

경찰이었던 언니는 전쟁을 치르는 동안 끔찍한 장면을 많이 보았다.
한번은 언니의 친한 친구와 동료가 교통사고로 사망한 일이 있었다. 그리고 젊을 때 약혼한 남자는 결혼을 앞두고 죽었다. 우리는 장례식장에 가서 언니의 사랑하는 친구를 위해 함께 울었.

무바락 언니는 우리 가족을 위해 근처에 있는 공장에서 빵을 가져왔다. 언니는 저격수들의 공격으로 여러 차례 죽을 고비를 넘겼다. 당시 많은 사람들이 저격수의 총에 맞아 다치거나 죽었다. 그런데 언니는 늘 기적적으로 살아남았다.

한번은 언니가 다니는 경찰서 가까운 건물에서 폭탄이 터졌다. 그 일로 많은 사람들이 중상을 입거나 사망했지만, 언니는 무사했다. 전쟁 중 많은 사람들이 언니의 눈앞에서 잔인하게 고문과 구타를 당하고 총살되기도 했다. 언니가 돕고 싶어도 속수무책이었다. 만일 그들이 언니를 보고 쫓아오면 과연 목숨을 부지할 수 있을까 하는 공포심에 아무것도 할 수 없었다. 언니는 그런 트라우마 때문에 악몽에 시달리기 시작했다.

전쟁이 종결된 지 얼마 지나지 않아 무바락 언니의 장에 문제가 생겨 배변장애가 왔다. 또한 피부 색소침착으로 온몸에 반점이 생기는 고통에 시달렸다. 게다가 그것을 본 동료들과 주변 사람들이 언니를 놀렸다. 언니는 너무 우울하고 마음이 상해서 더 이상 일을 할 수 없었다.

다른 언니들과 나는 하나님의 때와 돌파를 기다리면서 무바락 언니의 치유와 구원을 위해 계속 기도했다. 결국 언니는 질병 때문에 하나님께 돌아왔다. 언니는 간절히 치유를 갈망했다. 부모님은 의사부터 시작해서 이맘(이슬람교 성직자 - 역주)과 물라 등 도움을 청할 수 있는 사람들을 다 찾아다니며 애를 써봤지만, 언니는 여전히 아팠다.

의료선교팀이 우리 도시에 왔을 때, 나는 무바락 언니에게 예수님께서 언니를 고치실 수 있다고 말했다. 이미 지칠 대로 지친 언니는 지푸라기라도 붙잡는 심정으로 선교팀을 만나러 가기로 했다. 침술 치료실은 우리 교회 건물 3층에 마련되어 있었다. 환자들은 치료를 받기 전에 1층에 마련된 방에서 복음을 들어야 했다.

당시 무바락 언니에게 가장 큰 감동을 준 것은 의사들이 언니에게 보여준 긍휼과 사랑이었다. 그것은 우리 도시의 병원에서 받았던 것과는 전혀 다른 대우였다. 순간 언니가 크리스천들을 향해 쌓아두었던 마음의 담이 허물어졌다.

그 후부터 무바락 언니는 내가 자신을 위해 기도하는 것을 허락했다. 하지만 다른 친구가 전한 복음을 듣고 주님께 돌아오기까지는 3년이나 걸렸다. 언니의 치유는 천천히 진행되었지만, 하나님의 사랑은 쓴 뿌리와 분노로 가득 찼던 언니의 마음을 부드럽게 녹였다. 결국 언니는 구원자와 치유자 되신 예수 그리스도를 찬양하고 기도하는 새사람이 되었다.

하나님은 사도행전 16장 31절의 말씀을 우리 가정 가운데 성취하셨다. "주 예수를 믿으라 그리하면 너와 네 집이 구원을 받으리라."

# 천국

주변을 둘러싼 불안정한 상황과 우리의 믿음을 인정하지 않는 아빠와 오빠들의 박해에도 불구하고 나는 그처럼 행복한 적이 없었다! 주님의 기쁨이 나의 힘, 언니들의 힘, 그리고 다우드 오빠와 엄마의 힘이었다! 우리의 영적인 결속은 자연적 가족의 끈끈함을 초월했다. 우리는 매일 일상의 모든 세심한 것까지 돌보시는 살아계신 하나님과 놀랍고 경이로운 교제를 누리는 삶을 살았다.

기쁨의 불은 무섭게 번져갔다. 우리가 그랬던 것처럼 슬픔에 대한 해답을 찾는 사람들이 찾아왔다. 그들은 아무도 거절당하지 않았다.

끔찍한 내전 가운데 내가 받았던 것과 같은 동일한 사랑으로 모든 사람들이 환대를 받았다.

어느 토요일, 나는 늦은 밤까지 위대한 중보자이신 예수님과 함께 기도하고 있었다. 로마서 8장 34절은 이렇게 말한다. "누가 정죄하리요 죽으실 뿐 아니라 다시 살아나신 이는 그리스도 예수시니 그는 하나님 우편에 계신 자요 우리를 위하여 간구하시는 자시니라." 성령께서 내 안에서 탄식하셨고, 나는 경고와 긴박함이 실린 무거운 부담감을 느꼈다.

다음날 아침, 이만 언니는 교회 문 앞에 서 있었다. 그날 거무칙칙한 네 명의 젊은이들이 암울한 표정으로 교회에 왔다. 그들은 전쟁에 나가 싸워도 될 만큼 장성한 성인들이었다. 그들이 알라의 이름으로 그렇게 끔찍한 범죄를 자행할지 누가 알았겠는가? 그들은 비통한 표정 뒤로 잔인한 계획을 숨기고 있었다. 그러나 치료와 용서의 예수님은 절박한 이들에게 새로운 출발을 주시는 분이다.

그 젊은이들이 들어올 때, 이만 언니는 그들을 환영하며 손뼉을 쳤다. "환영합니다! 환영합니다! 친구 여러분, 들어오세요! 예수님께서 여러분을 사랑하세요!"

새로운 방문객을 발견한 다른 성도들 역시 진실한 사랑으로 그들을 환영했다. 그들이 앉아서 복음의 메시지를 들을 때, 우리의 친구 와파를 비롯한 교회의 많은 형제들은 두 달 동안 매주 그들을 위한 특별한 프로젝트를 진행하였다. "들어오세요! 여러분을 만나서 참 행복합니다. 예수님이 당신을 사랑하시고, 우리도 당신을 사랑합니다."

우리는 와파를 사도 바울이라고 부른다. 그 이유는 그가 전도여행 중 독사에게 물렸는데, 아무렇지도 않게 털어낸 후 독으로 인해 어떤 영향도 받지 않았기 때문이다.

병원에 가자 의사들은 그가 살아 있다는 사실에 충격을 받았다. "이 독사에게 물리면 15분 안에 죽습니다!"

와파의 이야기는 사도행전 28장 5절의 사도 바울의 경험과 비슷했다. "바울이 그 짐승(독사)을 불에 떨어 버리매 조금도 상함이 없더라."

테러가 일어난 주일 전날, 와파는 신학교에 있는 친구들을 데리고 나가 식사를 대접했다. 그것이 그의 마지막 저녁이 될 줄 누가 알았겠는가?

## 음 모

네 명의 젊은이들은 우리를 살피면서 적당한 때를 기다렸다. 그들은 우리의 우정을 받아주는 듯했다. 그러나 매주 예배를 마치고 교회를 떠나면 그들은 우리가 건물을 출입하는 방법을 살피며 폭탄이 터졌을 때 가장 큰 피해를 줄 수 있을 만한 위치가 어디일지 공모하였다. 그들은 계획을 세우고 지하디스트(이슬람 성전[聖戰] 전사 – 역주)의 지침을 따라 네 개의 폭탄을 제조했다. 세 개의 폭탄은 그 전날 미리 교회에 설치했고, 나머지 한 개는 그 중 한 사람이 교회에 가지고 왔다.

네 개의 폭탄은 낌새를 알아차리지 못한 무고한 사람들을 죽이기 위해 15분 간격으로 터지도록 설치되었다.

첫 번째 폭탄은 예배당 안에서 터졌다.

두 번째는 홀에 설치되었지만, 기적적으로 터지지 않았다.

세 번째는 내가 와파와 술탄과 이야기하던 계단 밑 소화기함에 있었다.

네 번째는 부상자를 돕는 사람들을 죽이기 위해 바깥에 설치되었다. 하지만 그것도 폭발하지 않았다. 할렐루야!

만일 두 번째와 네 번째 폭탄까지 터졌다면 아무도 살아남지 못했을 것이다.


폭 발 !


세 번째 폭탄이 터졌을 때, 그 폭탄에 가장 가까이 있었던 사람은 당시 소화기함에 기대고 있었던 나였다. 내 몸은 불탔고, 머리는 둘로 쪼개졌다. 친구들은 당시 나의 두개골 내부를 볼 수 있었다고 나중에 말해주었다.

공중으로 3미터 정도 떠올라 맞은 편 벽에 처박힌 나는 고통 중에 잠잠히 예수님을 불렀다. '예수님, 도와주세요!' 그 즉시 내 영은 몸을 떠났다. 나는 죽었다.

내가 그리스도 안에 있는 한 사람을 아노니 그는 십사 년 전에 셋째 하늘에 이끌려 간 자라 (그가 몸 안에 있었는지 몸 밖에 있었는지 나는 모르거니와 하나님은 아시느니라) 내가 이런 사람을 아노니 (그가 몸 안에 있었는지 몸 밖에 있었는지 나는 모르거니와 하나님은 아시느니라) 그가 낙원으로 이끌려 가서 말로 표현할 수 없는 말을 들었으니 사람이 가히 이르지 못할 말이로다 (고후 12:2-4)

내가 눈을 떴을 때, 하나님의 아들이신 예수님에게서 뿜어져 나오는 찬란하게 빛나는 광채를 보았다. 예수님의 얼굴은 태양보다 더 밝았다. 나는 그분의 영광스럽고 찬란한 빛에 눈이 멀었다. 내 주변의 모든 것들은 황금빛에 젖어 있었다. 나는 그분의 임재에 놀라 떨었고, 주님을 향한 경외감이 내 위에 임했다. 주님의 장엄함과 표현할 수 없는 아름다움을 본 나는 할 말을 잃고 말았다. 존귀하신 하나님의 어린 양을 찬양할 때 나의 전 존재가 외쳤다. "거룩하다, 거룩하다, 거룩하다, 전능하신 주 여호와여!"

영광의 무게에 압도된 나의 몸은 그분의 발 앞에 엎드려 떨고 있었다. 나는 완전히 넋을 잃었다. 순간 내가 부정하다는 것을 깨달았다. 그렇게 거룩하고 놀라운 하나님의 임재 앞에 내가 어찌 설 수 있겠는가?(사 6:1-6, 계 4:8)

그 순간 예수님께서 나를 만지시며 말씀하셨다. "두려워 말라." 그리고 그분이 나를 위해 보혈을 흘리심으로 내가 흰 눈보다 더 깨끗해졌다는 사실을 깨우쳐주셨다. 주님께서 나를 사랑하셔서 거룩하고 순결하게 만드셨다.

이제도 계시고 전에도 계셨고 장차 오실 이와 그의 보좌 앞에 있는 일

곱 영과 또 충성된 증인으로 죽은 자들 가운데에서 먼저 나시고 땅의 임금들의 머리가 되신 예수 그리스도로 말미암아 은혜와 평강이 너희에게 있기를 원하노라 우리를 사랑하사 그의 피로 우리 죄에서 우리를 해방하시고 (계 1:4-5)

나는 그분 앞에 얼굴을 바닥에 파묻고 납작 엎드렸다. 하지만 주님은 마치 내 속을 꿰뚫어 보시고 내 마음의 모든 생각을 읽고 계신 듯했다. 나의 온몸은 떨고 있었다. 나는 그분의 임재 안에 거할 가치가 없다고 느꼈다. 그런데 주님은 나에게 친히 자신을 계시하고 계셨다. 하지만 나는 심판을 받을지 아니면 "잘했다. 착하고 충성된 종아"라고 말씀하실지 알 수 없었다. 그러나 예수님은 심판을 이기는 그분의 자비하심을 나에게 보여주셨다.

내 생각을 아신 주님은 내 마음에 말씀하셨고 또 자비로우시고, 긍휼이 많으시고, 노하기를 더디 하시고, 사랑이 풍성하신 그분의 성품에 대해 기억나게 하셨다. 주님은 깊이 용납해주시는 그 놀라운 사랑을 뿜어내고 계셨다. 나는 어떤 정죄감이나 수치심도 느끼지 못했다.

처음에는 예수님을 감히 쳐다보지 못했지만, 잠시 후 내 몸이 올라가는 것을 느꼈다. 이제 나는 그분 앞에 서 있었다. 그분이 나를 향해 웃으실 때, 내 영혼에 평안함이 폭포수같이 부어졌다.

"집에 온 것을 환영한다, 사마야." 상냥하고 부드러웠지만, 동시에 많은 물소리와 같이 힘찬 목소리였다. 주님은 나를 향해 두 팔을 활짝 펴셨다. 나를 사로잡는 그분의 아름다운 눈은 소멸하는 사랑의 불같이 빛났다. 그분의 사랑이 자석처럼 나를 끌어당겨 내 마음을 녹여버렸다. 그리고 그분은 나를 안팎으로 변화시키셨다. 주님의 사랑에 둘러싸인 나는 울기 시작했다.

"돌아가길 원하니, 아니면 여기 천국에 머물고 싶니?" 예수님께서 물으셨다.

그리고 주님은 나의 인생을 보여주셨다. 나는 마치 영화를 보듯 이제까지의 나의 삶을 보았다. 지난 19년간의 삶이 내 눈 앞으로 지나갔다. 지나간 삶을 지켜본 나는 이제껏 내가 나를 위해 살아왔다는 것을 깨닫고 회개했다.

'오, 주님, 죄송해요. 저를 용서해주세요. 지난 평생 저는 저의 꿈, 욕심, 계획 등 저 자신을 위해 살아왔습니다. 하지만 저의 삶은 저를 위한 것이 아니라 바로 주님을 위한 것입니다. 제가 주님을 위해 죽었던 것처럼 주님을 위해 살고 싶어요. 오직 예수님의 뜻만을 위해 살 수 있도록 기회를 주세요.' 내가 너무 떨고 있었기 때문에 입에서 어떤 말도 나오지 않았다. 하지만 주님은 나의 마음의 소리를 들으셨다.

그러자 주님은 다른 장면을 보여주셨다. 그것은 아직 구원받지 못한 나의 가족을 포함한 모든 하나님의 가족들이었다. 이어서 나는 폭발로 인해 죽은 내 모습 보았다. 그리고 부모님과 형제들과 친척들의 반응을 보았다. 그들의 고통을 보자 내 마음이 무너졌다.

'아, 안 돼! 저들이 저렇게 고통받게 할 순 없어.' 그 즉시 주님은 사도행전 16장 31절의 약속대로 언젠가 그들도 천국에 가게 될 것이라고 알려주셨다. 주님은 내가 가족의 구원을 위해 되돌아가길 원하셨다. 또

한 그것은 그분의 가족, 곧 어마어마하게 많은 사람들의 구원을 위해서 였다! 창세기에서부터 계시록에 이르기까지 하나님께는 가족이 전부다.

> 두루마리를 가지시고 그 인봉을 떼기에 합당하시도다 일찍이 죽임을 당하사 각 족속과 방언과 백성과 나라 가운데에서 사람들을 피로 사서 하나님께 드리시고 (계 5:9)

> 이 일 후에 내가 보니 각 나라와 족속과 백성과 방언에서 아무도 능히 셀 수 없는 큰 무리가 나와 흰 옷을 입고 손에 종려 가지를 들고 보좌 앞과 어린 양 앞에 서서 (계 7:9)

지구촌에 잃어버린 그분의 자녀는 헤아릴 수 없이 많다. 주님은 그분의 유업(시 2:8)인 열방을 위해 내가 다시 돌아가길 원하셨다.

그때 나는 내 것이 하나도 없다는 것을 깨달았다. 나의 삶과 미래, 친구와 가족, 하늘과 땅, 모든 것이 다 주님의 것이다. 천국에 머무는 내내 내 입에서는 어떤 말도 나오지 않았다. 나는 한 번도 큰 소리로 말하지 않았다. 나는 주님과 마음과 마음으로 대화를 나눴다. 그곳에서 나는 압도적인 기쁨과 사랑과 평화를 경험했다.

나의 전 존재는 영원히 그곳에 머물고 싶어 했다. 주님의 임재가 나의 집이다. 그분은 나의 모든 것 되시고, 알파와 오메가이시다. 그분은 또한 인격적이시다. 주님은 절대로 나에게 강요하지 않으시고 선택할 자유를 주셨다. 내가 이 땅에 다시 돌아와 주님의 증인이 되기로 결정을 한 동기는 의무감이 아닌 사랑 때문이었다. 예수님은 친히 고난의 상을 받기 위해 죽으신 존귀한 어린 양이시다. 나는 예수님을 위해 순교했고, 하늘에서 그 상이 크다는 것을 알았다. 예수님은 나의 위대한 상이시다!

나는 주님을 위해 살고 싶었다. 나는 그분이 안 된다고 하실 줄 알았지만 내가 틀렸다. 그분의 부르심을 성취할 갈망을 내 마음에 심으신 분은 바로 하나님이셨다. 시편 37편 4절은 이렇게 말한다. "여호와를 기뻐하라 그가 네 마음의 소원을 네게 이루어 주시리로다." 그분은 나의 소원이시다!

"좋아, 그럼 조만간 다시 보자." 주님이 말씀하셨다.

즉시 신선한 사랑의 물결이 나를 씻었다. 그분과 대화하는 것은 어린아이가 아빠에게 이야기하는 것처럼 쉽고 편했다. 그것은 예수님께서 요한복음 14장 9절에 말씀하셨던 것과 같다. "나를 본 자는 아버지를 보았거늘." 나는 우리가 너무 자주 예수님과의 관계를 복잡하게 만든다는 것을 깨달았다.

모든 것은 평화로웠다. 나는 더 이상 시간적 차원에 머물지 않았다. 예수님과 함께한 그 순간, 나는 영원한 현재에 존재했다.

전도서 3장 11절은 이렇게 말한다.

하나님이 모든 것을 지으시되 때를 따라 아름답게 하셨고 또 사람들에게는 영원을 사모하는 마음을 주셨느니라 그러나 하나님이 하시는 일의 시종을 사람으로 측량할 수 없게 하셨도다 나는 내가 얼마나 오랫동안 천국에 머물렀는지는 모른다. 마치 내가 그곳에 영원히 있었던 것처럼 느껴졌다. 하나님은 시간을 초월하여 존재하신다. "사랑하는 자들아 주께는 하루가 천 년 같고 천 년이 하루 같다는 이 한 가지를 잊지 말라"(벧후 3:8).

나는 예수님이 바로 천국이시라는 진리를 깨달았다. 그분이 없으면 그곳은 천국이 아니다. 예수님은 만물의 중심이시다.

내가 그분의 임재 가운데 있었을 때, 내가 원했던 것은 오직 그분이었다. 나는 그분 외에 나를 둘러싸고 있는 것이 무엇인지 인식하지 못했다. 사람들은 내가 요한계시록에 기록된 새 예루살렘과 천사, 구름같이 허다한 증인들, 꽃과 황금 길을 보았는지 묻는다. 물론 그 모든 것이 그곳에 있었지만, 나의 눈은 만왕의 왕, 만주의 주이신 예수님께 고정되었다.

예수님은 마치 요한계시록 4장 3절에 묘사된 벽옥과 홍보석 혹은 빛나는 다이아몬드 같았다. 그분의 아름다움과 탁월함과 거룩함과 광채는 완전히 나를 사로잡았다. 나의 모든 애정과 관심은 오로지 그분께 맞춰졌다. 천국에 있는 모든 것들은 다각도로 빛을 비추는 아름다운 다이아몬드처럼 아름답게 영광을 발산하는 보석과 같았다. 예수님은 천상의 존재였지만, 동시에 실제적이고 만질 수 있었다.

만일 예수님께서 나에게 다시 이 땅에 돌아갈 것인지 아니면 천국에 머물 것인지 물으신다면, 나는 절대로 이 땅에 돌아오겠다고 말하지 않을 것이다. 그분은 나의 사랑, 나의 신랑, 내 영혼의 사랑, 나의 생명, 나의 전부, 나의 비전, 나의 천국이시다! 천국에서 주님과 함께하는 것은 내가 상상할 수 없는 방법으로 그분과 나를 하나로 만들어주었다. 나는 그분이 생각하시는 것을 생각했고, 그분이 꿈꾸시는 것을 꿈꿨고, 그분이 느끼시는 것을 느꼈고, 그분이 기도하시는 것을 구했다.

내가 그분을 위해 죽었을 때, 나는 너무도 갑작스럽게 그리고 한 줄기 섬광처럼 곧 바로 천국에 있었다. 사실 이 땅에 다시 돌아와 사는 것은 훨씬 더 힘든 일이다. 믿음으로 행하고, 주님의 말씀에 순종해야 하기 때문이다. 더 이상 나는 이 세상 소속이 아니다. 내가 나의 뜻에 대해 죽은 이래로 나는 이 말씀을 따라 살기 시작했다.

> 내가 그 둘 사이에 끼었으니 차라리 세상을 떠나서 그리스도와 함께 있는 것이 훨씬 더 좋은 일이라 그렇게 하고 싶으나 내가 육신으로 있는 것이 너희를 위하여 더 유익하리라 (빌 1:23-24)

> 내가 그리스도와 함께 십자가에 못 박혔나니 그런즉 이제는 내가 사는 것이 아니요 오직 내 안에 그리스도께서 사시는 것이라 이제 내가 육체 가운데 사는 것은 나를 사랑하사 나를 위하여 자기 자신을 버리신 하나님의 아들을 믿는 믿음 안에서 사는 것이라 (갈 2:20)

> 또한 모든 것을 해로 여김은 내 주 그리스도 예수를 아는 지식이 가장 고상하기 때문이라 내가 그를 위하여 모든 것을 잃어버리고 배설물로 여김은 그리스도를 얻고 (빌 3:8)

나는 신부를 데리러 오실 사랑하는 신랑의 귀환을 이 땅에서 기다릴 것이다. 그분의 얼굴을 다시 볼 수 있는 날을 간절히 고대한다!

오, 예수님! 당신이 얼마나 그리운지요!

# 사투

소화기함에 설치되어 있던 폭탄이 터진 순간, 아딜라 언니는 첫 번째 폭발로 인해 발생한 부상자들을 돕기 위해 바깥에 있었다. 언니는 갑자기 나를 위해 중보하고 싶은 마음이 불현듯 들었다고 한다. 언니는 내가 죽음을 경험했다는 사실을 전혀 몰랐지만, 단순히 성령의 세미한 음성에 순종한 것이다. 아딜라 언니는 성령께서 중보하시는 대로 큰 소리로 기도하고 있었다. 계속해서 기도가 터져 나왔고, 평강이 오기 전까지 기도를 멈추지 않았다. 그런 기도(약 5:16, 롬 8:26-27)는 심지어 죽은 자를 살릴 수 있다.

결국 부활이요 생명이신 예수님을 다시 일으키신 성령께서 나를 죽음에서 살리셨다. 그리고 나는 이 진리를 선포했다.

이 썩을 것이 썩지 아니함을 입고 이 죽을 것이 죽지 아니함을 입을 때에는 사망을 삼키고 이기리라고 기록된 말씀이 이루어지리라 사망아 너의 승리가 어디 있느냐 사망아 네가 쏘는 것이 어디 있느냐 … 우리 주 예수 그리스도로 말미암아 우리에게 승리를 주시는 하나님께 감사하노니 (고전 15:54-55, 58)

내가 죽지 않고 살아서 여호와께서 하시는 일을 선포하리로다 (시 118:17)

예수께서 이르시되 나는 부활이요 생명이니 나를 믿는 자는 죽어도 살겠고 (요 11:25)

내 영이 몸 안으로 돌아오자 소리가 들리기 시작했다. "일어나, 사마. 일어나!" 사람들이 나를 흔들며 깨웠다.

나는 더 이상 평강과 영광의 장소에 있지 않았다. 나는 이 세계로 돌아왔다. 다친 내 몸은 폭발로 날아가 떨어진 그 자리에 여전히 누워 있었다. 나는 서서히 끔찍한 통증을 느끼기 시작했고, 숨도 쉴 수 없었다. 거의 볼 수도 없었고, 입조차 열 수 없었다.

교회 성도들이 나를 바깥으로 데리고 나갔다. 나의 눈은 마치 얇은

막 같은 것이 덮고 있는 것 같았다. 나는 시력을 잃어갔다. 피부는 불에 타 덜 익은 고기처럼 살을 드러냈다. 머리에 난 상처에서 피가 흐르고 있었고, 금속과 유리 파편들이 온몸에 박혀 있었다. 머리카락과 살이 타서 나던 냄새는 지금도 생생하게 기억난다. 허리까지 내려오는 비단결같이 고운 머리카락이 있었던 자리에는 쭈뼛쭈뼛 짧게 선 곱슬머리만 앙상하게 남아 있었다.

내가 어떻게 그렇게 했는지 지금도 이해할 수는 없지만, 아무튼 나는 그런 충격 속에서도 일어나 걷기 시작했다. 그런데 나는 갑자기 내가 벌거벗었다는 것을 깨달았다. 나의 아름다운 드레스가 누더기처럼 타버린 것을 느낄 수 있었다. 내가 쓰러지자 누군가 곧장 나를 들어 부상자들을 병원으로 이송하는 교회의 미니버스에 태웠다. 우리에게 버스가 있었다는 것은 하나님의 은혜였다. 그 당시 구급차는 아무리 불러도 오는 법이 없었기 때문이다.

"사마!" 나를 본 아딜라 언니가 충격에 빠져 내 이름을 불렀다.

언니의 목소리를 듣자 울음이 터졌다.

"나를 덮어줘" 나는 훌쩍이며 말했다. 순간 통증이 나를 제압해버렸다. 내가 말을 할 때면 입에서 피가 쏟아져나왔다.

아딜라 언니는 자신의 외투로 조심스럽게 나를 덮어주었다. 놀란 언니는 내 앞에서 몹시 떨었고, 눈물을 감추려고 애를 썼다. "걱정 마. 모든 것이 다 잘될 거야. 하나님께서 다스리셔. 그분이 주관하시잖아." 언니는 내 몰골에 개의치 않고 믿음으로 말했다.

언니의 말은 나에게 큰 위로가 되었다. 그리고 임마누엘 예수님의 임재를 느꼈다.

예수님께서 내 마음에 말씀하셨다. "사마야, 내가 이곳에 너와 함께 있단다. 나는 너를 결코 떠나지 않을 거야. 마지막까지 너와 함께할게. 두려워하지 말거라."

버스 안으로 옮겨지는 동안에도 내 마음에는 평강이 넘쳤다. 버스 안은 이미 부상자와 죽어가는 사람들로 만원이었기 때문에 아딜라 언니는 나와 같이 가지 못했다. 나는 마가복음 8장 24절에 나오는 소경처럼 말했다. "사람들이 보이나이다. 나무 같은 것들이 걸어 가는 것을 보나이다." 그 소경처럼 앞이 뿌옇게 보였다.

버스 안에는 심각한 부상을 입은 사람들로 가득했다. 한 남자는 오른쪽 눈이 터져 남아 있는 왼쪽 눈을 붙잡고 있었다. 무릎 아래로 다리가 잘린 여자는 나를 붙들고 울고 있었다. 나의 친구는 무의식 상태에 빠졌고, 그녀의 오빠는 절규했다. 내 친구 이아브는 심한 화상을 입었다. 내 곁에 있던 그는 극심한 고통 가운데서도 성령으로 기도하기 시작했다.

순간 마치 내가 악몽을 꾸고 있는 듯했다. 이런 고난에도 불구하고 나는 조용히 찬양했다. "예수님 지금 여기 계시네. 그분의 놀라운 권능이 여기에 있네. 나를 고치소서. 회복하소서. 자유케 하소서. 구원하소서." 찬양 가사가 내 입에서 간신히 흘러나왔다. 나는 찬양에 능력이 있다는 것을 알았다. 모든 것이 다 잘될 때 찬양하는 것은 쉽다. 하지만 시련과 어려운 환경 속에서 주님께 찬양의 제사를 드릴 때, 믿음의 성장을 위한 돌파가 일어난다.

사도 바울이 감옥에서 경험했던 것처럼 영적인 세계에서 예배는 강력한 무기이다.

> 한밤중에 바울과 실라가 기도하고 하나님을 찬송하매 죄수들이 듣더라 이에 갑자기 큰 지진이 나서 옥터가 움직이고 문이 곧 다 열리며 모든 사람의 매인 것이 다 벗어진지라 (행 16:25-26)

바울이 감옥에서 찬양할 때 족쇄로부터 자유케 된 것처럼 찬양을 시작하자 고통의 족쇄로부터 자유케 되었다. 다윗 역시 어떤 환경에서도 하나님을 찬양했다. 하나님은 나에게도 그렇게 할 수 있는 은혜를 주셨다.

나는 폭탄에 가장 가까이 있었지만, 여전히 기적적으로 들을 수 있었다. 그 폭발 때문에 많은 사람들이 청력을 잃고 말았다. 그런데 나의 귀 안에 있던 귀지가 고막을 보호했다는 이야기를 나중에 들었다. 평소에 면봉으로 귀지를 청소하려고 했지만, 오히려 귀 속으로 더 밀어넣었던 것이다. 결국 의사들이 모든 귀지를 빼냈고, 그 후로 귀에 전혀 문제가 없었다. 나는 하나님께서 나의 청력을 보호하신 방법을 깨닫고 놀라지 않을 수 없었다.

폭탄이 터졌을 때, 이만 언니는 창가에 있었다. 폭탄이 터지는 순간 언니는 땅에 쓰러졌고, 산산조각 난 유리창 파편들이 이마에 깊이 박혔다. 언니 역시 피범벅이 된 얼굴로 병원으로 이송되었다.

나는 심각한 화상을 입어 병원으로 이송되었지만, 병원에서는 나를 돌보지 않았다. 나는 혼자 방치되었고, 움직일 기력이 전혀 없었다.

내 머리에서 피가 흐르는 것을 본 한 의사가 간호사에게 말했다. "이 여자는 죽기 직전이에요. 긴급 수술이 필요해요."

나의 온몸은 붉은 피로 덮였다. 아딜라 언니가 준 외투 역시 피에 젖었다. 내 몸에는 피부가 남아 있지 않았고, 화상으로 생긴 물집들만 가득했다. 나는 극심한 고통을 느꼈다. 몸에 입은 화상이 너무 심각했기 때문에 나는 여전히 내 몸이 불타고 있는 것 같았다. 그나마 교회 차로 신속히 종합병원으로 이송되어 머리에 생긴 상처를 치료할 수 있었다.

병원에 도착한 뒤 우리는 안으로 옮겨졌다. 감사하게도 그곳에서 이만 언니가 나를 발견하여 위로해주었다. 그러나 의사들은 아무 조치도 취하지 않았다. 언니는 절규하며 도움을 구했다. 언니는 내가 조금만 더 피를 흘린다면 생명이 위태로워질 것임을 직감했다. 그래서 사람들의 시선을 끌려고 노력했다.

아이러니하게도 나는 이틀 전에 병원을 찾아가 헌혈을 했었다. 한 집사님이 위독해서 나를 비롯하여 교회의 많은 성도들이 헌혈에 동참했다. 나의 혈액형이 그 집사님과 같았기 때문에 간호사들은 내 피를 더 많이 뽑았다. 마치 그들이 내 피를 다 뽑아가는 것처럼 느껴질 정도였다. 그 후로 나는 힘이 많이 빠졌고, 폭발이 있던 그날까지도 완전히 회복되지 않은 상태였다.

"제발 좀 도와주세요." 이만 언니가 간호사들이 지나가는 소리가 들릴 때마다 외쳤지만, 누구도 들어주지 않았다.

그날이 주일이었기 때문에 병원에 의사들이 많지 않았다. 나는 한기를 느끼면서 떨기 시작했다. 그날 종일 아무것도 먹지 않아서 갑자기 목이 탔다.

"제발 물 좀 주세요!" 나는 누군가 듣기를 바라며 요청했다. 내 입은 바짝 말랐고, 피로 가득했다. 말하는 것조차 고통스러웠다.

그러나 누구도 나를 도와주지 않았다. 의료진들은 내가 생존할 수 없으며, 거의 죽기 직전이라고 여겼다. 폭탄으로 인한 부상자들이 계속 쇄도해 들어왔기 때문에 그들은 나를 구하려는 시도조차 시간 낭비일 뿐이라고 여겼음에 틀림없다.

'주님, 도와주세요!' 나는 속으로 부르짖었다.

갑자기 모든 것이 깜깜해졌다. 그와 동시에 나는 정신을 잃고 바닥에 쓰러졌다.

# 치유의 기적

나는 수술대 위에서 정신이 들었다. 이제 시력은 완전히 사라졌다. 나는 두려웠다. 사방은 깜깜했고, 오직 소리만 들을 수 있었다. 나는 다시 한 번 신음했다. 극심한 통증이 찾아왔다.

내가 쓰러진 후 이만 언니가 극적으로 의료진의 도움을 구하는 데 성공했다. 그들은 환부를 깨끗이 씻고 최선을 다해 꿰맸다. 마취를 했지만, 시간이 지나자 점점 효과가 떨어졌다. 나는 의사가 상처 난 내 머리에서 모래, 유리, 포탄의 파편들을 제거하려고 애쓰고 있다는 것을 느낄 수 있었다. 그는 나를 치료하면서 떨고 있었다. 나의 두개골이 열려 있는 모습이 참으로 끔찍했기 때문이다.

머리카락과 살이 탄 냄새가 그 방에 스며들었다. 나는 의사와 간호사들의 소리는 들을 수 있었지만, 그들을 볼 수는 없었다. "정말 안타깝군. 아름다웠던 아가씨가 이제 완전히 엉망이 돼버렸어." 한 의사가 말했다.

알몸인 나는 너무 창피했다. 나의 모든 존엄성은 사라져버렸다.

## 소 식

이웃들은 라디오 방송을 통해 폭탄테러 소식을 들었다. 그들은 언니들과 내가 교회에 다닌다는 것을 알고 있었기 때문에 우리 가족들에게 달려가 그 사실을 알렸다. 당시 무콰다스 언니가 집에 혼자 있었고, 아빠는 출타 중이었고, 엄마는 한 시간 반 거리에 떨어져 있는 다른 도시의 할머니 댁에 있었다.

무콰다스 언니는 복도를 따라 내려가 말리카 언니와 그녀의 친구가 있는 아파트로 달려갔다. "말리카, 교회에 폭탄이 터졌어! 사람들이 죽었다는데 동생들이 괜찮은지 모르겠어."

말리카 언니는 즉시 아파트를 나와 교회로 가는 버스를 타기 위해 밖으로 달려나갔다. 버스 안에서 계속 우리의 안전을 위해 기도한 언니는 교회 근처 정류장에서 내렸다. 언니가 교회 근처까지 갔을 때, 교회 방향에서 달려오는 이웃집 사람을 만났다.

"무슨 일이에요?" 언니가 이웃집 남자의 옷에 묻은 피를 보면서 물었다.

"폭탄이 터졌어요. 끔찍해요. 많은 사람들이 죽었어요." 그가 눈물을 훔치며 말했다.

"제 동생들 소식은 아시나요?" 언니가 내심 좋은 소식을 기대하며 말했다.

"미안합니다. 잘 모르겠어요! 너무 많은 사람들이 다치거나 죽었어요."

순간 말리카 언니는 공포에 휩싸여 죽을 것만 같았다. 교회에 도착한 언니는 어떻게 해야 할지 몰랐다. 경찰들은 건물 출입구에 비상 경계선을 쳐놓고 있었다. 언니는 옷에 피가 묻은 사람들과 울고 있는 여자들과 어린이들을 보았다. 경찰들은 그곳이 여전히 위험했기 때문에 건물에 접근하거나 들어가지 못하게 막았다.

"멈추세요! 들어가면 사살하겠습니다." 폭탄이 터진 건물에 접근하려는 말리카 언니에게 경찰이 명령했다. 언니는 절박한 마음으로 경찰에게 동생들이 건물 안에 있다고 말했다. 하지만 그는 언니가 들어가지 못하도록 막으며 그곳을 떠나라고 말했다.

말리카 언니가 막 포기하려는 찰나에 교회의 성도들이 그녀를 불렀다.

"내 동생들이 어디 있는지 아세요?" 언니가 절박하게 물었다.

"사마와 이만은 병원에 있어요. 아딜라도 그곳에 있을 거예요." 한 성도가 말했다.

"사랑하는 주님, 제발 그들을 도와주세요." 극도의 두려움 속에서 말리카 언니는 간절하게 기도했다. 언니는 곧장 병원에 가서 이만 언니를 찾았다. 이만 언니는 내가 중환자실에 있다고 알려줬다. 말리카 언니가 나를 만나려 하자 간호사들이 허락하지 않았다. 하지만 언니는 결국 몰래 들어와 내 곁으로 왔다.

"오, 주님!" 나를 보자마자 언니가 울음을 터뜨렸다. 언니는 검게 타고 피범벅이 된 내 얼굴을 알아보지 못했다. 말리카 언니는 즉시 기도하기 시작했다. 하지만 잠시 후 한 간호사가 언니를 발견하고 중환자실에서 내보냈다. 언니는 엄마에게 내 이야기를 하지 않기로 마음먹었다. 엄마가 감당하기에는 너무 큰 충격이 될 것이 뻔했기 때문이다.

그러나 무바락 언니는 반드시 엄마가 알아야 된다고 생각했다. 언니는 엄마가 할머니 집에서 돌아오시자마자 그 사실을 알려드렸다. 소식을 들은 엄마는 충격으로 쓰러졌다. 정신을 차린 엄마는 곧바로 병원으로 향했지만, 곧 보게 될 장면을 감당할 준비는 전혀 되어 있지 않았다.

화상으로 붓고 피범벅이 된 내 몸은 매우 흉측했다. 부모님은 처음에 나를 알아보지 못했다. 내가 딸이 맞다는 것을 확인하자 엄마는 충격으로 바로 쓰러지고 말았다. 의사는 엄마를 일으켜 세워 다른 병동으로 옮겨 돌보게 했다. 우리 외할아버지가 심장병으로 젊은 나이에 세상을 떠나셨는데 엄마 역시 심장이 매우 약했다.

아빠도 가슴을 움켜잡았다. 아빠 역시 심장에 충격을 받은 듯했다. 감사하게도 심장병은 아니었지만, 아빠는 여전히 그때 받은 충격으로 인해 치료를 받아야 했다. 당시 만삭이었던 무사 오빠의 아내는 나를 보고 너무 충격을 받아 태중의 아이를 잃을 뻔했다.

내가 치료를 받는 동안 무슬림 의료진들은 부모님을 조롱했다. 그들은 우리 부모님에게 자녀들이 이교도가 되어서 죄에 대한 대가를 치르는 것이라고 말했다. 많은 간호사들과 의사들은 교회에서 돈을 주기 때문에 우리가 교회에 다닌다고 생각했다. 만약 우리가 예수님을 예배하는 마음으로 교회에 십일조와 헌금을 드렸다는 사실을 알았다면 그들은 아마도 큰 충격을 받았을 것이다.

내가 처음 입원했을 때, 우리를 무료로 치료해주기 위해 몇몇 외국인 크리스천 의사들이 병원에 찾아왔다고 한다. 그런데 병원은 우리를 치료해줄 만큼 충분히 훈련된 의사들이 없었음에도 불구하고 그들의 호의를 거절했다. 의료보험 혜택을 받을 수 없는 폭탄테러 희생자들은 병원에 엄청난 치료비를 지불해야 했다.

의사들은 말리카 언니에게 나의 부상이 너무 심각하기 때문에 생존이 불가능하다고 하였다. "만일 오늘 중으로 반응이 없다면, 살 가망성은 없습니다."

그들은 자신들이 할 일을 다 했다고 하면서 부모님께 나의 장례를 준비하라고 말했다.

그날 저녁 나의 친구들은 나를 위해 밤새 기도했다. 폭탄테러 소식이 바깥 세상에 알려지자 그들도 우리 교회를 위해 기도하기 시작했다.

처음 병원에 입원한 후 며칠 동안은 내가 중환자실에 있었기 때문에 부모님은 나와 함께 있을 수 없었다. 그들은 공포로 넋을 잃은 채 중환자실 바깥 복도에서 기다렸다. 내가 살아나기를 바라며 기도하는 그 시간이 부모님에게는 영원의 시간처럼 길게 느껴졌을 것이다.

하지만 그 다음날 아침 돌파가 일어났다. 한 간호사와 의사가 나의 상태를 확인하는 동안 갑자기 내가 말문을 열었다. "배고파요." 나는 들릴 듯 말 듯한 목소리로 어렵게 말했다.

그들은 내가 말하는 것이 그들의 상상이 아닌가 하고 입을 떡 벌리고 놀란 눈으로 서로를 쳐다보았다. "뭐가 먹고 싶니?" 의사가 물었다.

"케밥 그리고 딸기와 초콜릿이요." 나는 힘없이 말했다.

성경에서는 죽었다가 살아난 사람들이 언제나 배가 고팠다고 기록한다. 예수님께서 부활하시고 처음으로 제자들에게 나타나셨을 때, 그분은 음식을 달라고 하셨다. 그리고 마가복음 5장 43절과 누가복음 8장 55절 역시 예수님께서 살리신 12살짜리 소녀(야이로의 딸)의 가족들에게 곧 바로 먹을 것을 주라고 말씀하셨다. 나는 예수님 앞의 그 딸과 같았다.

그 의사는 자신이 무엇을 할 수 있을지 살펴보겠다고 말한 뒤 내가 고비를 넘겼다는 소식을 가족들에게 전하러 나갔다. 나는 병실 밖에서 나는 환호 소리를 들었다.

나는 3일간 의식이 돌아왔다 나갔다 했다. 부모님이 처음 나를 면회했을 때, 그들은 케밥과 초콜릿과 내가 좋아하는 딸기를 가지고 왔다. 하지만 나는 정맥 주사로 영양을 공급받고 있었기 때문에 그것을 먹을 수 없었다.

나는 영적으로는 자유했지만, 육체적으로는 극심한 고통을 느꼈다. 게다가 시력까지 잃었다. 그래서 사람들이 찾아왔을 때 굉장히 괴로웠다. 나는 그들이 누군지 몰랐다. 한번은 누군가 내 침대 곁에 앉아 바스

락거리는 소리가 들렸다. "누구세요?" 내가 놀라서 물었다.

"아빠란다. 사랑하는 내 딸아, 모든 것이 다 잘될 거야." 아빠는 붕대를 감은 내 손을 잡으며 위로하였다.

나는 아빠를 통해 하나님의 사랑을 느꼈다. 아빠는 밤낮으로 내 곁에 머물렀고, 또 나의 손을 잡고 이마에 입맞추면서 내가 괜찮은지 살폈다. 마치 아빠가 지난 몇 년간 나를 핍박했던 것에 대한 용서를 구하는 것처럼 느껴졌다. 아빠가 내게 했던 일들에 대한 원망 같은 것은 전혀 없었다. 나는 하나님께서 아빠의 마음을 녹이고 계셨다는 것을 알았다. 내가 크리스천이 되기 전까지 우리는 아주 친했었다. 아빠는 막내딸인 나를 아빠의 목에 태우고 다녔다. 하지만 그리스도를 따르기로 한 나의 결정이 우리 사이를 갈라놓고 말았다.

폭탄테러 이후 우리의 관계는 다시 회복되었다. 아빠는 나와 함께 중환자실에 머물도록 허락받은 유일한 사람이었다.

병 원   치 료

의사들은 화상을 입어 붓고 물집이 잡힌 내 몸을 붕대로 감았다. 병원의 의사와 간호사들은 모두 무슬림이었다. 그들은 다른 희생자들과 내가 병원에 들어오게 된 경위와 우리가 기독교로 개종했다는 사실을 알게 된 후부터 우리를 함부로 대했다. 한번은 환자복을 갈아입을 때 매서운 눈초리를 한 간호사가 나의 살점과 함께 붕대를 떼버렸다.

나는 너무 아파서 소리를 질렀지만, 그녀의 태도는 변하지 않았다. 순간 베드로전서 1장 6-7절의 말씀이 떠오르며 힘이 솟았다.

> 그러므로 너희가 이제 여러 가지 시험으로 말미암아 잠깐 근심하게 되지 않을 수 없으나 오히려 크게 기뻐하는도다 너희 믿음의 확실함은 불로 연단하여도 없어질 금보다 더 귀하여 예수 그리스도께서 나타나실 때에 칭찬과 영광과 존귀를 얻게 할 것이니라

"이 변절자야! 이것은 알라의 심판이야. 너는 천벌을 받아 마땅해." 간호사들이 자기들끼리 수군거렸다.

예수님은 핍박하는 자를 위해 기도하라고 말씀하셨다. 그래서 나는 그들을 위해 기도했다. 나는 마치 내 믿음 때문에 고문을 당하는 것처럼 느꼈다. 그들은 전보다 더 심하고 거칠게 대했다.

"왜 이러시는 거예요?" 나는 아파서 비명을 질렀다. 더 이상 못 참겠다고 생각했다.

"입 다물어. 네 신상에 뭐가 좋은지 안다면." 나의 항변에 대한 그들의 반응이었다.

그들이 나에게 고통을 가했음에도 불구하고, 마음속에서는 오히려 나를 괴롭히는 그들을 향한 안타까운 마음이 생겼다. 나는 그리스도의 사랑을 나누길 갈망했다. "비록 당신이 내 살점을 뜯어낼지라도 나는 당신에게 예수님께서 당신을 사랑하신다고 한결같이 말할 거예요." 나는 겨우 숨을 쉬며 말했다. "그리고 나는 당신을 용서합니다. 당신이

지금 무슨 일을 하고 있는지 당신은 몰라요." 나는 복음을 전하는 것을 멈추지 않았다. 심지어 나를 박해하는 사람들에게도 복음을 전했다. 나는 로마서 5장 3-5절의 말씀을 붙들며 견뎠다.

> 다만 이뿐 아니라 우리가 환난 중에도 즐거워하나니 이는 환난은 인내를, 인내는 연단을, 연단은 소망을 이루는 줄 앎이로다 소망이 우리를 부끄럽게 하지 아니함은 우리에게 주신 성령으로 말미암아 하나님의 사랑이 우리 마음에 부은 바 됨이니

나는 천국에 갔었다! 그리고 그곳에서 예수님을 얼굴과 얼굴로 대면했다! 그래서 나는 하나님의 사랑과 용서를 감출 수 없었다.

의사들은 나를 잘 돌봐주지 않았다. 나의 가족이 많은 돈을 지불하기 전까지 그들은 나의 머리를 수술해주지 않았다. 하지만 대통령이 폭탄테러 희생자들을 확인하기 위해 정부 관료들을 보낸 후부터 치료가 개선되었다. 결국 정부는 희생자들에게 재정적 보상을 하기로 하였다. 액수가 많지는 않았지만, 퇴원 후 병원비와 약값을 지불하기엔 충분했다. 그것은 정말 하나님의 은혜였다.

경찰들은 테러리스트들이 와서 공격할 것을 우려하여 계속 우리가 머물던 병원을 지켰다.

폭탄이 터졌을 때, 그 근처에 있었던 10명의 친구들은 그 자리에서 즉시 사망했다. 폭발 당시 내 곁에 서 있던 와파의 머리는 터져버렸다. 와파는 가슴에 성경을 꼭 껴안고 목이 잘린 채 발견되었다. "그의 경건

한 자들의 죽음은 여호와께서 보시기에 귀중한 것이로다"(시 116:15). 폭발로 거의 200명의 사람들이 부상을 입었고 그 중 50명이 나처럼 심각한 부상을 당했다. 폭탄에 가장 가까이 있었던 내가 어떻게 살아났는지는 아무도 몰랐다.

나는 혼수상태를 드나들었다. 의식이 돌아올 때마다 나는 하나님께 치유를, 특히 시력의 회복을 위해 부르짖었다. 아무것도 보지 못하고 산다는 것은 생각만 해도 견딜 수 없었다. 나는 이사야 53장 5절의 말씀을 붙잡았고, 그것이 나에게 성취될 것을 믿었다. "그가 채찍에 맞음으로 나는 나았다!"

나의 피부는 타버렸지만, 나는 피부 이식 없이 새 살이 돋는 초자연적인 치유를 구했다. 마가복음 16장 18절은 이렇게 말한다. "병든 사람에게 손을 얹은 즉 나으리라." 나는 내 몸에 손을 얹고 회복되기를 기도했다.

폭발로 인해 심장도 크게 상했다. 마치 심장이 폭발할 것 같은 느낌이 들었다. 그래서 나는 극심한 두통에 대해 예수님의 보혈을 간청했다. 주님께 나의 모든 고통을 깨끗이 씻어달라고 기도했다.

사역자들 역시 나에게 기름을 바르며 기도했다(약 5:14). 우리는 성찬식도 열었다(고전 11:23-26).

의식이 뚜렷해질 때마다 나는 내 눈을 고쳐달라고 하나님께 부르짖었다. 3일 후 눈썹 사이로 희미한 빛이 보이기 시작했다.

"주님, 내 눈을 열어주셔서 감사합니다!" 나는 부르짖고 또 부르짖었다.

내가 주님을 찬양할 때, 천천히 눈이 열리기 시작했다. 의사들은 깜짝 놀랐다. 그들은 내가 소경이 될 것이라고 생각했다. 그리고 내가 폭발로 인해 눈에 화상을 입어 시력을 완전히 상실했고, 또 그것을 치료하는 것은 불가능한 일이라고 가족들에게 말했다. 하지만 지금 나의 시력은 완벽하다! 나는 내가 사도 바울처럼 예수님을 얼굴과 얼굴로 대면했기 때문에 일시적으로 눈이 멀게 된 것이 아닐까 생각했다. 그분의 얼굴은 해처럼 빛났다.

> 같이 가던 사람들은 소리만 듣고 아무도 보지 못하여 말을 못하고 서 있더라 사울이 땅에서 일어나 눈은 떴으나 아무 것도 보지 못하고 사람의 손에 끌려 다메섹으로 들어가서 사흘 동안 보지 못하고 먹지도 마시지도 아니하니라 (행 9:7-9)

중환자실에서 지내는 동안 교회 식구들과 부모님, 형제들과 자매들이 지속적으로 나를 위해 기도해주었다. 그들은 밤을 지새우며 기도했다. 그리고 내가 먹기 시작하자 모든 식사를 마련해주었다. 친구들은 매일 서로의 손을 잡고 내 침대를 둘러싸고 큰 소리로 나를 위해 기도했다. 그들은 폭발로 다친 모든 사람들의 치유를 위해 순번을 정해 돌아가며 금식하며 기도했다.

나의 가족들은 매일 교회의 친구들을 만났고, 그들이 보여준 사랑과 돌봄에 깊은 감동을 받았다. 폭탄테러로 생긴 한 가지 긍정적인 결과는 나를 잃을 뻔해서 무척 슬퍼하던 아빠와 오빠들이 더 이상 핍박하지 않게 되었다는 점이다.

"사마는 예수님을 위해 죽었으니 이제 그분을 위해 살 거야." 아빠가 이렇게 말했고, 오빠들도 동의했다.

그들은 믿음에 대한 나의 헌신을 목격했고, 또 나와 예수님과의 관계가 얼마나 중요한지 인식하기 시작했다.

아주 긴박하고 중요한 며칠을 보낸 후 나의 시력이 기적적으로 돌아왔지만, 내 몸은 크게 호전되지는 않았다. 나는 온몸을 관통하는 극심한 통증에 시달렸다. 시간이 지나도 통증은 가라앉지 않았다. 나는 고통 가운데 침상에 누워 있었다. 눈물이 뺨을 타고 조용히 흘러내렸다. 나는 꽤나 많은 수혈을 받았다. 며칠 전 수혈했던 나의 피를 다시 수혈받고 있는 것이 아닌가 하는 생각도 들었다.

## 한 계 점

폭탄테러가 일어나고 약 1주일이 되었을 때, 나는 더 이상 고통을 견딜 수 없을 것만 같았다. 온몸이 붓고 물집으로 가득했다. 여전히 사람들이 나를 알아보지 못하는 상태였다. 나는 고개를 들 때마다 토할 것 같았다. 통증이 너무 심해서 잠을 잘 수도 없었다. 나는 한계에 다다랐다. 하나님은 그것을 아시고 도울 사람을 보내셨다.

어느 날 대통령과 함께 일하는 사람이 병원에 방문할 계획이라는 소식을 들었다. 나는 대통령을 사랑했고 그를 위해 기도했지만, 그 시점에는 어떤 방문객도 만나고 싶지 않았다. 내가 원했던 유일한 한 가지는 고통을 줄이는 것뿐이었다.

그런데 정부 관료 대신 온 그 '권세자'는 내가 사랑하는 김 박사님이었다. 그가 병실에 들어왔을 때, 마치 천사를 보는 듯했다. 나는 어떻게 해서든 '아빠'라고 불러보려 했지만, 아무 소리도 내지 못했다. 너무 아파서 어떤 말도 할 수 없었다. 내가 할 수 있는 일이라곤 그의 눈을 보는 것뿐이었다. 내가 흘린 눈물은 수만 가지를 말하고 있었다. 그가 나를 돌봐줄 것이란 사실에 순간 눈물이 났다. 그 역시 마음이 아파 눈물을 흘렸지만, 억지로 참으려고 애쓰고 있었다.

김 박사님은 폭탄테러에 관한 소식을 듣자마자 곧장 미국에서 비행기를 타고 날아왔다. 병원은 그가 나를 만지거나 치료하는 것을 거절했다. 하지만 그는 정부 관료의 도움으로 나를 만날 수 있었다.

김 박사님은 조심스럽게 내 머리에 입은 부상을 검진했고, 그곳에서 피가 흘러나오는 것을 발견했다. 의사들은 나를 성의 없이 치료했다. 머리 속에는 여전히 많은 폭탄의 파편들(작은 유리 조각, 모래와 먼지)이 남아 있었다. 그러나 그들은 파편들을 다 제거하지 않은 채 붕대만 감고 나를 방치했다. 김 박사님은 만일 자신이 개입하지 않으면 결국 내가 죽게 될 것이라는 것을 깨달았다.

김 박사님은 정부 관료의 도움으로 나를 병실에서 빼낸 뒤 수술하기로 하였다. 주말에 소수의 직원들이 병원을 지키고 있을 때, 나는 친구들과 가족들의 도움을 받아 병실 밖으로 몰래 빠져나왔다.

우리는 승합차를 타고 폭탄테러가 일어나기 전 우리가 이사하기로 했던 교회 건물로 갔다. 그 건물은 아직 공사 중이었다.

　나는 움직일 때마다 매우 고통스러웠다. 교회 성도들은 내가 통증을 느끼지 않도록 나를 들것에 실어 조심스레 옮겼다.

　김 박사님은 전기도 없는 임시로 만든 극장 안에서 나의 상처를 다룰 준비를 했다. 수술하기 전 김 박사님은 면도기로 부드럽게 나의 머리카락을 제거했고, 내 몸을 알코올로 소독했다. 마지막 머리카락이 사라지자 나는 평안함을 느꼈다.

　김 박사님은 내 머리의 상처부위를 소독했다. 그는 딸을 돌보는 아빠처럼 아주 부드럽고 친절했다. 예전에 나와 함께 의료선교 여행을 갔던 의사이자 설교자인 라술이 그를 도왔다. 라술은 첫 번째 폭탄 바로 오른쪽에 앉아 있었지만, 폭탄이 터질 당시 그는 한층 아래에 있는 사무실에 헌금을 가지러 가느라 자리를 비웠었다. 만일 그날 그가 헌금을 두고 오지 않았다면, 그 자리에서 바로 죽었을 것이다. 그리고 두 번째 폭탄이 터졌을 때, 그는 건물 밖에 있었다. 폭발로 인해 창문의 유리 조각들이 떨어져 그의 등에 박혔지만, 그것을 제거한 뒤 붕대로 감자 빨리 회복되었다. 부상에도 불구하고 그는 체포되어 구금되었다가 무혐의로 풀려났다.

　김 박사님이 집도한 수술을 마치고 나는 다시 몰래 병원으로 돌아갔다. 김 박사님이 정부의 지지를 받고 있었기 때문에 의사들은 못 본체 눈감아 주었다. 그들은 김 박사님을 막으려 하다가 오히려 자신들이 어려움을 당할까 봐 두려워했다.

　그 다음주에 수술한 봉합선이 터져서 다시 봉합해야 했다. 나는 다시 병원을 몰래 빠져나왔다. 이번에는 아딜라 언니가 수술을 돕는 조수가 되었다. 언니는 전에 의료선교를 다녀본 경험이 있어서 이런 일에 제법 능숙했다.

비록 내가 언니의 여동생이긴 했지만, 수술 장면을 보는 것은 매우 힘겨운 일이다. 그러나 언니는 기꺼이 하기로 했고, 김 박사님이 수술하는 3시간 동안 양손에 손전등을 들고 내 머리 위로 비췄다. 그것은 진을 빼는 일이었다. 하지만 언니는 수술이 끝날 때까지 자리를 지켰다.

아딜라 언니는 김 박사님이 나의 머리에 난 구멍을 꿰매는 모습을 지켜보면서 쉼 없이 나를 위해 기도했다. 두 번째 수술은 폭탄이 터진 건물에서 하였다. 1층에 수술실을 마련했는데, 사건에 대한 트라우마로 인해 나는 많이 긴장했다. 전신 마취가 아닌 국소 마취를 했기 때문에 나는 주변에서 일어나는 상황을 보고 말할 수 있었다.

나는 김 박사님을 통해 큰 사랑과 돌봄을 받았다. 그것은 나를 핍박하는 간호사들의 태도와는 전혀 달랐다. 나는 적절한 시기에 김 박사님을 통해 하나님의 긍휼과 사랑을 느꼈다. 그는 내가 그를 절실히 필요로 할 때 와주었다.

기적적인 치유

김 박사님이 치료해준 후 머리의 통증이 진정되기 시작했다. 그는 미국에서 화상 치료를 위한 특별한 연고를 가지고 왔는데, 매일 교회에서 온 성도들이 나를 위해 기도하며 피부에 연고를 발라주었다. 나는 기적적으로 빠르게 회복되었다.

하루는 같은 대학에 재학 중인 친구들이 찾아왔다. 망가진 내 모습을 처음 본 그들은 울고 말았다. 그러나 잠시 후 치료된 나의 피부를 보고 다들 놀랐다.

화상 병동에 있을 때, 같이 있던 한 여자가 내가 상처도 없고 피부 이식을 받을 필요가 없을 정도로 빠르게 회복되는 것을 유심히 관찰했다.

"어떻게 피부가 회복되었니?" 어느 날 그녀가 나에게 물었다. 큰 화상을 입은 그녀의 온몸에는 끔찍한 상처 자국들이 남아 있었다.

"예수님 덕분이에요. 그분은 저의 치료자세요." 그렇게 말한 나는 그녀에게 복음을 전했다.

"만일 그분이 치료할 수 있다면, 나도 그분에게 치료받고 싶어." 그녀가 대답했다.

그래서 나는 그녀의 치유를 위해 기도했고, 기적을 일으키시는 예수님을 증거했다.

의사들은 내 몸의 변화를 보고 깜짝 놀랐다.

"새 살이 돋았어. 상처 자국이 전혀 없잖아!" 나를 검진한 의사가 소리쳤다.

"위대한 의사께서 나를 치료하셨어요." 나는 웃으며 말했다. "예수님은 어제나 오늘이나 영원토록 동일하신 분이에요"(히 13:8).

하나님은 나에게 새로운 피부를 주셨다.

나는 그 병원에서 2주간 머문 뒤 화상 치료를 위해 다른 병원으로 옮겼다. 그곳의 의사와 간호사들 역시 나를 핍박했다. 그러나 나는 크게 개의치 않고 주님께서 나의 치료자 되심을 기뻐했다. 의사는 가능한 일을 하지만, 주님은 불가능한 일을 하신다.

병원에서 지내는 동안 친구들과 가족들이 한 명씩 돌아가며 내 곁에 있어주었다. 아주 민감한 간호사인 말리카 언니는 내가 잠을 못 자면 책을 읽으며 돌봐주었다. 그러던 어느 날 테러리스트들이 다시 돌아와 우리를 해치려 한다는 경고를 받았다. 그 말을 듣고 처음에는 잠을 청하기 어려웠다. 하지만 새로운 병원에서는 마음이 훨씬 편했다.

그곳에 있는 동안 내 안에는 기쁨이 넘쳤다. 나는 하나님의 성령에 취했다(롬 14:17). 기쁨과 웃음은 천국의 화폐다. 내가 천국에서 이 땅으로 돌아왔을 때 기쁨과 웃음이 함께했다. 주님의 기쁨이 나의 힘과 양약이었고, 또한 지금도 그러하다. 모든 고통과 불편함 가운데 나는 종종 전염성이 강한 큰 웃음을 터뜨리곤 했다.

"너는 왜 그렇게 웃고 있니?" 사람들이 놀라서 물었다.

"그러면 제가 우는 모습을 보고 싶으세요?" 다시 웃음을 터뜨리기 전에 내가 물었다.

나는 환자와 의사와 간호사 등 만나는 모든 사람들에게 예수님을 전했다. 고통에도 불구하고 나는 하나님을 위해 불타고 있었다. 예수님을 만났을 때, 나는 변화되었다. 이제 나는 영원의 관점과 사고방식을 갖게 되었고, 예수님을 모르는 사람이 하나도 없기를 바라는 마음으로 불타올랐다. 나는 가장 아름다운 곳에 예수님과 함께 있었다. 그리고 이 땅에 사는 모든 사람들도 그것을 경험하기를 원했다. 골로새서 3장

1-4절의 말씀처럼 내 마음은 천국에 있었다.

> 그러므로 너희가 그리스도와 함께 다시 살리심을 받았으면 위의 것을 찾으라 거기는 그리스도께서 하나님 우편에 앉아 계시느니라 위의 것을 생각하고 땅의 것을 생각하지 말라 이는 너희가 죽었고 너희 생명이 그리스도와 함께 하나님 안에 감추어졌음이라 우리 생명이신 그리스도께서 나타나실 그 때에 너희도 그와 함께 영광 중에 나타나리라

아빠는 마지막으로 언니들과 나에게 이슬람으로 돌아오라고 권면했다. 나는 아빠를 공경하는 마음으로 들은 후 이렇게 대답했다. "만일 무슬림이 됨으로 구원받을 수 있다면 그렇게 하겠어요. 하지만 예수님은 구원을 위한 유일한 길이세요. 그분이 길이요, 진리요, 생명이시기에 저는 그분을 따를 거예요."

아빠는 어깨를 으쓱하며 한숨을 쉬면서 방을 나가셨다. 아빠는 우리가 자신의 요구를 결코 받아들이지 않으리란 것을 알았다. 그날 이후로 아빠는 우리를 이슬람교로 돌이키려는 생각을 포기했다.

경찰은 폭파범을 잡으려고 최선을 다하고 있었지만, 엉뚱한 곳에서 범인을 찾고 있었다. 그들은 심지어 병원에 찾아와 부상당한 사람들에게 이렇게 물었다.

"당신이 교회를 폭파했습니까?" 한 경찰관이 부은 얼굴에 붕대를 감고 침상에 누워 있는 나에게 물었다.

나는 경찰이 그런 질문을 한다는 것을 믿을 수 없었다. "어떻게 그

렇게 생각할 수 있죠?" 충격을 받은 내가 대답했다.

## 집으로 돌아가다

새로운 병원에서 한 달을 보낸 후 나는 집에 갈 수 있게 되었다. 집으로 돌아온 후에는 우리 동네에 사는 한 간호사가 찾아와 주사를 놓아주고 붕대를 갈아주었다.

폭탄 사건으로 인한 육체적·감정적 상처를 완전히 극복하는 데 거의 1년이 걸렸다.

나의 새 피부는 아주 민감했고 한동안 매우 부드러웠다. 나는 거의 1년 동안 햇빛에 노출될 수 없었다. 잠깐이라도 밖에 나가려면 자외선 차단 크림을 발라야 했다.

나는 또한 아주 잘 놀랐다. 큰 소리를 듣기만 하면, 심지어 풍선 터지는 소리만 들어도 내 마음은 요동쳤다.

혼자서 외출을 하게 된 지 한 달 정도 되었을 때, 오랜만에 복잡한 버스에 올라탔다. 버스가 출발해서 우리 집을 지나 모퉁이를 돌 때 갑자기 타이어가 터졌다. 버스 기사는 주차할 곳을 찾느라 터진 바퀴가 거친 소리를 내며 불안정하게 움직이도록 내버려뒀다.

그 소리에 놀란 나는 비명을 지르며 의자에서 벌떡 일어났다. 다른 승객들이 왜 출구로 달려가지 않는지 이해할 수 없었다. 나는 이리저리 사람들을 밀치며 문 앞까지 갔다. 버스는 멈추지 않았지만, 나는 간신히 문을 열고 뛰어내렸다.

　버스에서 내렸는데도 안전하다는 생각이 들지 않았다. 그래서 나는 거칠게 우리가 조금 전 돌아온 모퉁이 쪽으로 달렸다. 나는 어느 정도 이것이 비이성적인 행동이라는 것을 알았지만, 어떻게 할 수 없었다. 다른 승객들은 분명히 내가 미쳤다고 생각했을 것이다. 하지만 그때 나는 오히려 그들이 잘못됐다고 생각했다.

　한 구역 정도 지나 멈춘 나는 벽에 기댔다. 심장은 고동쳤고, 나는 숨을 헐떡였다.

　나는 이성적으로나 영적으로 두렵지 않았지만, 폭발 소리에 대한 내 몸의 본능적인 반응은 나를 이상하게 만들었다. 마음에 평강은 있었지만, 한동안 내 몸은 큰 소리가 나면 그렇게 반응했다.

　또 한번은 내가 집에서 자는 동안 가스히터가 큰 소리를 냈다. 나는 즉시 일어나 아무 생각 없이 아파트를 빠져나가기 위해 서둘러 달렸다. 아빠는 나를 붙잡고 안정시키면서 그냥 히터일 뿐 나는 안전하다고 말해주었다. 아빠가 나를 설득해 침대로 데려가기까지 시간이 한참 걸렸다.

　한편 나는 내가 겪었던 사건과 내가 다시 살아난 기적이 의미하는 바에 대해 한 가지 끊임없는 생각에 사로잡혔다. 비록 내 피부는 새로워졌지만, 머리에 난 상처 부위에는 머리카락이 나지 않았다.

　처음에 나는 둥글게 대머리 진 환부에 손을 얹고 머리카락이 자라도록 기도했다. 하지만 그때 나는 하나님께서 그것이 일종의 고난의 증표이자 그분이 어떻게 나를 치유하고 회복시키셨는지에 대한 기념물이라고 말씀하시는 것을 느꼈다.

하나님은 나에게 예수님께서 십자가를 지실 때 생긴 옆구리와 손과 발의 상처 자국을 여전히 가지고 계신다는 사실을 떠오르게 하셨다. 하나님은 주님의 고난과 영광을 나누는 사랑의 증표로 내 머리에 상처 자국을 남겨 주셨다는 것을 깨우쳐주셨다.

베드로전서 4장 12-14절을 비롯하여 하나님의 말씀은 내가 회복하는 동안 나를 든든히 지탱해주었다.

> 사랑하는 자들아 너희를 연단하려고 오는 불 시험을 이상한 일 당하는 것 같이 이상히 여기지 말고 오히려 너희가 그리스도의 고난에 참여하는 것으로 즐거워하라 이는 그의 영광을 나타내실 때에 너희로 즐거워하고 기뻐하게 하려 함이라 너희가 그리스도의 이름으로 치욕을 당하면 복 있는 자로다 영광의 영 곧 하나님의 영이 너희 위에 계심이라

나는 주님께서 내가 완전히 나았다고 말씀하시는 것을 느꼈다. 나는 그분의 말씀을 믿었다. 그분은 자신을 여호와 라파, 치유자로 내게 계시해주셨다(출 15:26). 나는 걸을 수 없어야 했다. 또한 귀먹고 눈멀고 화상 자국이 남았어야 했다. 나는 죽었어야 했다. 내가 산 것은 기적이었다. 그리고 오늘 내 몸이 완전히 회복된 것도 기적이다.

점점 강건해지면서 나는 나에게 주어진 시간을 더 이상 당연한 것으로 여기지 않고 날마다 감사했다. 그것은 일종의 강제적인 안식이었다. 쉬면서 기도하고, 예배하고, 성경을 읽는 시간이었다. 나는 시편 42편에 기록된 다윗 왕의 고백처럼 하나님의 마음을 구했다. "하나님이여

사슴이 시냇물을 찾기에 갈급함 같이 내 영혼이 주를 찾기에 갈급하니이다"(시 42:1).

예수님이 성령의 임재를 통해 언제나 나와 함께하시기는 했지만, 나는 그분이 그리웠다. 나는 그분과 함께 낙원에 살고 싶었다. 어느새 천국에 대한 향수병이 생겼다.

나는 천국이 그리워질 때마다 시편 84편 1-2절을 노래했다.

> 만군의 여호와여!
> 주의 장막이 어찌 그리 사랑스러운지요
> 내 영혼이 여호와의 궁정을 사모하여 쇠약함이여
> 내 마음과 육체가 살아 계시는 하나님께 부르짖나이다

폭탄테러 이전에 나는 계속 선교여행, 코칭, 대학 생활 등으로 쉼 없이 움직였다. 나는 탈진했지만, 결코 쉬지 않았다. 그러나 이제 나는 히브리서 4장 4절에서 말하는 안식의 필요성을 깨달았다. "하나님은 제칠일에 그의 모든 일을 쉬셨다." 그리고 그것을 내 삶에 적용함으로 하나님을 섬길 시간을 갖고, 또 마음과 뜻과 정성을 다해 주님을 사랑하라는 가장 위대한 명령으로 돌아갈 때라는 것을 알았다.

**Chapter 20**

# 용서

　폭탄테러가 일어난 날, 아딜라 언니는 감옥에 수감되었다. 폭발 후 경찰은 현장에 남아 있던 사람들을 모두 체포했다. 그들은 경찰서로 압송되었고, 아딜라 언니는 교회의 리더들과 함께 용의자로 지목되었다.

　언니를 보호해줄 사람은 아무도 없었다. 이제 막 경험한 테러의 공포가 가시기도 전에 언니는 크리스천이란 이유로 핍박을 받았다. 경찰은 그녀가 이슬람교를 버렸기 때문에 폭탄이 터질 것을 예상하고 있었을 것이라고 말했다. 경찰들의 부당한 대우에도 불구하고 아딜라 언니와 다른 성도들은 경찰들에게 복음을 전하려고 하였다.

아딜라 언니가 감옥에 도착했을 때, 그녀는 특별 수사관 중 한 사람이 정부에서 일하고 있는 우리 삼촌이라고 생각했다. 언니가 잘못 본 것이었지만, 당시 언니는 삼촌이 확실하다고 생각했다.

"삼촌, 삼촌! 저예요. 아딜라예요." 언니가 그를 보고 외쳤다.

그러자 그 남자는 언니를 비웃었다. "왜 나를 삼촌이라고 부르지? 난 너의 삼촌이 아니야."

"저를 모르세요, 삼촌?" 언니가 다시 물었다.

그 모습을 지켜본 다른 경찰은 그가 진짜 그녀의 삼촌이라고 생각했다. 그 남자는 화가 났지만, 언니가 잘못 본 것이라고 말해주었다.

당시 아딜라 언니는 '고귀한'이란 뜻의 이름을 가진 친구 나시바와 함께 있었다. 나시바는 경찰들에 복음을 전하려고 했지만, 그들은 그녀를 조롱하고 위협했다.

"너랑 자면 우리는 하나가 될 거야. 그러면 우리도 크리스천이 되잖아. 안 그래?" 한 경찰이 비웃으며 벨트를 풀고는 그녀를 범하려 하였다.

그가 나시바를 잡으려 할 때 아딜라 언니에게는 두려움 대신 엄청난 분노가 일어났다. "뭐하시는 거예요?" 아딜라 언니가 사납게 말했다. "당신은 우리를 보호해야 해요!" 언니는 서둘러 나시바를 보호했다.

"경찰에게 그렇게 말하는 너는 누구야?" 다른 경찰이 소리쳤다. "권위자에게 존경을 표해야지!"

아딜라 언니가 피할 시간도 없이 그는 언니의 얼굴을 세게 내리쳤다. 언니는 콘크리트 바닥에 쓰러졌다.

"니가 그랬지. 안 그래? 니가 폭탄을 설치했지. 자백해!"

그는 숨통이 끊어지도록 다시 한 번 주먹으로 세게 쳤다.

바닥에 쓰러진 언니는 그 남자의 눈을 똑바로 쳐다보며 성령께서 주신 권위로 말했다. "예수님은 당신을 사랑하십니다."

언니가 이 말을 하자 그 방에는 적막이 흘렀다. 마치 여호와를 경외하는 마음이 그에게 임한 듯 그는 갑자기 감각을 잃어버렸다. 언니의 눈을 똑바로 쳐다볼 수 없었던 그는 급히 등을 돌렸다.

"예수님은 당신을 사랑하십니다."

"지하실로 데리고 가!" 그가 명령했다.

아딜라 언니는 지하실에서 강간을 당하거나 심지어 죽을 수도 있다는 것을 알고 있었기 때문에 마음이 무너졌다.

"너는 왜 교회에 있었지?" 지하실에 도착하자 그가 물었다.

아딜라 언니는 그에게 자신의 간증을 담대하게 말했고, 예수님과 그분의 사랑에 관해 알려주었다.

"니가 지금 이런 말을 하는 것은 반역죄야." 그가 차갑게 응수했다. "니가 한 말 때문에 나는 널 죽일 수도 있어. 나는 너를 강간할 수도 있고 뭐든지 할 수 있어. 무섭지 않아?"

하나님께서 함께하신다는 것을 알고 있던 아딜라 언니는 담대하게 대답했다. "저는 무섭지 않아요."

하지만 말만으로는 그를 당해낼 수 없었다. 격분한 그는 아딜라 언니의 목을 잡고 바닥에 내동댕이친 후 발로 찼다.

"이제 진실을 자백할 준비가 됐지?"

아딜라 언니는 맞아서 움츠리고 신음했지만, 여전히 그가 예수님을 알도록 기도했다. 심문과 구타를 견딘 후 언니는 교회 성도들이 수감된 감옥으로 갔다. 처음에는 교회 성도들이 함께 있었다. 그래서 그들은 서로 포옹하고 기도한 후 딱딱한 나무 의자에서 잠을 청하였다.

후에 경찰은 사람들을 모두 분리하기로 결정했고, 아딜라 언니를 어두운 독방으로 옮겼다.

다음날 아침 감옥에 머문 지 24시간 만에 아딜라 언니가 풀려났다. 언니는 곧장 나를 보러 병원에 왔다. 몰래 병실로 들어온 언니는 그날 밤 중환자실에 있는 내 침대 옆 바닥에서 잤다.

## 기적적인 탈출

다음날 경찰은 병실에 들이닥쳐 아딜라 언니를 다시 체포했다.

우리 사범님은 폭발 후 3일간 감옥에 수감되었고, 선교 사역과 신앙 때문에 핍박을 받았다. 아딜라 언니 역시 감옥에 3일간 투옥된 후 4일째 되는 날 아침에 풀려났다. 언니가 풀려난 방법은 한마디로 기적이었다. 아딜라 언니는 주님께서 자신에게 떠나라고 말씀하셨다고 느꼈다.

"좋아요." 하지만 언니는 어떻게 빠져나와야 할지 몰랐다. 언니는 믿음으로 잠겨 있던 감옥 문을 밀어 열었다. 보통 경찰들이 지키고 있었지만, 그날은 그곳에 아무도 없었다.

아딜라 언니는 계속 걸어가다가 우연히 얼굴을 아는 두 명의 경찰과 만났다. 언니는 걸어가며 체포된 사람이 아닌 친구처럼 그들에게 말하였다. 놀랍게도 그들은 언니를 의심하지 않고 지나쳤다. 고비를 넘긴 언니는 계속 걸어갔다. 이제 바깥으로 나가려면 경비원들이 지키는 큰 철문을 통과해야 했다.

감옥 정문에 도착했을 때, 거기에는 단 한 명의 경비원도 없었다. 그곳은 비어 있었다. 아딜라 언니가 조용히 큰 문을 밀자 아무렇지도 않게 열렸다. 언니는 감옥을 나와 도시의 신선한 공기를 만끽했다.

언니는 나에게 자신이 감옥에서 기적적으로 탈출한 것이 사도행전 12장 6-17절에 나오는 사도 베드로의 탈출과 비슷했다고 말해주었다.

아딜라 언니는 김 박사님이 다른 수술을 할 때도 도왔다. 그런데 김 박사님은 언니가 경찰서에서 삼촌으로 착각했던 사람을 치료한 적이 있었다. 그 '삼촌'이 김 박사님이 왔다는 소식을 듣고 치료받기 위해 연락했다. 그가 치료를 받으러 왔을 때, 김 박사님과 함께 있는 아딜라 언니를 보고 깜짝 놀랐다. "봤지. 네 삼촌이 돌아왔어." 그는 멋쩍다는 듯이 웃으며 언니에게 말했다.

아딜라 언니는 하나님께서 자신에게 베푸신 은총에 감탄했다. 그리고 언니는 그에게 구원자이신 예수님에 관해 말해주었다.

## 자 세 한 　 폭 발 　 상 황

테러범들이 우리 교회를 폭파한 후 다른 교회에 폭탄을 설치할 계획을 세우다가 잡혔을 때 나는 여전히 회복 중이었다. 우리 교회 성도들이 그 젊은이들을 알아보고 잡은 것이다. 그들은 모두 사형 선고를 받았다.

우리는 교회를 폭파하기 전 몇 달 동안 예배에 참석한 그들이 우리의 적이었다는 것을 믿기 어려웠다. 그러나 그들은 폭탄을 설치할 장소를 살피는 동안 예수님께 관심이 있는 척했을 뿐이었다.

아딜라 언니는 몇 가지 자세한 내용을 나에게 알려주었다.

"폭발이 있기 전날 금요기도회 후 대부분의 사람들이 쉬고 있을 때, 폭파범들은 세 개의 폭탄을 설치했어. 첫 번째 폭탄은 예배 중 의자 밑에 둔 가방에서 터졌어."

"토요일 오후 그들이 폭탄을 설치하던 그 시간에 나는 많이 아팠어. 악몽을 꿨는데, 검은 옷을 입은 백인이 뭔가 아주 끔찍한 일이 일어날 것이라고 나에게 경고했어. 그러다가 갑자기 꿈에서 깼는데, 내가 침대에서 떨고 있더라고. 정말 생생한 꿈이었어. 위험에 대한 경고가 너무 강렬해서 나는 온몸을 떨었어."

아딜라 언니가 나머지 이야기를 들려주는 동안 눈에 눈물이 가득했다. "시계를 보니 성가대 연습이 시작되었을 때였어. 그래서 나는 급히 물건을 챙긴 후 연습실로 달려갔지. 거기서 너를 봤지만, 너에게 걱정을 끼치고 싶지 않아서 그것에 대해 말하지 않았어. 나는 그냥 사람들과 함께 있는 게 좋았고, 그런 불편한 감정은 곧 떨쳐질 거라고 생각했어. 하지만 연습실에 도착했을 때, 내 몸은 여전히 떨고 있었어."

성령의 인도하심에 매우 민감한 아딜라 언니는 토요일 밤에 거의 잠을 자지 못했고, 또 그 전날 밤 악몽을 꿀 때와 동일한 긴박감을 느끼면서 일찍 일어났다. 언니는 새벽기도회에 참석하기 위해 새벽 5시에 일어났다. 기도회에 제일 먼저 도착한 언니는 마음의 부담이 사라질 때까지 계속 방언으로 기도했다. 하지만 다시 고열로 어지러워지자 기숙사로 돌아왔다.

이어서 이만 언니가 나머지 상세한 내용을 말해주었다. 폭발이 있던 날, 언니는 현관에서 사람들을 환영하고 있었다. 언니는 테러리스트 중 한 명이 가방을 메고 오는 것을 봤지만, 그것을 크게 개의치 않았다.

## 폭파범들을 용서하다

테러리스트들은 교회 건물을 파괴하려고 했다. 그렇게 하면 우리와 우리의 신앙을 무너뜨릴 수 있다고 생각했기 때문이다. 하지만 이사야 54장 17절은 이렇게 말한다. "너를 치려고 제조된 모든 연장이 쓸모가 없을 것이라 일어나 너를 대적하여 송사하는 모든 혀는 네게 정죄를 당하리니 이는 여호와의 종들의 기업이요."

테러리스트들의 계획은 도시에 있는 모든 교회에 폭탄을 설치하는 것이었고, 우리 교회가 첫 목표물이었다.

폭발로 인해 수많은 사망자와 부상자들이 발생했음에도 불구하고 우리는 그들에게 자비를 베풀었다. 그들이 사형 선고를 받았을 때, 우리는 대통령에게 그들의 목숨을 구해달라는 탄원서를 보냈다.

그 결과 그들은 사형을 피했다. 하지만 그들은 무기 징역을 선고받았다. 나는 지금도 그들이 예수님과 하나님의 사랑을 경험하고, 또 어둠의 종살이에서 풀려나 하나님의 진리의 빛으로 나오기를 기도하고 있다.

나는 이미 폭파범들을 용서했다. 예수님은 십자가에서 이렇게 기도하셨다. "아버지 저들을 사하여 주옵소서 자기들이 하는 것을 알지 못함이니이다"(눅 23:34). 하나님의 용서를 경험한 내가 어떻게 나의 원수들을 용서하지 않을 수 있겠는가?

나는 용서가 감정이 아니라 선택이라는 진리를 배웠다. 용서는 쓴 뿌리의 감옥에서 우리를 해방시킨다. 내가 섬기는 사랑의 하나님은 나뿐만 아니라 테러리스트들을 위해 죽으셨다. 나 또한 한때는 하나님의 원수였다. 그러나 하나님의 아들의 죽음을 통해 그분과 화해했을 때 하나님은 나를 그분의 친구로 삼아주셨다(롬 5:10-11). 주님의 은혜로 나는 그분의 본을 따라 우리를 죽이려 한 사람들에게 용서를 베풀었다.

나는 한 번도 네 명의 테러리스트들을 만나지 못했다. 내가 회복 중이었기 때문에 직접 마주칠 기회가 없었던 것이다. 하지만 아딜라 언니는 그들을 만났다.

하나님은 나에게 마태복음 5장 43-44절에 기록된 예수님의 명령을 따라 기도하라는 감동을 주셨다. "또 네 이웃을 사랑하고 네 원수를 미워하라 하였다는 것을 너희가 들었으나 나는 너희에게 이르노니 너희 원수를 사랑하며 너희를 박해하는 자를 위하여 기도하라."

사울의 이름이 바울로 변화된 것처럼 테러리스트들이 사랑의 하나님을 만나기를 기도한 지 몇 년이 지났을 때 나는 기도 응답을 받았다. 우연히 과거에 알카에다와 오사마 빈 라덴과 일했던 지하디스트를 만났는데, 그는 많은 테러리스트를 양성했고 심지어 우리 교회를 폭파했던 사람들도 그에게 훈련을 받았다.

그는 나에게 자신의 간증을 나누었다. 크리스천들은 수많은 유대인과 크리스천을 죽인 그를 위해 오랫동안 중보하였다. 그러던 어느 날, 하나님의 불을 경험한 그가 주님을 만났다. 예수님은 아름다운 빛과 기쁨의 형상으로 그의 꿈에 나타나셨다. 그리고 그분이 길이요, 진리요, 생명이심을 계시해주셨다. 그렇게 알카에다 지하디스트가 회개하고 그리스도를 따르는 자가 되었다!

그의 이야기를 들은 후 나는 하나님께서 그와 화해하기를 원하신다는 감동을 받았다. "형제님을 용서합니다." 내가 그의 눈을 바라보며 말했다.

그러자 그는 무릎을 꿇고 울기 시작했다. "저는 그럴 자격이 없습니다. 너무도 많은 생명을 죽였어요."

"주님께서 당신을 용서하신 것처럼 저도 당신을 용서합니다." 내가 그에게 말했다. "이제 당신이 받은 용서를 당신 자신에게 반드시 적용하세요."

나는 그에게 나 또한 하나님의 자비를 받을 가치가 없는 사람이었지만 그분이 나에게 긍휼을 베풀어주셨다고 말했다. 나는 그와 함께 기도했다. "우리가 우리에게 죄 지은 모든 사람을 용서하오니 우리 죄도 사하여 주시옵고"(눅 11:4).

선하신 주님의 자비와 사랑과 용서하심이 얼마나 감사한지요!

## Chapter 21

# 기적적인 변화들

폭탄테러 후 우리 교회는 다른 장소로 이사했다. 새로 옮긴 곳에서 우리는 누군가 무기를 소지하고 들어오면 알 수 있도록 공항처럼 검색대를 설치했다. 예전처럼 교회 건물을 24시간 개방하지는 못했지만, 하나님은 여전히 은혜를 베풀어주셨다. 사고가 난 후 우리를 보호하는 경찰들이 매 주일마다 우리와 함께 앉아 있었다. 그 결과 그들 대부분이 크리스천이 되었다.

어느 날 '영원한'이란 뜻의 이름을 가진 나의 사촌 자위드가 우리 집을 방문했다. 그가 3살 때 어머니가 죽었고, 나의 삼촌인 그의 아버지는 돈을 벌기 위해 유럽으로 이주했다. 삼촌은 자식들을 할머니께 맡기고 떠났다.

자위드는 최근 간질병 확진을 받아 자주 발작을 일으켰다. 그는 종종 거리에서 혼자 있을 때 발작하기도 했다. 그럴 경우 그를 발견한 사람들이 집으로 데려다주었다.

연로하신 할머니는 다섯 남매를 돌볼 기력이 없었다. 그래서 다른 가족들이 그들을 돌봐야 했다. 무슬림 문화에서는 가족 외에 입양시키지 않기 때문에 아이의 부모가 죽으면 즉시 부모의 가족이 그 아이를 자신의 아이로 받아들여야 한다.

자위드를 사랑한 나는 그가 고통당하는 것을 보고 싶지 않았다. 나의 가족은 그를 여러 의사들과 이슬람 지도자들에게 데리고 가봤지만 아무 소용이 없었다.

어느 날 자위드가 우리 집에 왔을 때, 우리는 모두 바닥에 앉아 이야기하며 음식을 먹고 있었다. 그런데 갑자기 그가 심하게 요동치며 발작하기 시작했다. 그의 온몸은 떨고 있었고, 입에서 침이 흘러나왔다. 그의 눈동자는 뒤집혀 있었다.

아딜라 언니와 나는 서로 마주보며 같은 생각을 했다. 자위드의 문제는 육적인 것이 아니라 영적인 것이었다. 그의 발작의 원인은 악한 영 때문이었다. 예수님께서 지상에 계실 때 그분은 선한 일을 행하시고 마귀에게 눌린 모든 사람을 고치셨다(행 10:38).

우리는 또한 마가복음 16장 17-18절의 말씀을 믿었다.

믿는 자들에게는 이런 표적이 따르리니 곧 그들이 내 이름으로 귀신을 쫓아내며 새 방언을 말하며 뱀을 집어올리며 무슨 독을 마실지라도 해를 받지 아니하며 병든 사람에게 손을 얹은즉 나으리라

나머지 가족들이 우리와 함께 그 자리에 있었지만, 아딜라 언니와 나는 자위드에게 손을 얹고 예수님의 이름으로 마귀를 쫓아냈다. 그러자 자위드는 맹렬하게 몸을 흔들다가 잠시 후 긴 숨을 내쉬며 바닥에 평화롭게 누웠다. 그는 완전한 자유를 얻었고, 자신의 삶을 예수님께 드렸다.

우리 가족은 다 놀랐다! 그들은 두 눈으로 기적을 목격했다. 특별히 엄마가 감격하셨다. 그날 이후로 우리 집에 찾아온 사람들 가운데 아픈 사람이 있으면, 엄마는 우리에게 그들에게 손을 얹고 기도해달라고 부탁하셨다.

## 할머니의 변화

하루는 엄마와 함께 다른 도시에 살고 계신 할머니 댁을 방문하러 갔다. 당시 할머니는 고혈압으로 고통받고 계셨고, 발에 생긴 통증 때문에 오래 서 있을 수 없었다.

할머니는 만날 때마다 언니들과 내가 무슬림 남자와 결혼해야 하고 이슬람교로 되돌아와야 한다고 말씀하셨다. 그런 할머니에게 엄마가 "예

수님께서 고쳐주세요. 엄마, 손녀딸의 기도를 한 번 받아보세요"라고 말씀하셨다. 그러자 할머니는 잠잠하셨다. 전에는 내가 기도해드리는 것을 절대로 허락하지 않으셨지만, 그날은 조용히 계셨다. 침묵을 허락으로 받아들인 나는 예수님의 이름으로 기도했다.

이것은 엄청난 변화와 돌파였다. 그 후 할머니는 훨씬 좋아지셨다. 비록 바로 예수님을 영접하지는 않으셨지만, 우리에 대한 할머니의 마음은 훨씬 부드러워졌다.

## 사 고

폭탄테러가 발생한 지 한두 해가 지난 어느 봄날 저녁, 언니들과 나는 예배를 마치고 집으로 돌아왔다. 우리가 식사를 한 뒤 잘 준비를 할 때, 갑자기 누군가가 문을 두드렸다. 내가 달려가 문을 열자 처음 보는 남자가 서 있었다.

"당신의 아버지가 사고를 당하셨습니다. 상태가 안 좋아요. 병원에 가보세요." 그가 다급하게 말했다.

"하지만 저는 당신이 누군지 몰라요." 내가 의문을 제기했다. "아저씨는 우리 아빠를 어떻게 아세요?"

"모스크에서 그분을 봤어요." 그 남자가 대답했다. "저는 최근에 이 지역으로 이사를 왔어요. 제발 서두르세요."

나는 아빠가 슐레이만 오빠네 가족과 함께 식사하러 가셨다는 것을 알고 있었기 때문에 그 남자가 착각했다고 생각했다. 나머지 가족들은 모두 집에 있었다. 엄마는 말리카 언니와 나에게 그 소식이 사실인지 알아보라고 했다. 우리는 급히 옷을 갈아입고 그 남자와 함께 택시를 타고 병원으로 갔다.

우리가 도착했을 때 아빠는 그곳에 없었다. 우리는 병원으로 가는 도중 택시 기사로부터 사고에 대해 들었다. 아빠는 우리 도시에 있는 가까운 시장에 가려고 도로 맞은편으로 길을 건너고 있었다. 그때 고속으로 질주하던 차가 아빠의 복부를 강타하며 들이받았다(우리나라에서 운전자들은 대부분 경주에 가깝게 빠른 속도로 달린다). 아빠는 공중으로 떴다가 도로에 머리부터 떨어졌다.

그 광경을 목격한 사람들은 아빠가 죽었다고 생각했다. 아빠를 친 사람은 바로 달아났다. 사람들은 아빠를 병원으로 옮기면 사고에 대한 책임을 지게 될까 봐 두려워 누구도 돌보려 하지 않았다. 그 당시 전쟁의 여파로 구급차가 없었다. 아빠는 의식을 잃은 채 피를 흘리며 한동안 도로에 방치되었다. 그러다가 교회의 한 성도가 아빠를 알아보고 자기 차에 실어 병원으로 옮겨주었다.

68세의 아빠는 이전처럼 강하지 않았다. 만일 누군가가 자비를 베풀지 않았다면, 아빠는 돌아가셨을 것이다. 아빠가 병원으로 실려 간 사이 그 사고를 목격하고 아빠를 알아본 그 남자가 우리 집에 찾아와 소식을 알렸던 것이다.

아빠는 처음에는 작은 병원에 갔었다. 그러나 아빠의 상태가 심각하여 종합병원으로 옮겼는데, 우리가 먼저 그곳에 도착해 기다리고 있었다. 의사들은 병원비를 받기 전에는 환자를 치료하지 않았기 때문에 가족들이 병원에 함께 있는 것은 아주 중요했다.

아빠를 기다리는 동안 나는 방언으로 쉼 없이 기도했다. 나에게는 그 시간이 영원처럼 길게 느껴졌다. 그러던 중 차가 도착했고, 그 차에서 피투성이인 아빠를 빼냈다.

"아빠!" 나는 숨이 막혔다. 아빠의 상태는 매우 심각했다.

아빠는 내 눈을 보며 말했다. "사마야, 제발 예수님의 이름으로 나를 위해 기도해줘."

언니와 나는 아빠의 말에 담긴 무게감을 감지했다. 한편으로 나는 아빠의 말에 놀랐다. 그것은 아빠에게 아주 겸손한 말이었다. 생명의 위기 앞에서 아빠는 처음으로 예수님을 인정했다.

너무 많은 피를 흘린 아빠는 곧 바로 중환자실로 옮겨졌다. 나는 아빠의 옷과 소지품을 넘겨받았다. 의료진들이 아빠를 옮기는 동안 한 의사가 나에게 아빠에게 마지막 작별 인사를 하라고 말했다. 그들은 아빠가 살 수 없을 것이라고 판단했다.

나는 다른 사람의 휴대폰을 빌려 가족들에게 연락했고, 그들은 곧장 병원으로 왔다. 오빠들이 오자 나는 마음이 편해졌다. 병원 측에서는 많은 수술비를 요구했다.

나는 병원에서 나와 교회로 갔다. 그날 나는 기도실에서 밤을 지새우며 아빠의 치유를 위해 하나님께 부르짖었다. 나는 아빠에게 긍휼을 베푸셔서 생명을 구해달라고 간청했다.

한숨도 자지 않고 아침을 맞이한 나는 병원으로 돌아갔다. 아빠는 살아계셨다. 할렐루야! 하지만 의사는 아빠의 손뿐만 아니라 척추와 두 다리가 부러졌기 때문에 불구자가 될 것이라고 말했다. 아빠는 여전히 뇌진탕에서 회복되지 못한 상태였다. 나는 아빠가 죽을 수밖에 없는 상황에서 살아나신 것만으로도 소망을 품었다. 언니들과 나는 아빠를 위해 밤낮으로 기도하고 또 금식했다. 교회 식구들도 함께 기도하고 금식했다. 시간이 지나면서 아빠는 점점 좋아지기 시작했다.

아빠가 중환자실에서 일반 병동으로 옮길 때, 의사들은 아빠의 빠른 회복에 큰 충격을 받았다. 아빠는 병원에서 한 달간 입원한 뒤 들것에 실려 집으로 돌아왔다. 비록 아빠의 몸이 많이 약해지기는 했지만, 의사들이 우려한 몸의 마비는 없었다.

이것은 정말 기적이었다. 아빠의 급격한 회복 때문에 다른 환자들뿐만 아니라 의사들도 깜짝 놀랐다. 그리고 그 중 많은 사람들이 우리에게 기도해달라고 부탁했다.

교통사고 후 아빠는 이슬람교를 떠났다. 더 이상 모스크에 가지도 않았다. 라마단 금식도 하지 않았고, 메카를 향해 기도하지도 않았다. 그 대신 아빠는 의료선교팀을 찾아갔다. 김 박사님은 아빠를 치료해주었고, 교회 성도들이 아빠에게 복음을 전했다.

아빠를 위해 17년간 중보해왔던 내가 아빠에게 예수님을 마음에 구주로 모시기 원하는지 물었을 때, 아빠는 기꺼이 동의했다. 그 순간 나는 도저히 믿을 수 없었다. 아빠는 원래 유머가 많은 편이시기 때문에 처음에는 농담이라고 생각했다. 하지만 내가 다시 물었을 때, 아빠는 진지하게 대답하셨다.

하나님의 은혜로 나는 아빠를 예수님께 인도했다. 아빠는 나와 함께 예수님을 하나님의 아들로 고백하는 기도를 했다. 이제 아빠는 예수님이 자신의 가장 가까운 친구라고 말한다. 그리고 아빠는 지금도 날마다 예수님과 교제하고 있다. 할렐루야!

그 후 아빠는 전혀 다른 사람이 되셨다. 아빠의 분노 때문에 과거에는 사람들이 아빠를 상당히 두려워했다. 하지만 주님은 아빠를 분노로부터 자유케 하셨다. 아빠는 이제 사랑과 기쁨과 온유함으로 충만한 분이 되셨다.

Chapter 22

# 하늘의 공급

회복의 과정을 밟는 동안 때때로 친구들이 나를 교회에 데려다주었고 또 우리 집을 자주 방문해주었다. 시간이 지나 나는 직장을 구할 정도로 건강해졌다. 옷 가게에서 옷을 판매하는 일부터 미용 일까지 여러 가지 일을 하였다. 나는 목수인 예수님께서 분명히 나무를 다루는 일에 아주 세심하고 능숙한 일꾼이셨을 것이라고 생각한다. 그리고 나 또한 내가 하는 모든 일을 통해 하늘 아버지께 영광을 돌리고 싶다. "네 하나님 여호와를 기억하라 그가 네게 재물 얻을 능력을 주셨음이라"(신 8:18).

천국 체험을 한 지 3년 후, 나는 나머지 가족의 구원과 나의 진로를 위해 7일간 금식했다. 금식 기간 동안 하나님께서 내가 해야 할 일에 관해 말씀하시는 음성을 들었다. 나는 한 레스토랑에 웨이트리스로 구직 서류를 제출해야 한다는 감동을 받았다. 나는 '마음'이란 뜻의 이름을 가진 자난을 통해 식당 종업원 일에 대해 들었다. 크리스천 친구인 그녀는 그 레스토랑에서 일하고 있었다. 우리 도시에서 가장 좋은 음식점 중 하나인 그 식당은 멕시코 음식으로 인기가 많은 곳이었다. 그곳에서 일을 하려면 영어를 구사할 수 있어야 했다. 왜냐하면 주로 외국인들이 그곳에 식사하러 왔기 때문이다.

나는 예수님처럼 섬기는 사람이 되고 싶었고, 또 섬김의 의미를 깨닫기를 원했다. 그래서 나는 그곳에서 일하기로 했다. 나는 나그네와 외국인들에게 친절해야 한다는 성경말씀을 직장생활에 적용하기 원했다. 나는 면접 후 바로 채용되었다.

그 레스토랑은 나의 선교지가 되었다. 나는 그리스도를 섬기듯 손님들을 섬기고 싶었다. 친구 자난이 그곳에 함께 있어서 정말 좋았다. 우리는 일을 시작하게 전에 함께 손을 잡고 예수님의 임재가 우리와 함께 하도록 그리고 우리의 동료들과 손님들의 구원을 위해 기도했다.

나는 식당에 들어오는 손님들을 왕과 왕비처럼 대접하였다. 그곳에서 일하며 알게 된 거의 모든 단골손님이 나중에 나와 함께 교회에 갔다. 외국 대사관에서 일하던 한 손님은 신앙을 잃은 카톨릭 신자였는데, 그를 교회에 초대하자 하나님께서 그를 만나주셨다. 나중에 그가 나에게 이렇게 말했다. "이제야 당신의 비밀을 알았어요. 당신을 통해 빛나고 있는 분은 바로 예수님이십니다."

나의 섬김 때문에 예수님을 믿지 않는 손님들이 나에게 이끌렸다. 어떤 사람들은 그것을 나의 '기운'이라고 말했지만, 누구도 그들을 매료시킨 것이 무엇인지 정확하게 표현하지 못했다. 그들과 친해졌을 때, 내가 활짝 웃으며 말했다. "그것은 예수님이에요. 내 안에 있는 것은 예수님의 임재입니다."

나는 늘 손님들과 친분을 쌓으려고 노력했다. 그리고 그들이 나에게 내가 그들과 다른 이유를 물으면, 나는 그들에게 사랑의 하나님에 관해 말해주었다. 내 안에 있는 성령의 기쁨과 사랑과 평강이 사람들을 매료시켰다.

나는 레스토랑에서 큰 은총을 받았다. 손님들은 다른 종업원들보다 나를 더 선호했다. 종종 손님들이 팁을 많이 줄 때가 있는데, 나는 그것을 받아서 가족들에게 주기도 했다. 또한 그 돈으로 예수님께 꽃을 드리기로 했다. 나는 매주 꽃을 사서 강단에 두었다. 이만 언니는 예배에 참석하는 새신자들에게 그 꽃을 주었다.

나는 주일 아침마다 전날 주문한 꽃을 직접 받아왔다. 꽃값은 비쌌지만, 요한복음 12장 3절의 마리아처럼 그것은 주님을 향한 나의 극단적인 사랑과 기쁨이었다. 꽃집 사람들과 친해지자 그들은 종종 무료로 꽃을 주기도 했다. 나는 특별히 라일락과 장미를 좋아했다. 가끔 내가 꽃집을 지나치면 그들이 나에게 달려나와 꽃을 선물해주었다. 나는 무슬림인 그들에게 예수님을 위해 꽃을 산다고 말했지만, 그들은 한결같이 나에게 은총을 베풀어주었다. 그들과 좋은 친분을 쌓게 된 후 나는 그들에게 복음을 전하고, 교회로 초대했다.

내가 일하는 동안 그 식당은 장사가 아주 잘 되었다. 그런데 자난과 나는 그곳에서 박해를 당했다. 주방장과 대부분의 종업원들이 무슬림이었는데, 그들은 우리를 이교도라고 불렀고 우리가 크리스천이 된 것은 어리석은 일이라고 말했다. 그들은 할 수만 있었다면, 우리를 해고했을 것이다. 그러나 미국인 사장이 우리를 좋아했기 때문에 우리는 안전했다. 시간이 지나 결국 우리를 향한 종업원들의 마음이 녹아내렸다. 그들은 나를 '사마 목사님'이라고 부르며 문제가 생길 때마다 나에게 찾아왔다.

박해의 기간 동안 나는 하나님 안에서 힘을 얻었다.

### 신학교에 가다

나는 오래전부터 신학교에 갈 계획을 세웠다. 내 꿈은 미국에서 공부하는 것이었다. 기독교의 토대 위에 세워진 학교에 가고 싶었지만, 우리나라에는 없었기 때문이다.

그 당시 나는 우리 도시에 새로 생긴 유럽인들의 교회에 다니기 시작했다. 폭탄테러 후 우리 교회는 다른 지역으로 이사했고, 정부는 우리의 건물을 차지하려 했다. 우리는 극심한 핍박을 받고 있었다. 그 즈음 언니들은 유럽인 교회에 다니는 몇몇 친구들을 알고 있었다. 그들은 교회 건물이 없어서 가정에서 모이고 있었다. 모임에 참석한 우리는 그 교회로 옮겨야 된다는 감동을 받았다. 그래서 우리는 목사님을 찾아가 축복해달라고 부탁했다. 우리를 사랑했던 목사님은 우리를 축복해주셨다.

교회에서 만난 유럽인 선교사들은 내가 꼭 가야 할 신학교에 대해 말해주었다. 사실 나도 신학교에서 공부하고 싶었다. 그 즈음 나는 예상치 못한 장소에서 계속 선교사들과 우연히 마주쳤다. 그들은 나를 만날 때마다 이렇게 말했다. "사마! 신학교! 넌 거기에 가야 돼!"

너무 자주 그들을 만나게 되자 나는 그 말에 관심이 쏠렸다. "이것이 주님께서 저를 위해 준비하신 건가요?" 내가 하나님께 물었다.

나는 주님으로부터 오늘 할 수 있는 일을 내일로 미루지 말라는 감동을 받았다. 주님은 대학생활을 내려놓고 나의 장래를 그분께 맡기라고 말씀하셨다.

그 다음번에 선교사들을 만났을 때, 그들은 한 번 더 나에게 물었다. "사마야, 넌 언제쯤 네가 신학교에 가야 한다는 것을 깨달을 거니?"

"지금이요!" 내가 웃으면서 답했다. "신학교에 갈게요."

1년간 레스토랑에서 일한 후 나는 우리 도시에 있는 신학교에 등록했고, 식당에서는 정직원에서 파트타임으로 바꿨다. 성경을 연구하는 것은 불확실한 나의 장래를 위한 중요한 토대가 될 것 같았다.

그 해 말 나는 이제 식당을 그만둘 때가 됐다는 것을 알았다. 그것을 놓고 기도했을 때, 나는 곧 새로운 시즌에 접어들게 될 것이라는 주님의 음성을 들었다. 나는 사장님에게 일을 그만두겠다고 말했다. 마지막 날 동료 종업원들과 나는 다 같이 울었다. 하나님께서 내가 그곳에서 일하는 동안 많은 복을 주셨지만, 이제 움직여야 할 때가 되었다.

# 민음의 행동

성경연구는 많은 측면에서 나의 눈을 열어주었다. 가장 중요한 깨달음 중 하나는 하나님께서 나에게 유대인들을 향한 사랑을 키워주셨다는 점이다.

역사적으로 유대인들은 무슬림들의 원수였다. 무슬림들은 그들을 증오하도록 배우지만, 나는 어릴 때부터 그 가르침을 거부하고 그들을 사랑했다. 우리 동네에는 유대인 이웃이 있었는데, 그들은 나의 친구가 되었다.

"내가 왜 유대인들을 미워해야 하죠? 그들이 나에게 무슨 나쁜 일이라도 했나요?" 어느 날 내가 물라에게 물었다.

예수님을 만나기 전까지 나는 유대인과 무슬림 간의 회복 즉, 이삭과 이스마엘의 후손들 간의 화목이 하나님의 소원이란 사실을 깨닫지 못했다. 우리 크리스천들은 모두 화목의 사역으로 부름 받았다. "모든 것이 하나님께로서 났으며 그가 그리스도로 말미암아 우리를 자기와 화목하게 하시고 또 우리에게 화목하게 하는 직분을 주셨으니"(고후 5:18).

나는 예수님께서 꿈과 환상을 통해 무슬림들(대부분 이스마엘의 자손들의 종교를 따르는 사람들)에게 친히 자신을 계시함으로써 그들이 하나님을 친밀히 알아갈 때, 그런 모습이 유대인들(이삭의 자손들)의 시기심을 자극하는 것을 보았다. 나는 하나님의 이런 신성한 개입을 통해 마지막 날에 세계적인 부흥이 일어날 것이라고 믿는다.

> 하나님이 말씀하시기를 말세에 내가 내 영을 모든 육체에 부어 주리니 너희의 자녀들은 예언할 것이요 너희의 젊은이들은 환상을 보고 너희의 늙은이들은 꿈을 꾸리라 그 때에 내가 내 영을 내 남종과 여종들에게 부어 주리니 그들이 예언할 것이요 … 누구든지 주의 이름을 부르는 자는 구원을 받으리라 (행 2:17-18, 21)

나는 언젠가 기회가 되면, 꼭 이스라엘에 가보고 싶다. 복음이 그곳에서 태동하여 땅 끝까지 전파되었기 때문이다. 로마서 9-11장에서 하나님께서 유대인들과 이스라엘 국가를 향한 계획과 목적을 세우셨다고 분명히 알려주고 있기 때문에 이제 복음은 땅 끝에서 이스라엘로 회귀

할 것이다. 나는 매일 그들의 구원을 위해 기도한다. "이는 구원이 유대인에게서 남이라"(요 4:22). 그리고 예수님은 유대인이시다!

## 예상치 못한 공급

나는 아딜라와 말리카 언니와 '아름다운'이란 뜻의 이름을 가진 친구 샤킬라와 함께 신학교에 가기를 원했지만, 그들에게는 돈이 없었다. 그런데 미국에 가서 유학하려는 내 꿈을 후원하는 한 친구가 기적적으로 나에게 큰 재정을 공급해주었다. 나는 작은 출발을 무시하지 않고 그 돈을 가까운 곳부터 사용했다. 재정의 공급이 얼마나 완벽한 때에 이루어졌는지 그 친구에게 말하자 그는 놀라워했다. 그 돈은 샤킬라와 나뿐만 아니라 언니들의 학비를 대기에도 충분했다.

신학교에 다니는 동안 하나님은 아주 특별한 방법으로 재정을 공급해주셨다. 그 중 하나는 모델로 일하게 된 것이었다. 아딜라 언니에게는 '순결한'이란 뜻의 이름을 가진 친구 자키야가 있었다. 장차 배우와 모델이 되기를 열망했던 그녀는 아딜라 언니의 대학 동급생이었는데, 우리의 초대를 받아 교회를 방문한 뒤 크리스천이 되었다.

자키야 언니는 새로운 신앙 때문에 부모님의 핍박을 받았다. 하지만, 그녀를 따라 두 명의 오빠들도 믿는 자가 되었고, 우리와 함께 태권도를 배우기 시작했다. 자키야 언니의 어머니는 나와 우리 언니들이 그녀의 집에 얼씬도 못하게 했다. 우리가 그녀의 자식들을 이교도로 변질시켰다고 생각했기 때문에 그녀는 문 앞에서 우리에게 큰 소리로 욕을 퍼부었다. 그러나 자키야와 그녀의 두 오빠들은 확고했다. 심지어 모스크에 있던 사람들에게 구타당했을 때조차 그들은 전도를 멈추지 않았다.

그 해 겨울 우리 도시에서 대규모 모델선발대회가 열렸다. 그들은 TV와 라디오, 신문을 통해 그들이 찾고 있는 모델의 자격 요건을 광고했다.

"나랑 같이 가자." 자키야 언니가 아딜라 언니와 나에게 간청했다.

"물론이지. 언니를 위해 같이 가줄게." 내가 웃으며 대답했다.

선발대회 당일, 수백 명의 아름다운 소녀들이 도시 중심부에 소재한 고층 빌딩에 들어가려고 줄을 서서 기다렸다. 자키야 언니는 많이 긴장했다. 이번 대회가 그녀의 꿈이 실현되는 관문이 될 수 있었기 때문이다. 그런데 우리가 출입구에 가까이 갔을 때 참가 신청서를 쓴 사람만 안으로 들어갈 수 있다는 사실을 알게 되었다.

"언니 혼자 들어가야 할 것 같은데." 내가 자키야 언니에게 말했다.

"안 돼. 제발 같이 가줘." 그녀는 우리에게 같이 가자고 간절히 부탁했다.

그래서 아딜라 언니와 나는 웃으며 신청서를 작성했다. 우리는 그저 재미삼아 그렇게 한 것이었다.

첫 번째 시험은 우리의 자세와 용모를 살필 수 있도록 심사위원 앞으로 걸어갔다가 되돌아오는 것이었다.

1차 심사 후 아딜라 언니와 나는 바로 합격했다. 모델 업계에서 온 사람들은 나를 굉장히 좋아했다. 그들은 나의 얼굴이 아름답고 이국적이라고 말해주었다. 비록 큰 키는 아니었지만, 그들은 내가 잘할 것이라고 생각했다. 워낙 훤칠한 키에 아름다운 용모를 가진 아딜라 언니는 즉시 합격했다.

이제 자키야 언니 차례였다. 그녀의 외모는 매우 출중했지만, 지나치게 긴장하고 위축된 나머지 잘해내지 못했다. 결국 심사위원들은 그녀에게 불합격이라고 말했다. 자키야 언니는 괴로운 마음으로 울면서 우리에게 왔다. 그녀의 꿈은 산산조각 났다.

나는 어떻게 해야 할지 몰랐다. 나는 단지 언니를 응원하기 위해 갔다가 오히려 내가 일자리를 얻게 되어 마음이 많이 불편했다. 나는 뭔가 조치를 취해야겠다고 생각했다. 그래서 대범하게 대회장에게 걸어갔다. "우리 친구에게 한 번만 더 기회를 주세요. 만일 내 친구가 합격하지 못한다면, 언니와 나는 당신과 같이 일하지 않을 거예요. 하지만 당신이 내 친구를 받아들이신다면, 우리도 같이 할게요." 그들은 무표정하게 나를 쳐다보았지만, 어깨를 으쓱이며 말했다. "좋아요. 다시 한 번 해봅시다."

나는 환호성을 외치며 자키야 언니에게 달려가 그 소식을 알렸다.

우리는 간절하게 기도했다. 자키야 언니는 자신감 있게 심사위원들 앞을 걸었고, 마침내 합격했다. 우리 세 사람은 이제 멋진 패션모델이 되었다. 이러한 상황이 겉으로 보기에는 아주 재밌는 일이었지만, 우리는 그 일에 하나님의 관여하심을 느꼈다. 결국 우리가 직장을 얻은 것은 하나님의 은총임에 틀림없었다.

"이 일을 통한 주님의 계획은 뭔가요?" 내가 주님께 물었다. 나는 주님께서 우리를 패션 산업에 두신 이유가 있다는 것을 잘 알았다.

하나님은 나에게 우리가 사회의 새로운 분야에 영향을 끼치길 원하신다고 말씀하셨다. 그분은 패션 디자이너들과 모델들을 사랑하셨고, 그들이 주님을 알기를 간절히 원하셨다.

새로운 일을 시작하게 되면서 나는 한 디자이너와 함께 일하게 되었다. 우리는 서로 우정을 쌓았고, 아주 가까운 사이가 되었다. 어느 날 저녁 일을 마치고 함께 길을 걷고 있을 때, 그가 나에게 자신의 이야기를 털어놓았다. 그는 자신이 어릴 때 학대를 당했고, 지금은 동성애자의 삶을 살고 있다고 말했다. 우리 문화에서는 동성애자들에게 돌을 던지기 때문에 그는 그 사실을 숨기고 있었다. 하지만 그는 매우 절박했다.

그가 자신의 이야기를 나눌 때, 내 마음에서는 그를 향한 깊은 긍휼이 생겼다.

"예수님은 당신을 사랑하세요." 내가 그에게 말했다. "그분은 당신을 심판하시지 않아요. 그저 그분의 용서를 받으세요. 자신을 용서하고 더 이상 그 죄를 짓지 마세요." 순간 간음 현장에서 바리새인들에게 잡혀 예수님 앞에 끌려온 여자에 대한 이야기가 떠올랐다. 예수님은 그녀를 심판하지 않고 용서하심으로써 그녀를 향한 하나님의 사랑을 보여주셨다.

나는 그가 회개하도록 도왔다. 우리가 기도한 지 얼마 지나지 않아 그 디자이너는 유럽에서 패션쇼를 개최할 권한을 주는 대회에 참가했다. 그 대회는 주일 오후에 열렸다. 그는 아딜라 언니와 내가 모델로 서주기를 원했지만, 우리는 교회에 가야 했기 때문에 갈 수 없다고 말했다.

"그러면 나를 위해 기도해주겠니?" 그가 우리에게 부탁했다.

우리는 그를 위해 기도했고, 그는 그 대회에서 우승했다. 그에게 전문가의 길이 열리기 시작했다. 우리의 기도가 응답된 것을 본 그는 예수님께 마음을 열고 교회에 출석하기 시작했다. 다소 오랜 시간이 걸렸지만, 그는 조금씩 예수님께 마음을 드렸고 하나님의 사랑을 받아들였다. 그 결과 그의 삶은 완전히 변화되었다.

우리가 함께 일하는 모든 모델과 디자이너들은 무슬림이었고, 예수님의 사랑에 대해 단 한 번도 들어본 적이 없었다. 그들 중 많은 사람들이 한 친구의 집에서 열리는 가정모임에 왔다. 그 이유는 그들이 교회에 가는 것보다 누군가의 집에 가는 것이 더 쉬웠기 때문이다. 어느 날 우리는 그들에게 영화 '패션 오브 크라이스트'(Passion of Christ)를 보여주었다. 그들은 예수님께서 그들을 위해 하신 일을 깨닫고 울었다. 그날 밤 많은 사람들이 주님께 마음을 드렸다.

가정모임은 한 주간 중 내가 가장 좋아하는 시간이었다. 그 자리에는 20-30명의 청년들이 모였다. 그들 중 많은 이들이 무슬림이었지만, 우리는 함께 성경을 읽고 기도하고 예배했다. 그것은 마치 사도행전 2장 46-47절에 묘사된 초대 교회 같았다.

> 날마다 마음을 같이하여 성전에 모이기를 힘쓰고 집에서 떡을 떼며 기쁨과 순전한 마음으로 음식을 먹고 하나님을 찬미하며 또 온 백성에게 칭송을 받으니 주께서 구원 받는 사람을 날마다 더하게 하시니라

나는 우리가 어디에 있든지 하나님께서 우리를 사용하실 수 있다는 것을 배웠다. 우리가 있는 곳이 바로 우리의 선교지다. 한동안 나의 선교지는 패션과 모델의 세계였다. 나중에 말리카 언니도 우리와 함께 모델로 합류했고, 나는 약 3년간 그 분야에서 짬짬이 일했다. 그것은 정말 예상치 못한 놀라운 공급이었다.

## 즉각적인 응답들

어느 봄날, 나는 주머니에 100달러를 넣고 신학교로 걸어가고 있었다. 그러나 도착해서 주머니에 손을 넣어보니 돈이 없었다. 모든 주머니를 샅샅이 뒤지고 또 가방의 내용물도 다 꺼내 보았지만, 돈은 어디에도 없었다.

"무슨 문제라도 있어?" 정신없이 뭔가를 찾고 있는 내 모습을 본 한 친구가 물었다.

"100달러를 잃어버렸어." 나는 낙심한 채 말했다.

나를 격려하기 위해 그는 유럽의 버스 안에서 큰돈이 든 지갑을 잃어버린 한 친구의 이야기를 들려주었다. 그녀는 지갑을 잃어버린 직후 재정에 대한 자신의 충성됨과 빠짐없이 십일조를 드린 것을 하나님께 상기시켜 드린 후 메뚜기가 빼앗아간 것을 되돌려달라고 기도했다. 다음날 같은 버스를 탄 그녀는 기적적으로 돈이 든 자신의 지갑을 발견했다.

'지식을 추구하는 자'라는 뜻의 이름을 가진 타리바는 유럽에서 신분증을 잃어버렸다고 말했다. 그녀는 신분증을 찾게 해달라고 기도했는데, 다음날 그녀의 우편함에 신분증이 들어 있었다. 그녀는 천사들이 그것을 찾아주었다고 믿었다.

아딜라 언니에게도 비슷한 일이 일어났다. 당시 언니는 유럽에 있는 신학교에 다니고 있었다. 어느 추운 1월, 언니는 집으로 가고 있었다. 겨울 중반이라 땅에 눈이 많이 쌓여 있었다. 집에 도착해서 언니가 문을 열기 위해 주머니에 손을 넣었는데, 열쇠가 없었다. 자신도 모르는 사이 열쇠를 잃어버린 것이다.

아딜라 언니는 모든 것을 보고 아시는 하나님께 열쇠가 있는 곳을 알려달라고 부르짖었다. 사방에는 겹겹이 쌓인 눈이 가득했다. 하지만 언니는 즉각적으로 열쇠가 어디에 있는지 감을 잡았다. 그녀는 믿음으로 삽을 들었고, 첫 삽에 열쇠를 발견했다. 언니는 하나님의 즉각적인 응답에 감격했고, 또한 도움이 필요한 자와 함께하시는 그분을 찬양했다.

이러한 이야기를 듣고 나니 마음에서 믿음이 일어나기 시작했다. 하나님께서 그들을 위해 역사하셨다면, 나를 위해서도 하실 수 있다. 나는 지식의 말씀을 달라고 기도했다. 그러면 돈이 어디에 있는지 알 수 있기 때문이다. 그날 오후 성령 안에서 기도하고 있을 때, 주님은 나에게 돈이 있는 장소를 보여주셨다. 그래서 나는 내가 걸었던 길로 가보았다. 가장 붐비는 지역에 다다랐을 때, 바로 내 앞 땅바닥에 100달러가 있었.

그것은 기적이었다. 학교와 병원 사이에 위치한 그곳은 매우 북적거리는 길 한복판이었고, 그날 온종일 비가 내렸기 때문이다. 나는 학교에 달려가 이 기쁜 소식을 전했다.

## 첫 열매를 전부 드리다

미 대사관의 외교관들에게 언어를 가르치는 일을 시작하기 전까지 나는 교회에서 통역자와 청소년 담당자로 사역했다. 한편 부업으로 모델 일을 했고, 또 피부 미용사로 일했다. 외교관들을 상대로 일을 하게 되면서 나는 교회에서는 부분적으로 섬겼다. 그때부터 나는 외국인 방문자들을 환영하고, 그들이 머물 집과 아파트를 구하는 일을 도왔다.

아파트를 구하는 일을 하면서 나는 부동산업자가 되었다. 하나님은 이 일에 있어서 나에게 특별한 은총을 베푸셨다. 그래서 나는 다시 한번 빠르게 성공했고, 충분한 수입으로 가족들을 도울 수 있었다. 첫 월급을 탔을 때, 하나님은 그것을 첫 열매의 예물로 바치라는 감동을 주셨다. 추수의 첫 열매처럼 그 월급은 직장에서의 첫 수확물이었다. 그래서 그것을 드리는 것은 나의 모든 것이 주님께로부터 왔다는 것을 인정해드리는 것이었다.

하지만 그것은 쉽지 않은 일이었다. "전부 바치라고요?" 나는 믿을 수 없다는 듯이 말했다.

나는 분명히 잘못 들었다고 확신했다. 그래서 그 생각을 무시하려고 했다. 확실히 잘 풀렸던 첫 달은 주님께 불순종했다. 그러자 갑자기 축복이 끊어졌다. 일이 꽉 막혀버린 것이다. 나는 그것이 하나님께 불순종했기 때문이란 것을 잘 알았다.

"나에게 순종하거라. 그것은 나의 돈이란다." 내가 돌이켜 기도할 때, 하나님께서 말씀하셨다. 찔림을 받은 나는 즉각 순종하지 않은 죄를 회개했다.

이제 나는 나의 필요를 공급해주시는 하나님을 신뢰해야 했다. 그래서 한 달 월급을 전부 교회에 바치기로 결정했다. 내가 헌금을 목사님께 건넸을 때, 그는 그 액수에 놀라 나와 헌금을 번갈아 보았다.

"실수가 아니에요. 제가 드리고 싶은 정확한 금액이에요!" 내가 웃으면서 말했다.

그 순간 나는 기쁨으로 충만했다. 순종할 때 오는 자유는 놀라운 것이다. 그분께 순종하는 것은 나의 신뢰를 물질에 두지 않고 하나님께 두는 것이다.

아빠가 사고로 더 이상 일을 할 수 없었기 때문에 먹을 음식을 장만하고 각종 공과금을 내기 위해 가족들이 모두 최선을 다하고 있었다. 우리 문화에서는 자녀들이 부모를 돌보게 되어 있다. 우리는 절대로 노인들을 양로원에 보내는 법이 없다. 우리 문화에서 노인들은 가장 존경을 받는다. 무콰다스 언니는 청소회사를 운영했고, 이만 언니는 바리스타로 일하고 있었다. 말리카 언니는 드레스를 만들어 팔았고, 다우드 오빠는 건설업과 리모델링 사업을 하고 있었다. 나머지 두 오빠들은 자기 가족들을 돌보기에 바빴고, 아딜라 언니는 유럽에 있는 신학교로 돌아갔다.

전쟁 후 우리 집은 수리할 것이 참 많았다. 유리창을 비롯하여 집 안에 가구가 없었기 때문에 생활하기에 매우 불편했다. 전쟁 중에 음식을 사기 위해 모든 집기를 팔아야 했기 때문에 남은 것이라고는 낡고 부서진 것들뿐이었다.

언니들과 나는 집안을 걸어다니며 우리에게 필요한 물품들을 하나님께 구했다. 믿음은 목소리를 가지고 있다. 우리는 하나님이 우리의 공급자임을 알았다. 그래서 우리가 어떤 것을 받기 전에 먼저 그분의 공급하심을 소리 높여 찬양했다. 우리는 부엌에 있는 고장난 냉장고에 손을 얹고 새것을 주실 하나님께 감사를 드렸다.

우리의 필요를 채우시는 하나님께 감사하면, 그분은 언제나 응답하셨다. 때로는 집을 판 사람들이 버린 가구들과 가전제품을 얻기도 했다. 다른 경우에는 직장에서 축복을 받아 새로운 물품들을 살 수 있었다. 이 모든 과정 가운데 하나님의 타이밍은 완벽했다.

## 슐 레 이 만   오 빠   이 야 기

내가 여러 가지 일로 바쁜 와중에 가슴 아픈 사건이 생겼다. 슐레이만 오빠가 결핵으로 죽어가고 있었던 것이다. 오빠는 내전 기간에 군복무를 하던 중 결핵에 걸렸다.

한겨울 폭설이 온 땅을 덮었을 때, 슐레이만 오빠는 외곽지역의 순찰 업무를 담당하는 젊은이들로 구성된 부대의 장교였다. 그들은 총알이 빗발치는 지역 한가운데로 진군하고 있었다.

진군 도중 오빠는 부대가 포위된 것을 알았다. 그들이 할 수 있는 유일한 일은 숨을 곳을 찾아 도망가는 것뿐이었다. 슐레이만 오빠는 땅에 있는 작은 구멍에 들어간 후 그 위를 눈으로 덮었다. 당시 부대원

중 많은 병사들이 전사했다. 그런데 탱크 한 대가 오빠를 덮고 있던 눈 위로 지나갔는데도 오빠는 살아남았다.

오빠는 여러 시간이 지난 후 사방이 고요해지자 언 몸으로 기침을 하며 그 구멍에서 기어나왔다. 생존자를 확인했을 때, 단 20명만 살아남았다. 그들은 산등성이를 기어오르고자 애썼다. 산에는 수직으로 서 있는 바위 표면에 깊은 동굴들이 있었는데, 그들은 그곳을 피난처로 삼았다.

그러나 가까이 다가온 적들은 슐레이만 오빠 일행이 산비탈로 올라가는 것을 보았다. 곧 전투가 시작되었고 그 싸움은 며칠간 지속되었다. 살을 에는 듯한 추위는 계속되었고, 슐레이만 오빠와 병사들이 먹을 식량까지 고갈되었다. 심지어 총알까지 다 떨어지고 말았다. 더 많은 탄약을 구해야 한다는 것을 인식한 슐레이만 오빠는 날이 어두워지자 아군과 적진 사이의 중간지대에 기어가서 재사용할 총알들을 주웠다. 그는 자신의 부하들을 위해 위험을 감수했다. 그에게는 다른 선택의 여지가 없었다.

다음날 슐레이만 오빠와 그의 부하들은 적들이 포로들을 고문하는 장면과 그들의 몸을 난자하는 잔혹한 모습을 지켜봐야만 했다. 적들은 오빠와 그의 병사들에게 공포심을 심어주려고 했다.

추위를 무릅쓰고 2주간 동굴에서 숨어 지낸 후 지원군들이 와서 오빠와 그의 부하들을 구했다. 그때에야 비로소 우리 가족이 사태를 파악하여 오빠가 치료를 받을 수 있었다. 비록 목숨은 구했지만, 오빠는 결핵에 걸리고 말았다. 그 일로 오빠의 마음이 많이 상하고 깨졌지만, 사실 생존한 것만으로도 놀라운 일이었다. 나는 우리의 기도 때문에 하나님께서 오빠의 생명을 구해주셨다는 것을 조금도 의심하지 않는다.

전쟁 기간 동안 아딜라와 말리카 언니와 나는 하나님께 오빠의 생명을 구해달라고 금식하며 기도했다. 오빠가 돌아온 뒤 우리는 그의 치유를 위해 계속 기도했다. 하지만 오빠는 매우 병약했다. 아파서 병원을 자주 드나들었던 슐레이만 오빠는 직장을 구하기 어려웠다. 한동안 유럽에 가서 일감을 구하려고 노력했지만, 오빠의 건강에 해로운 추위 때문에 결국 집으로 돌아와야 했다.

내가 부동산업을 시작한 지 몇 년이 지나지 않아 전쟁이 종결되었지만, 슐레이만 오빠의 병은 더 악화되었다.

"이제 더 이상 가망이 없습니다. 약도 반응하지 않아요. 얼마 못 살 겁니다." 의사가 아빠에게 말했다.

의사의 말을 들은 엄마는 우셨다.

슐레이만 오빠는 결혼해서 두 자녀를 두었다. 병원에서 더 이상 손을 쓸 수 없어서 집으로 돌아간 오빠는 아내의 돌봄을 받았다. 슐레이만 오빠는 우리 집에서 약 30분 거리에 살았는데, 엄마가 계속 오빠 곁을 지키며 돌봐주셨다. 내가 오랜만에 오빠를 보러 갔을 때, 큰 충격을 받았다. 병약해진 오빠는 거의 유령 같았다. 나는 오빠의 목숨을 구하기 위해 기도하기로 결심했다.

가족들과 나는 슐레이만 오빠를 위해 예수님의 이름으로 금식하며 기도했다. 나는 오빠가 이대로 죽는 것은 하나님의 뜻이 아니라는 것을 알았다. 하나님께서 이제껏 오빠의 목숨을 구해주셨기 때문에 이번에도 도우실 것을 알았다.

나는 기도 중 하나님의 음성을 들었다.

"너의 수입의 90퍼센트를 바치거라."

그것은 하나님의 음성임에 틀림없었다. 나는 결코 스스로 그런 생각을 해본 적이 없었다. 그런데 그것은 잘못된 생각처럼 보였다. "어떻게 수입의 10퍼센트로 먹고 살지?" 그것은 생활비로 쓰기에는 턱없이 부족하다는 생각이 들었다.

주님의 음성을 더 들으려고 기다릴 때, 하나님은 그것이 믿음의 행동이란 것을 보여주셨다. 또한 나의 순종에 축복해주실 것이라는 감동을 주셨다. 나는 이 말씀이 주님이 주신 것이라는 확신을 달라고 구했다. 그러자 주님은 나에게 잃어버린 양의 비유를 생각나게 하셨다. 선한 목자는 99마리의 양을 두고 잃어버린 한 마리의 양을 찾아 떠났다. 그 비유는 내가 90퍼센트를 바치고 10퍼센트로 살아야 한다는 사인이었다.

바로 그 주일 설교 시간에 목사님은 90퍼센트의 십일조에 관해 말씀하셨다. 나는 목사님께서 그런 설교를 하는 것을 그날 처음이자 마지막으로 들었다. 나는 그것이 분명한 하나님의 말씀이라는 것을 깨달았다. 그래서 이번에는 즉시 그리고 자발적으로 순종했다. 그때부터 나는 매달 수입의 10퍼센트 대신 90퍼센트를 십일조로 드리기 시작했다. 나는 나의 재정으로 예수님을 경배했다. 그것은 나의 생활방식이 되었고, 곧바로 열매로 돌아왔다.

슐레이만 오빠는 기적적으로 완치되었다. 오빠는 예수님께서 치료해주셨다는 우리의 말을 경청했다. 하지만 그분을 따르기로 결단하지는 않았다.

주님께 극단적으로 월급의 90퍼센트를 바치는 것이 나에게는 하나의 돌파였다. 그것은 정말 기쁜 일이었다. 그렇게 한 후부터 나는 직장에서 점점 더 성공했고, 오랫동안 그 사업을 해왔던 사람들을 뛰어넘어 순식간에 우리 도시에서 최고의 부동산업자가 되었다. 주님은 나에게 뿌릴 씨앗을 공급해주셨고 또 그것을 배가시키셨다.

> 이것이 곧 적게 심는 자는 적게 거두고 많이 심는 자는 많이 거둔다 하는 말이로다 각각 그 마음에 정한 대로 할 것이요 인색함으로나 억지로 하지 말지니 하나님은 즐겨 내는 자를 사랑하시느니라 하나님이 능히 모든 은혜를 너희에게 넘치게 하시나니 이는 너희로 모든 일에 항상 모든 것이 넉넉하여 모든 착한 일을 넘치게 하게 하려 하심이라 기록된 바 그가 흩어 가난한 자들에게 주었으니 그의 의가 영원토록 있느니라 함과 같으니라 심는 자에게 씨와 먹을 양식을 주시는 이가 너희 심을 것을 주사 풍성하게 하시고 너희 의의 열매를 더하게 하시리니 (고후 9:6-10)

사람들은 그 비밀이 무엇인지 내게 물었다. 그리고 나에게 훈련을 받고 싶어 했다. 결국 나는 세 명의 여직원을 채용했고, 그들을 제자 삼았다. 하나님은 나에게 모든 기회를 이용해 제자를 삼아야 한다는 것과 작은 출발을 무시하지 말아야 한다는 것을 보여주셨다(슥 4:10). 나는 주님께 순종하였고, 하나님은 나를 형통케 하셨다. 그래서 수입의 10퍼센트만으로도 살기에 충분했다. 이제 하나님은 나를 또 다른 세계인 경제계에 영향을 끼치게 하셨다.

그 즈음 우리 교회는 새 건물을 지을 땅이 필요했다. 나는 성경에서 다윗이 어떻게 자신의 저택을 짓기 전에 주님의 집을 건축하기 위해 재정을 바쳤는지 읽었다. 솔로몬은 자신의 집을 짓기 전에 주님의 성전을 지었고, 학개 선지자는 성전을 재건하기 전에 자기 집을 지은 이스라엘 백성들을 꾸짖었다. 나는 내 집을 장만하기 전에 먼저 그분께 드리라는 하나님의 촉구하심을 느꼈다.

그 기간에 나는 부동산 사업의 일환으로 아파트 한 채를 팔았다. 2퍼센트의 수수료가 내 몫이었지만, 관대한 주인은 감사한 마음을 담아 나에게 3퍼센트인 5,000달러를 주었다. 이것은 엄청난 거액이었고, 우리 가족과 내가 쓰기에 충분한 액수였다. 하지만 나는 그 돈 전부를 교회에 바치기로 결단했다. 사실 그것이 쉽지 않았기 때문에 나는 기쁨으로 그 돈을 바치려고 씨름했다. 내가 더 많이 바칠수록 100배 혹은 그보다 더 넘치게 거뒀다. 5,000달러를 하나님께 드린 지 얼마 지나지 않아 하나님은 나에게 50,000달러의 축복으로 되돌려주셨다!

하나님은 결코 사람에게 빚지지 않으신다. 그리고 우리가 순종할 때, 그분은 언제나 신실하시다. 생애 처음으로 나는 말라기 3장 10절의 실상을 배우고 있었다.

> 만군의 여호와가 이르노라 너희의 온전한 십일조를 창고에 들여 나의 집에 양식이 있게 하고 그것으로 나를 시험하여 내가 하늘 문을 열고 너희

에게 복을 쌓을 곳이 없도록 붓지 아니하나 보라

우리는 절대로 하나님께 충분히 드릴 수 없다. 하나님께서 모든 것, 심지어 그분의 소중한 독자까지 우리에게 주셨기 때문이다.

# Chapter 24

# 땅 끝까지 가라

주님은 우리에게 이렇게 말씀하셨다. "오직 성령이 너희에게 임하시면 너희가 권능을 받고 예루살렘과 온 유대와 사마리아와 땅 끝까지 이르러 내 증인이 되리라"(행 1:8).

만왕의 왕 앞에 섰던 경험은 나에게 천국이 진정한 실재라는 확신을 새겨주었다. 예수님을 대면한 이래로 "(주님의) 나라가 임하시오며 뜻이 하늘에서 이루어진 것 같이 땅에서도 이루어지이다"(마 6:10)라고 기도할 때, 나는 그분의 나라가 이미 존재하고 있고 또 그분의 뜻이 이뤄진다는 사실을 안다. 그 무엇도 예언의 성취를 막을 수 없다.

나에게는 더 이상 죽음에 대한 두려움이 없다. 만일 하나님이 우리를 위하시면 누가 우리를 대적할 수 있겠는가? 로마서 8장 35-39절은 이렇게 말한다.

누가 우리를 그리스도의 사랑에서 끊으리요 환난이나 곤고나 박해나 기근이나 적신이나 위험이나 칼이랴 기록된 바 우리가 종일 주를 위하여 죽임을 당하게 되며 도살 당할 양 같이 여김을 받았나이다 함과 같으니라 그러나 이 모든 일에 우리를 사랑하시는 이로 말미암아 우리가 넉넉히 이기느니라 내가 확신하노니 사망이나 생명이나 천사들이나 권세자들이나 현재 일이나 장래 일이나 능력이나 높음이나 깊음이나 다른 어떤 피조물이라도 우리를 우리 주 그리스도 예수 안에 있는 하나님의 사랑에서 끊을 수 없으리라

언니들 역시 우리의 선한 목자이신 예수 그리스도를 위해 두려움 없는 담대한 삶을 살고 있다. 그분의 위대한 사랑으로 인해 우리는 이 세상의 잃어버린 양들을 찾기 위해 파송되었다. 아딜라 언니와 나는 무슬림들을 찾아가 복음을 전해야 한다는 부르심을 느꼈다. 마태복음 28장 19-20절의 지상대명령은 우리에게 크나큰 담대함을 주었다.

그러므로 너희는 가서 모든 민족을 제자로 삼아 아버지와 아들과 성령의 이름으로 세례를 베풀고 내가 너희에게 분부한 모든 것을 가르쳐 지키게 하라 볼지어다 내가 세상 끝날까지 너희와 항상 함께 있으리라

## 위험한 전도 여행

한 그룹의 선교사 지망생들이 내가 전한 말씀을 듣고 도전을 받았다. 그리고 주님은 그들에게 샤리아법을 실행하는 가장 위험한 이슬람 국가로 가라는 소명을 주셨다. 그것은 가볍게 떠날 여행이 아니었다. 그곳은 세상에서 가장 외떨어져 있고, 가장 위험하며, 험준한 바위산들이 있는 곳이다.

그 팀은 복음을 단 한 번도 읽거나 들어보지 못한 사람들을 찾아가기 위해 통역자인 아딜라 언니와 함께 고산지 협곡에 캠프를 세웠다. 그들은 원주민들의 언어로 번역된 오디오 성경과 '예수 영화'(Jesus Film)를 가지고 갔다. 영화는 태양열 에너지를 이용한 프로젝터로 산간지역에 있는 마을에서 상영할 계획이었다.

아딜라 언니와 일행은 유목민들의 봄 캠프지에 가기 위해 여러 날 말을 타고 움직였다.

모든 것은 순조롭게 진행되었다. 영화를 시청한 사람들은 복음의 진리를 받아들였다. 때로는 150명 혹은 심지어 200명의 남녀노소가 모였다. 전도여행 가운데 많은 무슬림 목자들이 그리스도를 영접했고, 혼인잔치에 관한 찬송에 맞춰 기쁨으로 춤을 췄다. 하늘 아버지께서 그의 아들을 위해 준비하고 계신 혼인잔치는 정말 심오하고 예언적이었다.

많은 날이 지난 후 한 마을 사람이 전도팀에게 지하디스트가 와서 고문하고 죽이기 전에 마을을 떠나라고 경고했다.

나를 포함한 많은 중보자들은 계속 그들의 안전을 위해 기도하고 있었다. 주님은 신음하며 부르짖는 우리의 기도를 들으셨고, 다행히 그들은 무사했다.

아딜라 언니는 알라의 이름으로 모든 이교도들을 도륙하는 일에 헌신된 사람들로부터 도망칠 때 아무 두려움도 느끼지 못했다고 나중에 말해주었다. 아브라함과 이삭과 야곱의 하나님께서 그들과 함께하셨기 때문이다! 예수님은 천군천사들을 보내 그들을 호위하셨고, 모두 안전하게 탈출했다. 그 당시 받은 위협과 경고는 적절했고 실제적이었다. 왜냐하면 그 후 같은 지역을 방문했던 선교사들이 지하디스트 부대에 의해 살해되었기 때문이다.

죽음을 두려워하지 않는다는 것은 영원한 세계로 넘어가는 순간이 우리를 피해 간다고 생각하는 것이 아니다. 죽음을 두려워하지 않는 삶은 매순간 영원의 가치를 위해 산다는 뜻이다.

그 말은 마태복음 22장 37-40절의 말씀처럼 먼저 하나님을 사랑하고 이웃을 내 몸처럼 사랑한다는 뜻이다.

만일 내가 죽어서 다시 한 번 주님 앞에 선다면, 주님으로부터 "잘했다. 착하고 충성된 종아!"라는 칭찬을 들을 자신이 있다.

천국을 방문한 이후 나는 종종 그곳에 다시 갈 때까지 기다릴 수 없을 것 같았다. 다시 그분을 뵐 때, 나는 결코 그분의 임재를 떠나지 않을 것이다.

Chapter 25

# 미국으로 가다

　시간이 지날수록 미국에서 공부하고 싶은 마음이 커졌다. 이것과 관련해서 다니엘서는 나에게 수많은 영감을 주었다. 다니엘은 그가 받은 고등교육 덕분에 영향력 있는 사람이 되었다. 그래서 나는 예수님을 위해 세상에 선한 영향을 끼칠 수 있는 최고의 교육을 받고 싶었다. 호세아 4장 6절은 이렇게 말한다. "내 백성이 지식이 없으므로 망하는도다." 주님의 최고의 도구가 되기 위해 나는 지식과 지혜를 간절히 추구했다. 우리나라의 대학들은 무슬림을 위한 곳이거나 세속적이었기 때문에 이곳에서 공부하고 싶지 않았다. 나의 꿈은 기독교 대학에 가는 것이었다.

거의 10년 전쯤 친구들이 한 달간 미국으로 단기선교를 떠났었다. 여행을 마치고 돌아온 친구들은 미국이 어떤 곳인지 이야기해주었다. 그들은 여러 교회를 순회하며 준비한 사역을 했다. 미국에 가는 것은 어릴 적부터 나의 꿈이었지만, 친구들은 가고 나는 가지 못했다. 하지만 때가 되면 나도 그곳에 갈 수 있을 것이라고 믿었다.

나는 독서를 통해, 특히 영어성경을 읽으면서 계속 영어를 공부했다. 그리고 미국에서 유학할 때를 대비해서 기회가 되는 대로 외국인들과 대화하였다. 나는 알고 지내는 몇몇 미국인들에게 도움과 조언을 구했지만, 이렇다 할 결실은 없었다.

하루는 기도하던 중 주님께서 그분만이 나를 그곳에 보내실 수 있고, 또 내가 신뢰할 수 있는 유일한 분이심을 계시해주셨다. 주님은 미국에 가기 위해 어떤 사람에게도 기댈 필요가 없다는 것을 보여주셨다. 하나님은 어느 누구도 아닌 오직 그분만을 의지하는 법을 가르치고 계셨다. 나는 오직 하나님만을 신뢰했다.

믿 음 을   세 우 다

아딜라 언니가 생일선물로 한 권의 책을 받았는데, 그 내용은 믿음으로 대학을 세운 한 남자에 관한 이야기였다. 나는 그 책을 빌려 읽고, 또 누가복음 18장 27절을 다시 읽었다. "무릇 사람이 할 수 없는 것을 하나님은 하실 수 있느니라." 그 말씀은 나에게 큰 충격이었다. 그래서 나는 그 말씀을 나의 것으로 받아들이기 시작했다.

내가 교회 식구들과 함께 유럽에서 열린 컨퍼런스에 갔을 때, 책에서 읽은 학교에 관해 다시 한 번 듣게 되었다. 그 학교의 분교가 유럽에 있었기 때문이다. 나는 그 학교에 등록하는 문제를 두고 기도하기 시작했다.

그때 놀라운 일이 일어났다. 오래전 내가 천국에 갔을 때, 예수님은 그 일에 대해 한동안 말하지 말라고 당부하셨다. 신성한 천국 경험을 나눠도 된다는 허락을 받지 못한 것이다. 사실 사람들에게 말하고 싶은 마음이 굴뚝같았지만, 적절한 시기를 기다려야 했다. 예수님을 잉태한 마리아와 세례 요한을 잉태한 엘리사벳처럼 적절한 때가 이르기까지 감추는 시기가 필요하다. 나는 주님의 말씀에 순종해야 한다는 것을 알았다. 그런 놀라운 경험이 삶에 스며들기까지 오랜 시간이 필요하다는 것을 나중에 깨달았다.

내가 경험한 천국을 이야기하기까지 5년이 걸렸다. 유럽에서 열린 컨퍼런스에 참여했을 때, 주님은 내가 경험한 폭탄테러와 천국에서 예수님을 대면하여 만난 이야기를 간증할 마음을 주셨다. 나는 눈을 감고 그때 느낀 경이로움과 놀라움, 땅에 엎드려 울었던 일을 떠올렸다. "이제 네가 온 세상에 말하고 나의 교회를 깨울 때가 되었노라." 하나님께서 그렇게 말씀하시는 것이 느껴졌다.

나는 그 이야기를 유럽에서 열린 컨퍼런스에서 처음으로 나눴다. 폭탄테러와 핍박은 내 삶을 정결케 하는 불과 같았다. 그 상으로 나는 장엄하고 영광스러운 예수님을 보았다. 사람들은 종종 나처럼 예수님을 대면하여 보고 싶다고 말한다. 하지만 그들은 그 대가가 그들의 목숨이라는 사실을 모른다. 하나님은 모세에게 이렇게 말씀하셨다. "네가 내 얼굴을 보지 못하리니 나를 보고 살 자가 없음이니라"(출 33:20). 나는 죽어서 예수님을 뵈었다. 그리고 주님은 나를 다시 살리셨다.

만일 우리의 눈이 열린다면, 우리는 다른 사람 안에 계신 예수님을 볼 수 있을 것이다. 우리는 각기 주님의 보물인 성령님을 품고 있다. 하지만 나는 예수님을 대면하여 보지 못했음에도 그분을 믿는 것이 더 위대한 것이라고 확신한다. 요한복음 20장 29절에서 주님은 이렇게 말씀하셨다. "보지 못하고 믿는 자들은 복되도다."

집에 돌아온 나는 한 친구의 도움으로 그 대학에 전화해서 내가 그곳에서 공부하는 것이 가능한지 문의했다. 그들은 내가 먼저 영어시험을 통과해야 한다고 말했다. 나는 나의 영어 실력이 충분하지 않다는 것을 잘 알고 있었다. 그래서 먼저 언어 과정(language courses)을 찾아보았다.

## 믿음은 산을 옮길 수 있다

내가 유학을 가고 싶어 하는 미국의 대학을 졸업한 나의 친구는 나에게 ESL(English as a Second Language)과정이 있는 선교단체를 소개해주었다. 나는 오래전부터 선교라는 단어를 좋아했다. 예수님께서 이 땅에 선교사로 오셨다는 것을 깨달은 나는 예수님을 닮고 싶었다. 또 다른 사람이 친구가 소개해준 선교단체에 관해 말해주었을 때, 나는 그곳에 대해 자세히 살펴본 후 내 친구 샤킬라의 도움을 받아 입학원서를 제출했다. 그 당시 나는 미국에 대학을 가지고 있는 세계적인 선교단체에 원서를 제출했다는 사실을 전혀 몰랐다.

나는 ESL과정에 들어가고 싶었지만, 먼저 3개월간의 성경공부와 두 달 반 동안의 전도여행이 포함된 제자훈련 과정을 밟아야 한다고 들었다. 하지만 그것이 잘못된 정보라는 것을 나중에 알게 되었다. 사실 내가 받은 정보는 그 학교에서 일반적으로 요구하는 것과 전혀 달랐다.

등록금과 여행 경비로 수천 달러가 필요했지만, 나에게는 돈이 한 푼도 없었다. 하지만 우리가 기적을 행하시는 하나님을 믿을 때, 그분은 우리의 믿음에 응답하신다. 믿음은 하나님을 기쁘시게 한다. 그리고 믿음은 산을 옮길 수 있다.

나에게는 재정이 들어올 것이라는 믿음의 결단이 필요했다. 믿음을 일으키기 위해 나는 돈 모엔의 찬양을 부르기 시작했다. "하나님께서 길이 없어 보이는 곳에 길을 내시네."

나는 또한 요한계시록 3장 7절의 말씀을 선포했다. "열면 닫을 사람이 없고 닫으면 열 사람이 없으리라."

오래지 않아 나는 학비 감면 혜택을 받을 수 있다는 소식을 들었다. 내가 제3세계에 살고 있었기 때문이었다. 그 소식은 나에게 용기를 주었고, 하나님께서 나를 위해 문을 열고 계신다는 확신을 주었다. 하지만 부모님께 나의 계획을 말하자 완강하게 반대하셨다.

"안 돼. 여기에서 공부해도 되잖아." 부모님은 단호하게 말씀하셨다.

"하나님께서 가라고 말씀하셨어요." 나의 주장에도 불구하고, 두

분의 마음은 꿈쩍도 하지 않았다.

나는 부모님을 설득하려고 노력했다. 부모님은 나의 꿈을 아셨지만, 나를 다시 보지 못할지도 모른다는 생각에 두려워하셨다. 부모님의 축복과 허락을 눈물로 간청했지만, 두 분 다 완강하게 버티셨다. 우리 문화에서 딸은 오직 결혼할 때만 가족을 떠날 수 있었다.

부모님이 안 된다고 하셨기 때문에 나는 그분들의 뜻을 존중해야 했다. 출애굽기의 십계명 중 축복의 약속이 있는 유일한 계명은 다섯 번째 계명이다. "네 부모를 공경하라 그리하면 네 하나님 여호와가 네게 준 땅에서 네 생명이 길리라"(출 20:12).

주님은 부모님의 축복 없이 떠나지 말라고 하셨다. 나는 수개월 동안 금식과 기도로 하나님께 부르짖었고, 또 부모님께 보내달라고 간청했다.

"기다리고 인내하거라. 그러면 내가 그들의 마음을 바꿔주리라." 주님께서 말씀하셨다.

결국 유학을 허락받기까지 만 1년이 걸렸다. 때가 되자 하나님은 지금이 적당한 때라고 말씀하셨다. 그때 내가 다시 말씀을 드리자 엄마와 아빠의 마음이 누그러졌고, 결국 가도 좋다고 허락하셨다.

지난 1년 동안 나는 사람들에게 앞으로 미국에 갈 것이라고 말했다. 그럴 때마다 그들은 나를 비웃고 조롱했다. "그런데 넌 왜 아직도 여기에 있는 거니?"

나는 당장 미국에 가지는 못했지만, 그것은 예언적인 선포가 되었다. 예수님은 마가복음 11장 23절에서 이렇게 말씀하셨다.

내가 진실로 너희에게 이르노니 누구든지 이 산더러 들리어 바다에 던져지라 하며 그 말하는 것이 이루어질 줄 믿고 마음에 의심하지 아니하면 그대로 되리라

진실로 믿음은 능력이 있고, 또 소리를 지니고 있다.

그러나 나에게는 여전히 돈도 비자도 없었다. "주님, 어떻게 하면 좋지요?" 나는 주님께 물었다.

그 즈음 한 친구가 나에게 인터내셔널교회의 목사님께 이야기해보라고 하였다. 그것은 하나님께서 허락하신 만남이었다. 그는 미국에서 온 선교사였는데 나의 간증을 그의 가족들에게 나눠달라고 부탁했다. 그런 후 그는 나의 이야기를 그의 교회에 전했다. 예배 후 그 부부는 나에게 600달러를 주면서 축복했다.

"주님, 이제 어떻게 하면 될까요?" 나는 다시 주님께 물었다.

"비자를 받으러 가거라." 내 마음에 그런 응답이 들렸다.

그 모든 것은 불가능해 보였다. 미 대사관에서 비자 인터뷰를 하려면 보통 3개월 정도 걸렸다. 하지만 그때는 크리스마스 며칠 전이었고, 학교는 1월에 시작되었다.

내 친구 샤킬라는 영사에게 전화해서 내가 어떻게 하면 좋을지 물었다. 그녀는 전화기를 나에게 건네주었다.

"명절이 끝나고 1월 11일에 인터뷰하러 오세요." 영사가 말했다.

"그땐 너무 늦어요!" 다급해진 내가 말했다. 나는 그 날짜에 미국에 있어야 했다.

영사는 자신이 할 수 있는 방법이 없다고 말했다.

나는 크게 낙심한 채 전화를 끊었다. 하나님은 어떻게 이 일을 이루실까?

나는 금식하며 기도하기로 결단했다. 그리고 언니들과 가정교회 식구들도 동참했다.

당시 이만 언니가 한 카페에서 일했는데, 언니에게는 영사와 친한 동료가 있었다. 그녀는 영사에게 연락하여 나를 바꿔주었다. 그런데 놀랍게도 나에게 다음날 자신을 찾아오라고 하였다. 크리스마스 바로 며칠 전, 나는 간신히 인터뷰를 했다. 주님께서 그 영사의 마음을 바꾸신 것이다.

나는 흥분과 긴장감을 동시에 느끼며 대사관에 도착했다. 인터뷰 중 미국에 가서 무엇을 할 계획인지에 대한 질문을 받았다.

"저는 선교학교에서 훈련을 받은 뒤 전도여행을 갈 거예요." 내가 대답했다.

"당신은 정말 운이 좋군요." 그 사람은 다정한 말씨로 대답했다. "그 지역은 정말 아름다운 곳입니다. 전도여행은 어디로 갈 건가요?"

"잘 모르겠어요. 기도해볼게요." 내가 답했다.

"아시아에 꼭 가세요." 그가 말했다.

나는 환하게 웃었다. 그는 분명 크리스천이었다. 하나님께서 나에게 길을 열어주시기 위해 그를 그곳에 두신 것이 틀림없었다.

드디어 여권에 도장이 찍혔다. 나는 1년짜리 비자를 받았다. 그것은 기적이었다. 특히 911 테러 이후 무슬림 국가에서 미국 비자를 받기란 정말 어려운 일이었다. 친구들은 나에게 미혼 여성이 비자를 받기란 하늘의 별 따기라고 말해주었다. 나는 항공권이나 통장잔고 증명 서류와 같은 것을 하나도 제출하지 않았고, 인터뷰 중에도 그런 내용은 묻지도 않았다.

나는 한 손에 100달러짜리 비자를 들고 즐거운 마음으로 영사와 작별했다. 남은 500달러는 유럽행 비행기 표를 사기에 충분했고, 그곳에서 미국행으로 갈아탈 수 있었다.

신년에 나는 유럽으로 이동하여 신학교에 재학 중인 말리카와 아딜라 언니와 함께 지냈다. 그 해는 아딜라 언니가 유럽에 있는 신학교에 간 지 두 번째 해였다.

준비를 마치고 미국에 있는 선교단체에 연락하여 내가 갈 것이라고 전했다. 그런데 중간에 혼동이 생겨 그들은 내가 올 것을 기대하지 않고 있었다.

"자리가 없어요. 다음 학기에 오세요." 그들이 말했다.

생각지 못한 상황에 나는 매우 당황했다. '이런 상황에서 내가 무엇을 할 수 있을까?' 주님께 기도하자 뒤로 물러서면 안 된다는 강한 확신이 생겼다. 이제 앞으로 전진하는 수밖에 없었다.

"가라. 그리하면 내가 너와 함께하리라." 하나님께서 말씀하셨다.

그래서 나는 순종했다. 하지만 수중엔 여전히 돈이 없었다. 기도하는 가운데 하나님은 두 친구에게 각각 1,000달러씩 빌리라는 감동을 주셨다. 나는 빚지지 않는 것을 선호했기 때문에 이 말씀을 두고 며칠간 씨름했다. 하지만 친구들은 그 돈을 기꺼이 빌려주었다. 그 돈은 로

스앤젤레스까지 가기에 충분했다.

## 놀라운 하나님의 공급

드디어 로스앤젤레스 공항에 도착했다. 내 생에 처음으로 미국 땅을 밟았지만, 그 거대한 공항에서 나는 혼자였다. 이전에 단 한 번도 혼자서 여행해본 적이 없던 나는 문화 충격을 받았다. 모든 것이 우리나라와 사뭇 달랐다. 나는 어떻게 학교까지 가야 할지 몰랐다. 미국에 아는 사람도 없었고, 또 무엇을 해야 할지도 몰랐다. 그러나 하나님은 아셨다.

나는 공항 주변을 거닐면서 속으로 간절히 부르짖었다. 결국 지쳐버린 나는 의자에서 잠을 청했다. 얼마 후 깨어난 나는 매우 피곤했고 불편한 의자 때문에 몸이 아팠다. 나는 즉시 기도하기 시작했다. 그렇게 기도하자 하나님께서 내가 혼자가 아니라고 말씀하시는 것을 느꼈다. 그분은 나와 함께하셨다.

어느새 마음에 평강이 넘쳤다. 나는 이제 무엇을 해야 할지 주님께 물었다.

나는 주님이 우리의 믿음에 반응하시는 분이라는 것을 알고 있었다. 우리가 주님께 한 걸음 내딛으면, 그분은 우리에게 백 걸음 다가오신다. 우리는 가능한 일을 하고, 하나님은 불가능한 일을 하신다.

갑자기 내 곁에 앉아 책을 읽고 있는 한 젊은 여자가 눈에 들어왔다. 곱슬거리는 금발머리에 파란 눈을 가진 20대 아가씨였다.

"저 사람에게 도움을 청하거라." 주님께서 나를 재촉하셨다.

'네, 주님!' 나는 생각으로 주님께 대답했다. 약간 긴장이 되었지만, 용기를 내어 그녀에게 다가갔다. "실례합니다. 부탁 하나 드려도 될까요? 저를 좀 도와주시겠어요?" 나는 최대한 공손하게 물었다.

그녀는 즉시 마음을 열었고, 자신이 선교사의 딸이라고 다정하게 말해주었다.

나는 그녀에게 온라인을 통해 저렴한 항공권을 구입하고 싶다고 말했다. 그녀에게는 노트북이 없었지만, 우리는 함께 인터넷을 접속할 수 있는 곳을 찾았다. 그리고 그녀는 나에게 온라인에서 저렴한 항공권을 구입할 수 있는 방법을 알려주었다.

그리고 그녀가 이렇게 말했다. "하나님께서 당신을 축복하라는 마음을 주셨어요." 그녀는 나에게 항공비를 주었다. 나는 큰 감동을 받았다. 그녀는 전혀 알지도 못하는 나에게 예수님의 사랑을 보여주었다.

나중에 나는 '그녀가 천사가 아니었을까?' 하는 생각이 들었다. 학교에 도착한 후 그녀에게 연락을 시도했지만, 연결이 되지 않았다. 주님께서는 그분이 나를 어디로 인도하시든지 주님께서 나의 필요를 채우신다는 엄청난 진리를 보여주셨다. 그것이 하나님의 뜻이면 하나님께서 공급하신다!

## 학교에 도착하다

몇 시간 후 드디어 나는 종착지에 도착했다. 나는 굉장히 신이 났다. 그리고 무슨 이유에선지 더 이상 피곤하지 않았다. 나는 훈훈한 공기를 깊이 들이마셨다. 무성한 초목들이 눈에 띄었다. 택시를 타고 학교를 향해 가는 동안 아딜라 언니와 내가 음식을 구하기 위해 긴 줄을 서서 기다렸던 그 혹독한 밤의 추억이 홍수처럼 밀려왔다.

전쟁이 계속되던 어느 겨울 저녁, 아딜라 언니와 나는 줄을 서서 배급을 기다리고 있었다. 우리는 빈손으로 집에 돌아갈 수 없었다. 하지만 날씨는 점점 더 추워졌고, 부드러운 눈이 간간이 내리기 시작했다. 우리는 북극에서 불어오는 매서운 바람으로부터 서로를 보호하기 위해 바짝 달라붙어서 떨고 있었다. 만일 우리가 줄에서 벗어나면 자리를 빼앗기고, 식량을 받을 기회를 놓치게 될 것이다. 우리에게는 그 줄에 머물러 기다리는 것 외에 선택의 여지가 없었다.

"너무 추워." 아딜라 언니가 퍼렇게 질린 입술로 웅얼거렸다.

"나는 안 추워." 몹시 추운 날씨에 도전하듯 내가 말했다. "나는 따뜻한 섬에 있어서 춥지 않아!"

"뭐라고?" 나의 농담에 언니가 웃으며 말했다.

순간 나는 푸른 하늘에 떠 있는 뜨거운 태양이 얼굴을 따사로이 비추는 모습을 그려보았다. 나의 상상놀이는 그 밤을 지새우는 데 도움이 되었다. 혈액순환을 돕기 위해 발을 동동 구를 때마다 나는 우리가 차가운 눈밭이 아닌 아름다운 해변의 백사장을 거닐고 있다고 말했다. 하지만 내가 따뜻하고 초목이 무성한 곳에 있다는 것을 상상하는 만큼 혹독한 현실은 나의 이 작은 꿈마저 무참히 산산조각 내버렸다.

그런데 이제 나는 전에 내가 그리던 대로 따뜻한 곳에 있었다. 하나님께서 모든 만물이 있으라 말씀하셨던 것처럼 내가 말한 것이 현실이 되었다. 우리의 입술에 능력이 있다는 사실에 나는 매우 놀랐다. 그래서 우리는 믿음으로 저주가 아닌 축복을, 죽음이 아닌 생명을 선포해야만 한다.

공항에서 몇 마일 떨어진 캠퍼스에 도착하자 나는 기뻐서 웃음을 멈출 수 없었다. 택시는 정문에 섰다. 학교에 도착했을 때, 누군가 나에게 이 대학에서 무엇을 하고 있는지 물었다.

"저는 학생이에요. 제자훈련 과정입니다!" 내가 대답했다.

"어떤 제자훈련인가요?" 그 여자가 물었다.

나는 몰랐다. 하지만 내가 요한계시록에 있는 아시아의 교회들에 보낸 편지들을 읽었을 때, 하나님은 나에게 아시아로 갈 것을 말씀하셨다. 그래서 나는 이렇게 말했다. "아시아제자훈련학교요." 나는 그 학교의 지도자들이 최근에 학교의 이름을 아시아제자훈련학교로 변경했다는 이야기를 나중에 들었다. 나는 아무것도 몰랐지만 하나님은 알고 계셨다!

지도자들은 나를 보고 깜짝 놀랐다. 어쨌든 그들은 나를 환대해주었다. 그리고 기적적으로 나를 위한 자리가 났다. 내가 늦은 밤에 도착했지만, 그들은 친절하게 침대와 이불을 제공해주었다.

"배고프세요?" 그들이 내 방에 들어오면서 물었다.

그때 배가 꼬르륵거리는 듯했다. 하나님께서 학교에 도착할 때까지 금식하라고 말씀하셨기 때문에 나는 3일간의 여정 내내 금식했다. 나는 피자를 입안 가득 넣고 우적우적 씹으며 리더들에게 나의 간증을 나눴다.

한두 시간 후 나는 침대에 누워 같은 방을 쓰는 7명의 자매들과 이야기를 나눴다. 나는 하나님의 공급하심에 완전히 압도되었다. 그분은 나의 신실한 공급자이시다.

나는 미국에 있었다. 전혀 불가능해 보일 때, 하나님은 길을 내셨다.

### 풍성한 기적들

학교에 있는 동안 하나님은 매일 새벽 3시에 나를 깨워 그분과 시간을 보내도록 하셨다. 나는 사람들을 깨우지 않기 위해 살며시 침대에서 빠져나온 뒤 기도실로 달려가 주님과 한 시간 정도 대화를 나눴다. 나는 하나님의 임재를 간절히 갈망했다.

나는 학교에서 간증을 나누었다. 많은 학생들과 직원들은 나의 간증에 큰 감동을 받았고, 나에게 사랑의 헌금을 심었다. 그래서 나는 2,000달러의 빚뿐만 아니라 학교 등록비와 전도여행비를 모두 완납했다. 그날 나는 하나님의 신실하심과 그리스도의 몸의 관대함에 깊은 감명을 받았다.

내가 빌린 돈을 유럽에 있는 친구들에게 보냈을 때, 그들은 내가 그렇게 빨리 돈을 갚은 것에 대해 깜짝 놀랐다.

고향에 있는 사람들은 내가 실제로 미국에 갔다는 사실을 믿지 않았다. 그 해 겨울은 우리나라 최악의 겨울이었는데, 친구들은 농담으로 내가 따뜻한 곳으로 가기에 가장 좋은 때를 잘 골랐다고 말했다!

간증을 나눈 후 나는 학교에 있는 사람들과 전 세계 곳곳에 있는 기도의 용사들과 선교사들이 나와 내 조국과 우리의 구원을 위해 지속적으로 기도해왔다는 사실을 알게 되었다. 나는 그들의 기도의 응답이었다! 내가 폭탄테러를 당했을 때, 그들도 같이 기도했다.

내가 만난 뉴질랜드 선교사는 폭탄테러와 병원에 입원한 부상자들에 관한 소식을 듣자마자 우리를 위해 기도하기 시작했다고 말해주었다. 나는 그와 동일하게 말하는 미국인 남자와 여자도 만났다. 그들의 기도가 어떤 역사를 일으켰는지를 너무 잘 알았기 때문에 나는 큰 용기를 얻었다.

나는 그 밖의 여러 가지를 배웠다. 내가 무슬림들에게 나의 간증을 전하면, 그들은 예수님이 주시는 꿈과 환상을 보게 되었다. 그리고 내가 나의 간증과 더불어 예수님의 사랑을 전하고 나면, 사도행전에 기록된 것처럼 하늘로부터 표적이 나타났다. 대부분의 경우 비가 내렸고, 때때로 늦은 봄에 눈이 내리기도 했다.

## 아시아에서의 사역

나는 이론수업을 마치고, 동남아시아로 6개월간 실제적인 전도여행을 떠나게 되었다. 그 기간 동안 하나님은 많은 기적을 행하셨다. 주님은 나에게 필요한 모든 재정을 공급하셨고, 내가 상상하는 것 이상으로 그분의 신실함을 보여주셨다.

동남아에서 복음을 전하는 동안 나는 주민들에게 태권도를 가르쳤다. 또한 여성 수감자들이 있는 감옥에 가서 하나님의 사랑을 나누고 미용 기술을 가르쳤다. 그곳에서 살인자들과 창녀들과 함께 시간을 보냈지만, 그들을 판단하지는 않았다. 나는 단지 예수님께서 하신 것처럼 그들을 사랑했다.

우리는 동남아에 있는 군병원에도 갔다. 한 남자가 에이즈로 죽어가고 있었는데, 우리 일행이 그에게 손을 얹고 예수님의 이름으로 기도했다. 시간이 흐른 뒤 그는 깨끗이 나았다. 그리고 이제는 병원에 치료를 받으러 가는 것이 아니라 환자들을 위해 기도하러 다닌다.

우리가 방문한 고아원에는 병든 어린이들이 많았다. 그들을 보는 순간, 나는 과거에 경험했던 고통 때문에 그들의 아픔을 느낄 수 있었고 또 그들을 위로하고 싶었다.

나는 아이들과 함께 노는 것을 좋아했다. 아이들과 어울리다 보면 그들이 내 몸으로 기어오르기도 했고, 나는 그들에게 입맞추고 안아주었다. 나는 몇몇 아이들의 몸에 작은 상처 자국이 있는 것을 봤지만, 모기에 물린 자국으로 생각하고 크게 신경쓰지 않았다. 그러던 중 아이들에게 힙합댄스를 가르친 날 완전히 지쳤다. 강렬한 열기가 나의 활력을 앗아갔다.

그로부터 며칠 후 몸에 열이 나기 시작하더니 어지럽고 구역질이 났다.

"오늘은 침대에 누워서 좀 쉬세요." 우리 팀의 리더가 말했다.

나는 대답할 힘도 없어서 눈을 감았다. 얼굴에서는 땀이 줄줄 흘러내렸다. 그런데 갑자기 피부가 가렵기 시작하더니 붉은 반점 같은 것들이 온몸에 급격히 번졌다. 원인이 뭔지 아무도 몰랐기 때문에 나는 병원에 갔다.

의사는 수두로 진단했다. 순간 내가 함께 놀았던 아이들의 몸에 있던 반점들이 떠올랐다. 그들은 수두에 걸렸던 것이다. 그렇게 나는 수두에 걸리고 말았다. 우리 팀은 모두 열 명이었는데, 수두바이러스에 감염된 사람은 나밖에 없었다. 나머지는 다 예방접종을 받아 항체가 있었기 때문이다. 나중에 우리 전도팀의 리더가 내 또래의 사람은 수두로 죽을 수 있다고 한 의사의 말을 전해주었다. 하지만 최고의 의사이신 예수님께서 나를 고쳐주셨다.

나는 열흘간 극심한 가려움증에 시달렸다. 그런데 기적적으로 긁지 않을 힘을 주셔서 몸에 수두 자국이 하나도 남지 않았다.

몸이 회복되자마자 나는 곧 바로 고아원으로 돌아갔다. 나는 작은 침대에 누워 있는 고아들에게 안수하며 그들의 생명을 위해 중보했다. 한 아기에게 다가갔을 때 나는 그의 몰골을 보고 충격을 받았다. 그는 완전히 뼈만 남았고, 몸에서 살을 찾아보기 어려웠다. 그 아이의 증상이 심각했기 때문에 사람들은 그가 살 가망성이 없다고 생각했다.

그러나 우리가 기도한 지 며칠 만에 그 아이에게 살이 붙기 시작했다. 결국 그는 가장 통통한 아기가 되었고, 완전히 회복되어 한 가정에 입양되었다. 그 외에도 많은 아이들이 치유를 받았다.

나의 간증을 들은 한 소년은 악몽에 시달리고 있었다. 불교 신자인 그는 자신을 쫓아오는 악한 귀신들 때문에 몹시 두려워했다. 그런데 그는 갑자기 빛을 보았고, 자신을 부르는 나의 목소리를 들었다. 그가 나를 보려고 돌아섰을 때, 예수님의 얼굴을 보았다. 잠에서 깬 그는 자신의 삶을 그리스도께 드렸다. 나는 이 이야기를 듣고 큰 감동을 받았다. 예수님께서 무슬림들의 꿈속에 나타나신다는 것은 알았지만, 불교 신자의 꿈에도 나타나신다는 이야기는 이번이 처음이었다.

내가 기도했을 때 경험한 가장 놀라운 기적은 오랫동안 임신하지 못하던 엄마들이 기적적으로 아이를 갖게 된 것이었다.

나는 동남아시아에서 만난 창녀들과 성매매 여성과 아이들에게 간증을 나누었다. 나의 이야기를 들은 그들은 눈물을 흘렸고, 그 중 많은 이들이 예수님을 마음에 모셨다.

이렇게 예수님께 쓰임 받는다는 것은 엄청난 영광이었다. 나는 그분의 부르심에 합당한 삶을 살고 싶다. 하나님은 내가 그분을 위해 살도록 그리고 예수님께서 살아 계시다는 사실과 우리가 반드시 그분의 다시 오심을 준비해야 한다는 사실을 온 세상에 전하도록 나를 부르셨다. 나는 매일 매 순간이 내 인생의 마지막 날인 것처럼 살고 싶다.

예 배 자 학 교

제자훈련 과정을 마친 후 하나님께서는 나에게 다른 사역을 시작하기 전에 신학 교육을 좀 더 받으라는 감동을 주셨다. 그렇게 되면 나는 하나님의 진리의 말씀으로 사람들을 세울 수 있게 될 것이다. 요한복음 8장 32절은 이렇게 말한다. "진리를 알지니 진리가 너희를 자유롭게 하리라." 나는 그 진리에 사로잡히고 싶었다.

나는 마리아와 마르다의 이야기를 좋아했는데, 하루는 예수님께서 마르다에게 하신 말씀을 곰곰이 묵상해보았다. "마리아는 이 좋은 편을 택하였으니 빼앗기지 아니하리라"(눅 10:42). 주님은 마르다에게 더 좋은 편, 곧 송이꿀보다 더 달콤한 그분의 말씀을 듣기 위해 주님의 발 앞에서 시간을 보내는 것을 선택하라고 말씀하셨다.

미국의 따뜻한 지역에 있는 신학교에서 공부를 마친 나는 주님의 말씀과 인도하심을 따라 신령과 진정으로 예배하는 법을 배울 수 있는 예배자 학교에 다니기 위해 추운 지역으로 이사했다. 천국에서는 예배가 멈추지 않기 때문에 하나님은 나에게 이 땅에서도 그런 예배를 원하신다는 감동을 주셨다.

주님은 찬양 받기에 합당하신 분이다. 나는 그분을 예배하기 위해 산다. 그분이 문을 열어주시면, 나는 그 안으로 들어간다. 나의 선한 목자이신 주님이 다시 기적적으로 공급해주심으로 또 다른 길이 열렸다. 그러므로 나에게는 부족함이 없었다(시 23편).

온화한 기후에 익숙해진 나는 눈보라 치는 추운 겨울을 생각하기도 싫었다. 그래서 눈이 내리지 않도록 기도했다. 그리고 주님께서 나의 기도에 응답하셨다! 겨울인데도 눈이 오지 않았다. 사람들은 그 해 겨울이 가장 따뜻했다고 말했다. 평범한 사람인 엘리야가 비가 오지 않기를 구하자 3년 동안 비가 오지 않았던 것처럼, 나는 우리의 기도에 능력이 있다는 것을 알고 있었다.

겨울에 눈이 오지 않자 이듬해에는 가뭄이 아주 심했다. 나는 풍성한 추수를 위해 겨울에 눈이 내리기를 기다리는 농부들에 대해 생각해봤다. 그런 의미에서 눈은 그들에게 축복이었다. 그것을 깨달은 나는 두 번째 해에는 겨울에 눈이 내리기를 기도했다. 주님은 이번에도 나의 기도에 응답하셨다. 그 해 겨울은 매우 추웠고, 눈도 참 많이 왔다. 심지어 4월과 5월에도 눈이 내렸다.

주님께서 예배자 학교에서 나의 간증을 나누도록 하셨을 때, 간증을 들은 많은 사람들이 나를 집으로 초대하였다. 한 자매의 남편은 의사였는데, 나는 그가 의료선교팀으로 우리나라를 방문했을 때 만난 적이 있었다. 그의 교회는 그때부터 우리나라를 품고 수년간 우리를 위해 기도하며 선교사들을 파송하였다.

학교생활은 학업과 강의가 많아서 쉽지 않았지만, 하나님은 나에게 그분의 말씀을 통해 많은 계시들을 주셨다. 계시는 진주 같고, 지혜는 보석 같다.

그 학교에서 나는 영과 진리로 예배하는 것과 내 마음이 직접 하나님의 마음을 향해 하나님의 말씀으로 노래하는 것과 예수님을 위해 새 노래를 지어야 한다는 것을 배웠다. 스바냐 3장 14-17절의 명령을 따라 나는 나의 기도를 노래하기 시작했다. 주님께서 나를 향해 노래하시듯 내가 그분을 향해 노래할 때, 주님의 말씀은 내 마음을 여시고 또 그 말씀을 살아 있게 하신다.

## 금 식 의   생 활 화

신년이 올 때마다 나는 그 해에 어떻게 금식을 해야 할지 주님께 묻는다. 이번 해가 시작되면서 나는 40일 금식기도를 했다. 다음해에는 새해 첫날부터 10일간 금식할 것이고, 또 매주 2일간, 매달 처음 3일간 금식할 계획을 세웠다. 금식은 믿는 사람들의 생활방식이다. 나는 금식이 하나님의 음성을 분명히 듣도록 도와주고, 나의 마음을 부드럽게 만들며, 돌파를 가져온다고 믿는다.

지난 8월에 동남아 선교여행 중 주님께서 재림하시는 꿈을 꾸었다. 나는 요한계시록에 기록된 심판의 날을 보았다. 마치 홍수가 모든 것을 멸망시킨 노아시대처럼 그것은 아주 무서웠다.

꿈속에서 노아의 때(마 24:37)처럼 세상 사람들이 먹고, 마시고, 결혼하는 모습을 보았다. 예수님은 그의 신부인 교회를 맞으러 한밤에 갑자기 오셨다. 꿈에서 깼을 때, 나는 땀을 흘리며 떨고 있었다. 예수님께서는 나에게 준비하라고 말씀하셨다. 왜냐하면 그분이 곧 오실 것이기 때문이다. 꿈에서 깼을 때, 데살로니가전서 4장 16-18절의 말씀이 떠올랐다.

> 주께서 호령과 천사장의 소리와 하나님의 나팔 소리로 친히 하늘로부터 강림하시리니 그리스도 안에서 죽은 자들이 먼저 일어나고 그 후에 우리 살아 남은 자들도 그들과 함께 구름 속으로 끌어 올려 공중에서 주를 영접하게 하시리니 그리하여 우리가 항상 주와 함께 있으리라 그러므로 이러한 말로 서로 위로하라

성경공부 과정을 시작할 때 주님은 나에게 오직 주스와 물만 마시며 40일간 금식하라고 하셨다. 그 기간 동안 나는 주님께 나를 향한 주님의 비밀을 계시해주시길 간구했다. 주님은 나에게 다른 꿈을 주셨다. 이번에 깼을 때는 마음이 편안했다. 예수님은 그의 신부를 데리러 오신 평강의 왕, 승리자로서 나타나셨다. 흰 옷을 입고 백마를 타신 주님은 영광의 구름 안에 있는 불병거들과 함께 구름 가운데 나타나셨다. 그것은 요한계시록 1장 7절에 묘사된 아름다운 모습이었다.

> 볼지어다 그가 구름을 타고 오시리라 각 사람의 눈이 그를 보겠고 그를 찌른 자들도 볼 것이요 땅에 있는 모든 족속이 그로 말미암아 애곡하리니 그러하리라 아멘

주님이 주신 메시지는 이전과 동일했다. "나의 신부여 준비하라! 내가 속히 가리라!"

이러므로 너희는 장차 올 이 모든 일을 능히 피하고 인자 앞에 서도록 항상 기도하며 깨어 있으라 (눅 21:36)

에필로그

# 네 가지 꿈

　로쉬 하샤나(유대인들의 신년) 기간 동안 나는 야채와 물만 먹는 다니엘 금식을 막 마쳤다. 어느 날 아침 나는 예수님께서 사역을 시작하실 때 광야에서 금식하신 내용을 기록한 누가복음 4장을 읽고 있었다.

　"너도 그렇게 하겠니?" 주님이 나에게 그렇게 물으시는 듯했다. "내가 했던 것처럼 너도 물로만 금식을 하거라."

　예수님께서 30살 되시던 해에 40일 동안 금식하신 후 성령의 충만한 권능을 받으셨다. 주님은 나의 최고의 표본이시다. 이제 나는 30살이 되었고, 내 삶 가운데 성령의 권능을 얻기 위해 금식하고 싶었다. 하지만 이제껏 물만 마시며 금식한 적은 없었다. 그래서 내가 과연 그렇게 할 수 있을지 의문이었다. 하지만 하나님께서 다스리셨다. 나는 다니엘 금식이 온전한 금식을 위한 준비였음을 나중에 알게 되었다. 주님께서 나에게 무엇을 요구하실지 전혀 알지 못했을 때, 주님은 이미 나의 몸을 준비시키고 계셨다.

나는 금식 기간 중 네 가지 꿈을 꾸었다. 첫 번째 꿈은 금식 중간쯤에 꿨고, 나머지 세 가지는 40일의 마지막쯤에 꾸었다.

**첫 번째 꿈)**

생 명 의   빵

아주 생생했던 이 첫 번째 꿈에서 예수님은 생명의 빵으로 오셨다. 나는 상상할 수 있는 가장 맛있고 만족스런 빵을 받아 한 입 먹었다. 그렇게 맛있는 빵은 처음이었다! 그것은 갓 구운 적갈색 빛을 띤 중동 지역의 커다란 빵이었다. 그 빵 한 입만으로도 나의 배고픔이 사라졌다. 너무도 좋은 나머지 꿈에서 깨어나고 싶지 않을 정도였다. 순간 두 구절의 말씀이 떠올랐다.

> 사람이 떡으로만 살 것이 아니요 하나님의 입으로부터 나오는 모든 말씀으로 살 것이라 (마 4:4)

예수께서 이르시되 내가 진실로 진실로 너희에게 이르노니 모세가 너희에게 하늘로부터 떡을 준 것이 아니라 내 아버지께서 너희에게 하늘로부터 참 떡을 주시나니 하나님의 떡은 하늘에서 내려 세상에 생명을 주는 것이니라 그들이 이르되 주여 이 떡을 항상 우리에게 주소서 예수께서 이르시되 나는 생명의 떡이니 내게 오는 자는 결코 주리지 아니할 터이요 나를 믿는 자는 영원히 목마르지 아니하리라 그러나 내가 너희에게 이르기를 너희는 나를 보고도 믿지 아니하는도다 하였느니라 아버지께서 내게 주시는 자는 다 내게로 올 것이요 내게 오는 자는 내가 결코 내쫓지 아니하리라 내가 하늘에서 내려온 것은 내 뜻을 행하려 함이 아니요 나를 보내신 이의 뜻을 행하려 함이니라 나를 보내신 이의 뜻은 내게 주신 자 중에 내가 하나도 잃어버리지 아니하고 마지막 날에 다시 살리는 이것이니라 내 아버지의 뜻은 아들을 보고 믿는 자마다 영생을 얻는 이것이니 마지막 날에 내가 이를 다시 살리리라 (요 6:32-40)

꿈에서 깼을 때, 나는 만찬을 먹은 듯했다. 나는 주님께서 이 꿈을 통해 무엇을 말씀하시는지 물었다.

주님은 나에게 말씀하셨다. "나는 하늘의 빵이란다. 네가 나를 먹으면 너는 진실로 만족할 것이다. 나의 말은 생명을 준단다. 나의 선함을 맛보거라. 두루마리를 먹으라."

그때 신명기 8장 16절의 말씀이 생각났다. "네 조상들도 알지 못하던 만나를 광야에서 네게 먹이셨나니." 하나님은 나에게 하늘의 만나를 마음껏 먹도록 하셨다. 그 꿈 이후 음식 냄새를 맡으면 허기를 느끼는 것이 아니라 오히려 그 냄새를 싫어하게 되었다. 꿈속의 그 빵은 내가 금식을 잘 마치도록 도와주었다.

　금식하는 동안 꿈을 꾸는 것은 나에게 일상적인 일이었다. 하지만 나는 결코 그 꿈들을 바로 말하지 않았다. 나는 조용히 기다리면서 성령님의 해석을 구했다. 그 꿈이 오직 나만을 위한 것인지, 아니면 주님께서 그것을 다른 사람들에게 나누길 원하시는지에 대한 확증이 필요했다.


두 번째 꿈)

### 갑절의 생명의 빵

　40일 금식 거의 막바지에 나는 두 번째 꿈을 꾸었다. 그것은 하나님께서 첫 번째 꿈을 통해 보여주신 것을 확증해주는 것이었다. 이번에는 갑절 곧 두 개의 빵이었다. 하나님은 나에게 둘이 하나보다 더 낫고, 또 신부와 어린 양의 혼인잔치가 다가오고 있다는 것을 떠오르게 하셨다. 나는 주님께서 혼인잔치를 준비하고 계심을 알았다.

　창세기에서 태초에 가족을 만드신 주님은 결혼으로 시작하셨고, 요한계시록에서 혼인잔치로 끝마치신다. 또한 물을 포도주로 바꾼 예수님의 첫 기적은(요 2:1-11) 가나의 혼인잔치에서 일어났다. 언젠가 그분의 때가 되면 예수님은 그분의 신부인 교회를 위해 신랑으로 돌아오실 것이다. "우리가 즐거워하고 크게 기뻐하며 그에게 영광을 돌리세 어린 양의 혼인 기약이 이르렀고 그의 아내가 자신을 준비하였으므로"(계 19:7).

세 번째 꿈)

하 늘 의   보 화

세 번째 꿈은 왕의 혼인잔치에 관한 것이었다. 꿈속에서 성부와 성자께서 하늘 군대의 사령관으로서 나의 집에 오셨다. 두 분은 전쟁과 열정과 어린 양의 보혈을 뜻하는 붉은 색 옷을 입으셨다. 순간 이사야 63장 1-2절의 말씀이 떠올랐다.

> 에돔에서 오는 이 누구며 붉은 옷을 입고 보스라에서 오는 이 누구냐 그의 화려한 의복 큰 능력으로 걷는 이가 누구냐 그는 나이니 공의를 말하는 이요 구원하는 능력을 가진 이니라 어찌하여 네 의복이 붉으며 네 옷이 포도즙틀을 밟는 자 같으냐

곧 벌어질 혼인잔치 때문에 두 분은 매우 기뻐하고 계셨다. 그분들은 신부를 위한 지참금을 가지고 나의 부모님 댁으로 오고 계셨다.
"우리가 너를 위해 선물을 가지고 왔단다." 내가 문을 열자 성부께서 언약궤처럼 생긴 큰 보물상자를 내밀며 말씀하셨다. "이것은 가장 소중한 선물이란다."
나는 매우 기뻤다. 그분들은 내가 깜짝 놀랄 것이라고 하셨다.
두 분이 나를 위해 그것을 열었을 때, 하나님의 쉐키나 영광이 나를 강타했다. 그 보물상자로부터 아름답고 찬란한 빛이 났다. "이것을 받으라." 그분들이 말씀하셨다. "하늘의 보물, 성령이시다."

그 선물이 무엇인지 깨달은 나는 성령께서 우리의 사랑스런 신랑이신 예수님과 함께 교회로 하여금 혼인잔치를 준비하도록 돕고 계신다는 사실을 알게 되었다.

내가 금식을 시작했을 때, 주님은 나에게 예수님께서 금식을 시작하셨을 때 성령으로 충만하셨다고 말씀하셨다. 하지만 금식을 마치셨을 때, 예수님은 성령의 '능력'으로 충만하셨다. 누가복음 4장 14절은 이렇게 말한다. "예수께서 성령의 능력으로 갈릴리에 돌아가시니 그 소문이 사방에 퍼졌고."

나는 성령의 권능을 받기 위해 금식하고 있었고, 성부와 성자께서는 나에게 그것을 주셨다. 나는 요엘서 2장 28절의 말씀처럼 성령의 부으심을 갈망했다. "그 후에 내가 내 영을 만민에게 부어 주리니 너희 자녀들이 장래 일을 말할 것이며 너희 늙은이는 꿈을 꾸며 너희 젊은이는 이상을 볼 것이며."

꿈속에서 나는 울면서 성령의 권능과 임재가 증가되도록 기도했고, 주님은 내 기도를 들으셨다. 금식 기간을 통해 나의 마음은 매우 부드러워졌다.

**네 번째 꿈)**

다 이 아 몬 드 와　보 석 (벧전 2:4-9)

마지막 꿈은 금식 끝에 있었다. 나는 다이아몬드와 보석으로 만들어진 십자가 모양의 보물이 땅에 놓여 있는 것을 보았다. 그 보물은 청록색이었다. 그 십자가 곁에 몇몇 아시아 여인들이 공주처럼 청록색의 값진 옷을 입고 있었다. 그들은 땅에 앉아서 그 십자를 쳐다보고 있었다.

혼란스러운 가운데 깬 나는 주님께서 무엇을 말씀하고 계시는지 알 수 없었다. 그날 오후 한 친구에게 이 꿈에 대해 이야기했을 때, 그녀는 최근에 아시아 여행을 마치고 돌아온 자기 친구를 꼭 만나보라고 말했다. 내가 그를 만났을 때, 그는 자신의 경험을 말해주었다. 그는 아시아 전역을 다니며 복음을 전했는데, 그가 가는 곳마다 다이아몬드가 나타났다. 그는 이것이 아시아인들을 사랑하시는 예수님의 선물이라고 생각했다.

다이아몬드는 제사장의 부르심을 뜻한다. 출애굽기 28장과 레위기에서 이스라엘의 제사장들은 그들의 옷에 보석을 달았다. 그 후 나는 나의 사랑하는 신랑으로부터 세 개의 다이아몬드반지 곧 약혼반지, 결혼반지, 기념반지를 받는다는 것을 알게 되었다.

내가 아시아 친구를 만났을 때, 다른 아시아 지하교회의 크리스천 지도자들을 소개받았다. 아시아의 교회는 현재 세계에서 가장 크다. 복음을 이스라엘로 가지고 가는 많은 크리스천들이 실크로드를 따라 동방에서 오고 있다.

나는 이것이 바로 하나님께서 이 꿈을 통해 보여주신 것이라고 느꼈다. 우리가 주님이 오실 길을 예비할 때, (비록 핍박을 받고 있지만) 아시아 교회가 그 길을 인도할 것이다.

## 약속에 신실하신 하나님

내가 개인적으로 받은 핍박과 내 조국에 있는 교회가 받은 박해는 우리를 정결케 하고 더 많은 열매를 맺게 하는 가지치기이자 우리를 만드신 분께 더 가까이 가도록 돕는 소중한 선물이었다. 예루살렘에서 일어난 박해가 오히려 교회를 성장시키고 또 전 세계에 복음을 편만케 했던 것처럼 핍박은 우리를 성장시켰다.

하나님은 그런 상황에서 우리를 보존하셨고, 그분이 약속에 신실하신 분임을 보여주셨다. 핍박은 우리를 정금 같은 믿음으로 단련하는 축복이다. 그것은 시험을 간증으로, 시련을 승리로, 단점을 장점으로 만들었다!

이제 이 땅에서의 나의 사명은 교회를 깨우는 것이다. 그리고 크리스천들로 하여금 예수님만이 아버지께로 가는 유일한 길이며, 그분을 통해 영생을 얻는다는 복음을 외치도록 격려하는 것이다.

무슬림 배경에서 자란 나는 무슬림 국가들에 대한 부담이 있다. 그러나 많은 크리스천들은 그들에게 나아가 자신의 믿음을 나누는 것을 두려워한다. 나는 당신이 무슬림들을 위해 기도해주기를 바란다. 당신이 이것을 위해 기도하면 그들을 향한 마음을 받게 될 것이다. "추수의 주인에게 일꾼들을 보내주소서"라고 기도하라. 그리고 당신이 한 기도에 대한 응답을 받을 준비를 하라.

크리스천들이 무슬림들에게 복음을 전하지 않는 몇 가지 이유가 있다. 그것은 무슬림들이 그들에게 해를 끼치지는 않을까 하는 두려움과 죽음에 대한 공포 때문이다. 그리고 많은 사람들이 이슬람에 대해 충분히 알지 못하기 때문에 그들의 질문에 대답할 수 없을 것이라고 생각한다.

무슬림들과 대화하기 위해서는 먼저 우리가 가지고 있는 믿음과 그 믿음의 기초를 잘 알고 있어야 한다. 우리는 왜 우리의 믿음이 진실한지 스스로 잘 이해한 다음 그것을 말해주어야 한다. 만일 우리가 문화적 차이를 말하는 대신 하나님의 진리로 시작하면, 하나님께서 우리를 인도해주실 것이다.

만일 우리가 고난을 두려워한다면, 우리는 효과적으로 무슬림들을 전도하기 어려울 것이다. 따라서 우리는 무슬림 국가에 가는 것을 선택하기 전에 먼저 핍박에 관한 문제들을 신중히 생각해봐야 한다. 하지만 성경은 핍박을 받는 크리스천들이(by) 핍박을 받고 있는 크리스천들에게(to) 핍박을 받는 크리스천들을 위해(for) 기록한 것이다.

마지막으로 많은 크리스천들이 무슬림을 전도하지 않는 이유는 우리가 열방을 제자 삼으라는 예수님의 말씀에 순종하지 않기 때문이다. 우리는 수천 명에게 복음을 전파할 수 있다. 하지만 만일 우리가 그들을 제자 삼지 않는다면 우리는 예수님께 순종한 것이 아니다.

우리에게는 모든 거짓을 진리로 바꿀 책임이 있다. 이것이 어떻게 가능한가? 하나님의 사랑과 진리를 선포함으로 가능하다. 당신이 그분의 진리를 알게 되면 거짓을 분별하게 될 것이다. 당신이 참 빛을 알 때에만 어둠을 분별할 수 있다!

우리는 반드시 모든 상황 속에서 한결같이 우리와 함께하시는 예수님을 잊어서는 안 된다. 나는 예수님께서 항상 나와 함께하심을 전심으로 믿는다. 그분이 나를 지탱해주신다.

얼마 전 나는 꿈속에서 예수님과 함께 새 예루살렘 성에서 춤을 췄다. 사랑의 팔로 나를 품어주시는 예수님은 내 영혼의 사랑이셨고(was), 사랑이시고(is), 사랑이실(will be) 것이다. 나는 그분의 사랑을 안다. 그리고 나는 그분의 사랑으로 행한다.

예수님은 우리의 전부를 드릴 가치가 있는 분이시다. 주님께 당신의 전부를 기꺼이 드리겠는가?

www.purenard.co.kr